敬敷求是集

汪孔丰 金松林 主编

中国现当代文学卷

安庆师范大学人文学院
高峰培育学科建设丛书

菱湖撷英

陈宗俊 冯慧敏 编

复旦大学出版社

# 总 序

"雨打振风塔,风动扬子江。红楼育学子,百年话沧桑。"这几句饱含深情的歌词,出自安庆师范大学的校歌。歌中的"红楼",如今已是全国文物重点保护单位,它是学校的标志性建筑,也是全校师生共同的精神家园。这座由红砖砌成的两层高楼,是民国时期安徽大学的主教学楼,建成于1935年,迄今已伫立近百年。在漫长的岁月中,她见证着安徽现代高等教育的启航与远行,见证着民国时期姚永朴、刘文典、吕思勉、刘大杰、周予同、苏雪林等大批知名学者在此弘文励教的身影,也见证着人文学院披荆斩棘、笃实前行的学科建设历程。

目前在红楼办公的人文学院,是一所既新又老的学院。说其新,是因为她到2020年才成立,由原来的文学院和人文与社会学院合并组建而成,共设有汉语言文学、历史学、汉语国际教育、秘书学等四个专业;说其老,是因为原有的两个学院办学历史都比较悠久,学术积淀也比较深厚。如果从学校1977年恢复本科招生算起的话,原文学院的中国语言文学学科、原人文与社会学院的中国史学科迄今都有四十余年的人才培养历史。特别是进入21世纪以来,这两个学科的发展都取得了飞跃性的进步。2006年,中国古代文学学科获批硕士学位授权点,是学校首批四个硕士学位授权点之一。2008年,文艺学学科入选安徽省重点学科。2011年,中国语言文学学科获批一级学科硕士学位授权点。2018年,中国史学科获批一级学科硕士学位授权点。2019年,中国语言文学学科成为学校博士点学位授予立项建设学科,中国史学科则是博士点立项建设学科的重要支撑学科。2022年,学院又担负起建设安徽省高峰培育学科"戏曲与曲艺"学科的重任。可以说,这一连串的成就和突破,是全院师生长期群策群力、不懈拼搏进取的结果。

经过数十年的持续建设,以及几代人的艰苦奋斗,人文学院目前已形成了桐城派研究、黄梅戏与戏曲文化研究、明清诗学研究、皖江区域历史文化研究等四个较为鲜明的学科特色方向,涌现了大量的高水平科研成果,同时也获得了良好的社会声誉。

为了更好地总结和展示新世纪以来学院的学科建设成果,同时也是为了进一步强化学院博士点立项学科及安徽省高峰培育学科的建设,经学院党政领导班子研究,我们决定出版一套学科建设丛书。这套丛书根据学院学科建设实际情况,侧重收录近二十年来学院教师发表过的高水平论文,因受篇幅限制,总共遴选出134篇论文,挂一漏万,在所难免。丛书分七册,其中五册是展现中文、历史两个学科的建设成就,它们依次是:《谈文论道:文艺理论卷》(方锡球、王谦编)、《文海探骊:中国古代文学卷》(梅向东、徐文翔编)、《菱湖撷英:中国现当代文学卷》(陈宗俊、冯慧敏编)、《语路探幽:语言学卷》(鲍红、张莹编)、《史海拾萃:历史学卷》(金仁义、沈志富编);还有两册是展现我们学科的特色优势,它们是《栖居桐城:桐城派卷》(叶当前、宋豪飞编)、《曲苑拮梅:黄梅戏与古代戏曲卷》(汪超、方盛汉编)。

这套丛书最终定名为《敬敷求是集》,也是大有深意。安庆师范大学的前身可追溯至清代的敬敷书院,后又合并过求是学堂,在长期办学过程中,形成了"敬敷、世范、勤学、笃行"之校训。这里的"敬敷"二字,出自《尚书》,意为"恭敬地布施教化"。我们希望这套丛书的出版,既能反映出学院教师敬敷育人的精神风范,又能展现出他们作为学者实事求是的治学态度。

对于我们来说,这套丛书的出版,既是一次总结,也是一种传承,更是一次启航和一份期待。最后,还是用校歌里的歌词来表达我们的办学心声:"日照振风塔,霞染扬子江。红楼哺英才,代代耕耘忙。"

汪孔丰<br>癸卯年秋作于红楼

# 目 录

（按作者姓氏笔画排序）

001 **总序**

---------- 文学现象研究 ----------

003 王永兵　论中国当代先锋小说的语言嬗变

016 王永兵　当代主体的建构与新时期文化图景
　　　　　——论新时期小说中的"新人"形象

030 张　俊　曾经沧海难为水
　　　　　——20世纪中国通俗文学价值新论

042 陈宗俊　人民文学出版社与"十七年"新诗集的生产

061 陈宗俊　在"言说"和"沉默"之间
　　　　　——《诗刊》(1957—1964)"编者按"研究

075 徐先智　范　伟　身份焦虑与道德困境
　　　　　——论晚清小说中女性的社会规训及其逻辑

085 徐先智　国民性批判争论再思考

---------- 作家作品研究 ----------

099 王永兵　辛亥革命的三种演义方式
　　　　　——《死水微澜》《大波》与《银城故事》

118 冯慧敏　谢昭新　论凌叔华的自由主义文学观

133 安刚强　张艺谋电影的人物世界

145 江　飞　《耶路撒冷》：重建精神信仰的"冒犯"之书

161 陈　卓　王永兵　论莫言新历史小说的民间叙事

| | | |
|---|---|---|
| 170 | 陈 卓 | 论苏雪林的文学批评观 |
| 180 | 陈宗俊 | 宏大叙事与个人叙事的纠缠——论鲁彦周的长篇小说 |
| 189 | 黄晶晶 | 朱光潜基础教育思想及其当代意义 |
| 206 | 蔡洞峰 | "革命文学论争"中的鲁迅 |
| 220 | 蔡洞峰 | "娜拉"的彷徨与女性启蒙叙事<br>——以鲁迅女性解放思想为视角 |

## 241 后记

# 文学现象研究

# 论中国当代先锋小说的语言嬗变

王永兵

任何一种思想的表现必须依靠、也必须表现为某种语言,语言兼具形式与内容的双重功能,任何形式的文学变革都从语言变革开始。"五四"新文学运动从白话文开始,新时期小说的先锋运动亦借语言开道。中国当代先锋作家一门心思研究怎样讲故事,尤其在文学语言求变上煞费苦心,通过语言主观化、构建隐喻系统等方面的写作实践,先锋作家的言说方式发生了质的变化,依靠这种变化中国当代先锋作家建构了一个全新的小说话语空间和意义系统。我以为,从文学语言嬗变这一维度切入中国当代先锋小说是认识和评估其意义和价值的最佳途径之一。

## 一、变乱语言与写作主体性的张扬

1985年前后处于初潮期的先锋小说,不要说一般读者难以读懂它,就连不少多年从事文学教学研究的人也难以弄清作者在叙述什么、想表达什么。年轻的先锋作家变乱了既有的语言表达习惯和语义搭配关系,读者无法根据惯常的思维方式和逻辑联系来认知和想象经过特殊加工的词与物、词与义之间的关系,原先轻车熟路、清晰明了的语言空间和意义空间突然之间陌生起来,变得晦涩难懂、混沌模糊。导致这一现状的根本原因在于以"60后"为主力阵容的新一代作家不再满足于文学的既有现状和既定秩序,他们急切地要求创新求变,果断地用自己的方式发声,建构成这一时段的语言"巴别塔"。这一切都归因于先锋小说家主体意识的觉醒与张扬,也归因于1980年代改革开放的社会背景和文艺界关于"文学主体性"讨论与建构的理论背景。改革开放引发的原有价值体系的崩解,文学与政治意识形态之间的疏离,西方现代语言、叙事、修辞理论的大量涌进及其种种后续效果,使年轻一代作家得以重新认知文学的功能与价值,并促使其文学观念发生彻底改变。在他们看来,对"语言"、"结构"这些"形式要素"的经营可以将文学从司空见惯的"社会内容"中"净化"出来,距离惯常的"社会"语义越远,越能阻断文学与它们的被动联系,这是文学获得"自主性"的重要保证。

其时"文学的转型"已成共识,马原更是将其向前推进了一大步。通过《拉萨河的女神》、《冈底斯的诱惑》、《叙述》等系列实验,马原彻底混淆了小说"形式"和"内容"的界限,向读者表明"怎么写"比"写什么"更为重要,从而迫使人们重新审视"小说"概念。现在看来,马原是新时期最早具有"纯文学"观念的作家,他首次将如何"叙述"提到小说本体的高度,前所未有地把文学形式的探索与实验作为创作的主要目标。对此,李劼曾高度评价道:"马原的形式主义小说向传统的文学观念和传统的审美习惯作了无声而又强有力的挑战。从这个意义上说,马原的形式主义小说,乃是先锋文学最具实质性的成果。这种形式主义小说的确立,将意味着中国先锋文学的最后成形和中国当代文学的一个历史性转折的最后完成。"[①]正是在马原的带领下,洪峰、莫言、残雪、格非等一大批作家纷纷热衷于小说"语言"与形式的变革,形式主义已经演变成一种"新的意识形态"并同传统的文学观念展开对话。

与此同时,刘再复提出"文学的主体性",及时地为先锋作家的文学变革提供理论依据,并促成其创作主体性的自觉追求。刘再复认为,"文学主体"包括创作主体、对象主体和接受主体,文学主体性应由三者综合体现出来,就创作主体的作者而论,其主体性主要体现在精神方面具有超常性、超前性和超我性,体现在实践上便是文学形式和表现技巧的变化,而实践主体

---

① 李劼:《中国当代新潮小说论》,《钟山》1988年第5期。

性在某种程度上又必然是精神主体性的外在显现。①先锋作家的"小说革命"在实践和精神层面上都隐含着追求主体性的潜在动机,昭示着自我主体性的苏醒和膨胀。这从马原的"叙事"实验,莫言、残雪的感觉化写作,洪峰、格非的神秘性追求、吕新、孙甘露的语言游戏、余华的暴力叙述等各自不同的以文学形式探索与实验为中心的文学变革中都可以得到证实。

问题在于:先锋作家主体性的追求与获得为什么一定要从文学语言开始,两者之间存在着怎样的逻辑关系?马原、余华、格非、孙甘露等一群作家之所以被称为"新潮"或"先锋"就是因为其写作的反叛性和创新性。在他们心目中,传统现实主义小说已经落伍过时,尤其是其"语言"和"形式"已经演化为一种陈旧的意识形态,禁锢着写作者的想象力与创作自由,必须对此进行革新。格非曾将自己开始于1986年的"新潮"写作看作是对主流形态的现实主义叙述语言和成规所构成的"秩序"的挑战与反叛,在他看来,这种秩序规约着人们"内心的情感图像",诱使人们"感觉到并打算加以表述的现实场景",并使之身陷"形式的意识形态"的牢笼,所以他说:"在那个年代,没有什么比'现实主义'这样一个概念更让我感到厌烦的了。种种显而易见的,或稍加变形的权力织成一个令人窒息的网络,它使想象和创造的园地寸草不生。"②余华也对现实主义小说反映论式的语言观提出尖锐批评,认为它们所叙述的只是"大众的经验"和"常识",而真正的文学语言不是反映现实而是建构现实,所以他所追求的是一种"不确定的叙述语言"和"虚伪的形式","这种形式背离了现状世界提供给我的秩序和逻辑,却使我自由地接近了真实"③。从格非、余华等人的言谈中可以看出,他们从事先锋写作的目的就是要进行一场以"语言革命"为主导的"形式革命",从而颠覆"将各种欲望和语言占为己有"的现实主义话语的统治地位,并将个人("主体")从中"解放"出来。也就是说先锋作家变乱语言的最终意图就是

---

① 刘再复:《论文学主体性》,《文学评论》1985年第6期,1986年第1期。
② 格非:《十年一日》,载《塞壬的歌声》,上海文艺出版社2001年版,第65页。
③ 余华:《虚伪的作品》,《没有一条道路是重复的》,上海文艺出版社2003年版,第178页。

为了反叛传统的"语言秩序",彰显自己的写作主体性。"语言革命"对格非们而言是手段也是目的,它实际上是文学领域中的"意识形态革命",具有强烈的政治意味。对此,王晓明说:"文学首先是一种语言现象。这不但是指作家必须依靠文字来表达自己的审美感受,一切所谓的文学形式首先都是一种语言形式;更是说作家酝酿自己的审美感受的整个过程,它本身就是一种语言的过程",如果没有这种认识,"一切所谓思想的深化、审美的洞察就都无从发生"。①正是基于这种认识,年轻一代的先锋写作不约而同地首先想到的是小说语言,企图以一种新的话语方式表明自己的独特性和创造性。莫言曾说:"我想一个有追求的作家,最大的追求就是语言的或文体的追求,总是想发出与别人不一样的声音或者不太一样的声音。"②残雪则希望"设法创造出我自己的语言"。要言之,以什么方式发声的问题,对先锋小说家来说已经不仅仅是一种形式问题,而是一种写作姿态,是他们告别传统、蔑视权威的主要手段,也是他们立身于文学的重要资本。格非曾说:"20世纪小说发展的重大成就之一,就是使小说语言具有了本体论的意义,也就是说,它使小说语言从故事的附庸和承载物变成了读者的欣赏对象。"③这句话显然也是对包括格非本人在内的中国当代先锋小说家所从事的语言变革的实践活动的肯定。

  主体性的复苏和追求使先锋作家的小说语言具有了浓郁的主观化特征。语言主观化是指小说语言带有创作主体浓厚的心理色彩,具有明显感觉化、心理化倾向。语言主观化源自创作主体思想的主观化,当先锋作家纷纷将目光和注意力由物质世界转向精神世界时,小说的叙述焦点也必然从外部客观现实转向内部主观心理活动。随着叙述视角和叙述对象的变化,小说叙述语言的变革势在必行,如何重塑语言的意义空间使之与内心世界相一致,这是每一个先锋作家不得不面对的问题。文学语言变革只有依赖

---

① 王晓明:《在语言的挑战面前》,《当代作家评论》1986年第5期。
② 莫言:《是什么支撑着〈檀香刑〉》,《小说的气味》,春风文艺出版社2003年版。
③ 格非著:《小说叙事研究》,清华大学出版社2002年版,第102页。

表现方式的变化才能得以实现,也就是说要想增强语言对内心世界表现力,必须实行语言客观化到主观化的转变,找到一种让内心世界发声的语言。以余华、莫言、残雪、格非、苏童等为代表的先锋作家非常注重对人物内心世界的开掘,并力图使小说的话语方式朝着表现主观世界的方向转变,尤其是在小说的叙述语言和人物语言(人物对话、内心独白)等方面刻意经营,努力使之与人物的主观内心世界连为一体,呈现出感觉化和心理化的特征。这在稍后一点的先锋作家陈染小说中表现得最为突出,她在《私人生活》中曾这样叙述道:

> 我不喜欢被阳光照耀的感觉,因为它使我失去隐蔽和安全感,它使我觉得身上所有的器官都正在毕露于世,我会内心慌乱,必须立刻在每一个毛细孔处安置一个哨兵,来抵制那光芒的窥视。然而,世界上的阳光太多了,每一双眼睛的光芒都比太阳更烫人、更险恶,更富于侵略性。如果,任凭它侵入到赢弱的天性中来,那么,我会感到自己正在丧失,正在被剥夺,我会掉身而去。

这段独白故意使用第一人称的限制视角,以主人公倪拗拗心理感受为支撑点,其中的"窥视"与"毛孔"构成了无所不在的覆盖,凸显主人公对外部世界的戒备与敌意,这种特殊的修辞方式体现了创作主体非凡的想象力和语言表现力。要言之,语言主观化对先锋作家而言只是一种外在的表征,其中记录他们在主体性觉醒后为探求语言形塑力量、表现各自不同的创作个性和创作目标所作的种种探索与实践的过程,也留下他们各自的成长印迹与生命的年轮;同时,先锋作家"变乱"现有秩序、努力尝试用自己方式发声的"语言革命",因其各自主观归趋的差异,不仅造就"主体膨胀"的语言巴别塔,而且由于语用方式的丰富多样,在主体高涨、意义歧生的背后,更是烙上叙述者浓厚的主观色彩,彰显现代汉语的魅力并预示小说未来的无限可能性。

## 二、重构隐喻系统的多面向努力

作为语言主体的先锋作家以其创作实践的变革表明其美学立场、价值取向和对单一化思维模式的反叛,然而他们真正的兴趣并不在于与主流话语进行竞争或通过反叛主流话语来确立自己的存在价值,而是尝试以非传统、非西方的想象逻辑,在新的历史语境中,利用现代汉语符号,建立一套自我投射、自我现象的叙事机制。对此,张旭东曾这样评价道:"当代中国的'先锋文学'正是以其语言上的突破而把自己变成了某种潜在的社会经济、政治、文化转变的美学结晶,而其'高度自主'的叙事或逻辑,则将一代人经验的历史生成有效地记录在案","它本质上不是一场美学实验而是一种经验语言的生成和自我机构;它没有任何确定的价值取向"。① 而没有任何价值确定的价值取向正是先锋小说的价值取向,从事先锋写作的作家们本来就不是为了一个共同的目标走到一起来的,他们在新的历史语境中看到了以往看不到的世界/视界,忽然感到陌生起来,从而迫切地想找到一种与之相符的语言加以表达,因此读者所感受到的陌生与费解并不是先锋作家刻意为之而是其内心感受的真实流露。也正是因为遵从内心的感受,张扬自我主体性,先锋作家才能做到不重复他人、不断地创新求变,在努力建构现代主体的同时,也建构各自不同的隐喻系统,从而丰富文学的表现形式,扩大文学的表现空间与意义空间。

寻找叙事机制、构建隐喻系统与变乱语言符码,对先锋小说家来说是一物之两面。正是通过隐喻系统的构建,先锋小说家在展示各自不同的主体性和创作个性的同时,也将当代小说与现代小说重新续接起来。因此,讨论先锋小说家语言变革的关键在于弄清他们到底是如何主观、怎样隐喻的。作为一种想象性的叙事,小说与隐喻有着不解之缘,古今中

---

① 张旭东著:《批评的踪迹文化理论与文化批评1985—2002》,生活·读书·新知三联书店2006年版,第244—249页。

外的经典小说大都蕴含多重隐喻，有的甚至本身就是一个复杂的隐喻系统，能够为读者提供丰富的想象与阐释空间。鲁迅、老舍、沈从文、张爱玲等一大批现代作家曾非常注重隐喻系统的构建，他们的小说也都具有很强的隐喻性。一味强调文学为现实政治服务、强调文学的写实性和实用性，恰恰扼杀了隐喻的生存空间，而廓清语言空间、恢复文学作品的语言力量的重任便落在了先锋小说家的肩上。由于惯/惰性力量的强大，他们必须通过革命的姿态来完成这一建构/复原工作。在具体的写作实践中，先锋小说家"各显神通"，皆有所获。这其中，格非、余华等人在理论和实践两个层面都有建树。格非曾说："尽管文学语言与日常用语共有一个母语系统，但作家却可以通过创造新的'意象'找到词语之间新的组合关系，或者构筑起新的'隐喻系统'来激活读者的想象力。"① 他在《边缘》中曾这样叙述：

> 现在，我依旧清晰地记得那条通往麦村的道路。多少年来，它像一束幽暗而战栗的光亮在我的记忆里闪烁不定。我记起那是一个遥远的四月，阳光收敛，雨水滂沱。西风驱赶着一块块疾驰的流云，暴雨像鼓点一样追逐着装满麦秸的马车，将道路砸得坑坑洼洼……那条道路像是突然从一道山梁的背后闪了出来，沿着赤褐色的荒原伸向灰蒙蒙的天际……在道路的另一头，我的记忆混沌未开。我只是记得一个粉红色的画面，它像一瓶被打翻的颜料在水面上慢慢荡开，它是一道夕阳的余辉，从中我看见了父亲的身影。

例文将"道路"比作"光亮"，后来又比作"人生"，并和"记忆"、"夕阳"、"父亲"一起构成幻化的效果，隐喻人生坎坷与命运无常。它充分体现了格非小说语言缠绕、蕴藉的特点，具有浓厚的主观色彩。与格非相同，

---

① 格非著：《小说叙事研究》，第86页。

余华一直在寻找一种"新语言",意在"展示一个不曾被重复的世界"①。因此,同样是"父亲"形象,在《十七岁出门远行》和《在细雨中呼喊》等小说中,都有不同的寓意,前者中的"父亲"可以理解为启蒙者,他整理红包让儿子出门远行的目的就是要让儿子能够直面人生和社会,在磨难和挫折中成长并成熟起来,也可以理解为虚伪的人,专门设计和推行假象和骗局,他在家里所整理的那个漂亮的红背包和外面世界的冷漠、暴力、抢劫形成鲜明对比;后者中的"父亲"寓意更加丰富,他有时天真、执着(年轻时候的祖父孙有元)、有时懦弱、隐忍(年老时候的祖父)、有时好色、无赖、蛮横、独断(父亲孙广才)、有时热情、冲动(养父王立强),正是倚靠"父亲"这一多重形象,余华在小说中构建了一个完整的隐喻系统,委婉含蓄而又恰如其分地形塑了中国文化的某种品行与特征。

先锋小说家构建隐喻系统的文学实践表明,借助于语言变革不仅可以找到体验世界的新方法,而且还可以塑造出来一个崭新的世界。如徐小斌的长篇小说《羽蛇》有这样一段话:

> 终于,湖水没过了她的双肩。像是一领冰凉的丝绸轻轻拂过她的身子,那一种柔软飘逸把她轻轻地举了起来,她划动双臂,仿佛在天空中飞翔,躺在深蓝色的云彩上,自然地起伏。水花的迷茫中,她能看见渐渐西沉的太阳,也随着她上下浮动。她向水底深处扎去,柔软冰凉的水像丝绸一样亲切,她感觉到一种高度的和谐优美,她闭上眼睛,享受着这无与伦比的美妙时刻。皮肤上的每个毛孔都舒适地张开着,心悠然沉寂,变成一泓静水,只觉得体内一股温暖的气流在循环,循环中血液慢慢清澈,像红宝石一般晶莹,五脏六腑都被洗得纤尘不染,所有的经络都疏通了,流动了,像日升月落一般循环不已。

---

① 余华:《虚伪的作品》,《没有一条道路是重复的》,第186页。

例文中感觉化的云、水一体，水中、天上不辨，身体与宇宙、血脉循环与日出日落一视同仁，皮肤与水的接触变成超现实的感受，这是传统现实主义真实理念中的空白，徐小斌通过重新组合语言建构隐喻系统，不仅将女主人公内心难以捉摸的奇妙感受具象化，而且还昭示了现代汉语极其巨大的表现潜力和发掘空间，同时它还表明人类的认知空间，可以因语言的变革而扩展。与徐小斌类似，残雪也善于通过"语言"的反常使用，隐喻那个高度变形与扭曲的社会：人与人互相怀疑、互不理解、互相攻击。残雪故意割裂语义之间的正常联系，上下文之间每每有突如其来的跳跃、断裂，扭曲变形的语言正好与畸形变态的人物心理和社会结构相互影射，从而给读者带来极强的心理震撼。如《阿梅在一个太阳天里的愁思》中写道：

> 太阳就要落到堆房后面去了，母亲又在堆房里咳起来。她这么咳已有两个多月，大概她自己也感到不会久于人世了，所以她把房门紧紧地闩上，为的是不让我去打扰她。邻居还在捣墙上那个洞。今晚要是刮起风来，那围墙一定会倒下来，把我们的房子砸碎。

文中母亲闩门与邻居捣洞缺少过渡，上下文语意断裂，而这种话语形式断裂又和现实生活人与人之间感情的断裂相呼应；同时闩门与捣洞两种行为形成强烈冲突，分别隐喻戒备与窥视两种不同心态，暗示现代社会人与人之间互相戒备、互相仇视的畸形关系。这种独特的小说语言正是残雪不同于其他先锋作家的标志。

从格非、余华、徐小斌、残雪等人语言变革的理论与实践中，可以看出：构建隐喻系统其实离不开对语言"反常"的追求，它体现了先锋小说家变革文学意识的自觉与坚决，这个反常，其实正是真正文学创造的"常"，面对现实主义语言的统一规范，他们必须通过反常的行动才能使得"文学回到自身"。需要说明的是"反常"并不完全是指语言（运用）的创新和变化，它还包括对日常语言在非"日常"场合的模拟和挪用，在新历史主义小说潮流中,这种情况经常出现。如刘震云《故乡相处流传》就多处模拟、挪用"文革"话语及相关媒体语言：

> 最后还是曹丞相救了我们。他念民众于水深火热之中,开始开仓放粮,赈济灾民。接着,他又走出丞相府,亲自来到我们中间,给我们做了一番政治报告,据说为出不出丞相府,他和干瘪总管争执半天,直到丞相发怒："你要使我脱离人民吗？在这种关键时候！"……人山人海中,"丞相万岁"的欢呼声,此起彼伏。丞相笑眯眯地向我们招手……先演如何化精神为粮食,化腐朽为神奇,不吃饭也能度荒；二演如何精诚团结,团结在丞相周围,为一个大目标奋斗。奋斗出来,就有好日子过了,到处是粮食,遍地是牛羊,有的是花不完的金山银山。

刘震云在此通过对"文革"话语与革命歌谣的戏仿与模拟,将神圣而严肃的历史比作虚伪做作、欺瞒哄骗的腐败官场,织成另一种隐喻系统,并与历史和现实展开多重对话。

## 三、语言嘉年华及其归途

中国当代先锋作家语言变革所体现的语言嘉年华式冲动是多向度的,就在格非、余华等人着力构建各自不同的隐喻系统的同时,孙甘露等人却在语言本体上苦心经营,并试图将极具感性化的诗性语言引入小说之中,使小说创作变成一种盛大的语言嘉年华。孙甘露的小说创作完全沉入语言狂欢中,他在《信使之函》中铺排出众多"信是……"的暗喻句式,将信的能指意义扩大到无穷尽的地步,以另一种方式呼应了余华对不确定语言的追求,从一个能指到另一个能指的滑动中,孙甘露企图建构一个属于自己的语言王国。显然,依照孙甘露的做法,小说终将走向以语言为美学中心的语言乌托邦境地,从而彻底摆脱长期以来为现实/政治服务的尴尬处境,获得自身的独立。在语言形式方面走得很远的还有刘恪，他在《城与市》中将散文、随笔、日记、戏剧、哲思等众多文体综合在一起，使得小说变成了一个语言与文体的大杂烩，故事和意义遭到无情的抛弃。先锋小说家语言嘉年华式的冲动背后都有各自的理论背景和理论依据，如果我们对此进行认真清理，便会呈现出一个理论嘉年华，先锋小说的语言嬗变实际上是多渠道的理论来源在一个相对狭窄的空间相互冲击和激荡的结果，看起来波澜起伏、蔚为壮观，实际上仿造多于创造，主观的应激多于主体的熔铸。但是无论怎样，这都是那一代人让文学回到语言的真实努力与不俗成就的见证。

然而，一味强调语言（对象）主体性，势必造成写作主体性与读者主体性的弱化，绚烂至极终将归于平淡，由冲动到理性，从过分主观化返归写实，新时期先锋作家的语言变革实践在遭遇到种种问题之后，不得不冷静下来，重新面对读者与市场。语言变革的路径再次在不同的方向上延展，其中之一是将语言从诗性追求导向世俗化与游戏化，以王朔为代表，其《顽主》等小说以一种"顽主"的口吻尽显其语言"炼金术"，如："大会继续庄严隆重的进行，宝康代表获奖作家发言，他很激动，很感慨，喜悦的心情使他几乎语无伦次。他谈到母亲，谈到童年，谈到村边的小河和小学老师在黑板写字的吱吱呀呀声；他又谈到少年的他的顽劣，管片民警的循循善诱，街道大妈的嘘寒问暖；他谈得很动情，眼里闪着泪花，哽咽不语，泣不成声，以至于一个晚到的观众感动地对旁边的人说：'这失足青年讲得太好了。'"表面上看这段话有点像刘震云小说中的语言模拟，但是王朔语言模拟仅仅停留在游戏化的表层，没有建构隐喻系统的企图，游戏语言、制造笑料就是王朔写作目的。

另一条语言变革的路径是先锋小说家们接纳并采用"零度叙述"的理论与策略，故意隐去作者的"自我色彩"，竭力保持小说叙述语言客观公正面貌，不流露任何感情，也不表达任何立场，这就是众所周知的新写实主义小说潮流。这其中固然有法国后现代主义大师罗兰·巴特后结构主义理论影响的因子，而真正的情况是巴特所谓的"作者之死"以及"读者的诞生"理论与新时期先锋作家对读者的重新重视形成了某种契合，但后结构主义对本文以及言语活动过程的强调,无疑消解作者在写作中的重要位置,结果不是写作者在操纵语言、叙述故事,而是语言、故事在操纵写作者,最终结局是作者主体性的削弱与退场。这与先锋小说家们通过语言变革来突出自我主体性的初衷完全相悖,并且构建隐喻系统的幻想也成为泡沫,有所作为的先锋们自然不能接受如此结局,他们中的许多人纷纷告别"虚伪的形式",开始新的语言转向,重新回归写实之路,但这种回归并不是简单的还原,而是一次"失意的凯旋",尽管不太情愿,却并非毫无所得。我们可以从余华的《鲜血梅花》与《许三观卖血记》两部作品的对比中,清晰地看出先锋小说语言变革的路线图。两部作品同样都与鲜血有关,但因为写作策略的不同,分别寄寓各自的内涵。前者正值先锋实验巅峰时期,表面上看起来像梅花一样美丽的鲜血隐含着仇恨、暴力和死亡等多种喻象,而看似懦弱、犹豫的善良的复仇者却无意中做了一桩借刀杀人的丑恶勾当,整个小说就是一个由语言组成的隐喻世界,充分展现了叙述者丰富的主观想象力;后者的鲜血更是一种温情和爱的象征,充满同情、怜悯和牺牲精神。新潮之后的余华说:"作家的使命不是发泄,不是控诉或者揭露,他应该向人们展示高尚。"[①]小说正是借许三观卖血来展示这个小人物身上所具有的高尚品质。创作主体思想的这种变化体现到创作中就是小说语言向现实的回归,如文中写道:"……在百里,他走在河边的街道上,他看到百里没有融化的积雪在街道两旁和泥浆一样肮脏了,百里的寒风吹在他的脸上,使他觉得自己的脸被吹得又干又硬,像是挂在屋檐下的鱼干。"这是典型的写实语言,明喻"像"将皮肤与鱼干联系到一起,写实的外在关照与主观的自我感受合成一体,这正是经验过主观化的先锋/新潮语言之后返归写实留下的烙印。这样的例子,不仅限于余华一个人,而是广泛适用于先锋小说家,或许他们在时间上有先有后,程度与方法各不相同,但总体趋势是一致的。从语言乌托邦的冲动中逐步恢复平静与理性的先锋小说家们,其语言主观色彩虽然有不

---

① 余华:《〈活着〉中文版自序》,《活着》,上海文艺出版社2004年版,第3页。

同程度的弱化,但与变革之前相比,更加充满活力和形塑力量,也更加充满多元化和个性化色彩。

## 四、结　语

中国当代先锋作家小说语言的求变创新有目共睹,他们不仅构建丰富多样的隐喻系统,充满展示各自不同的主体性特征,而且开拓了小说的话语空间,对增强现代汉语的表现力和促进现代汉语言文学的发展起着极大的作用。先锋作家的小说语言嬗变从本质上说是时代精神需求的结果,其中也不乏欧美先锋文学的影响,它也包含中国作家与世界文化/文学对话的精神诉求。中国当代先锋作家借鉴欧美先锋作家语言表现技巧时,并没有一味地模仿或生搬硬套,而是根据各自不同的人生体验和审美习惯并结合实际的文化语境创新改造,并形成各自不同的特色。同时,先锋作家的语言变革也与现代哲学和思维的"语言学转向"有很大关系,语言与思想一体化的后现代哲学启示先锋作家:语言不再是思想的工具,而是思想本体,语言嬗变其实就是思想变异,言说方式的变化就是思维方式的变化。中国当代先锋小说异样的言说主体曾经构建过语言的"巴别塔",它在其后的一二十年内迅速地消解、渗透乃至于无形,这个过程却是极有价值的。为彰显这个过程与价值,本文乃再造它。

(本文原载《中国现代文学研究丛刊》2012年第1期)

# 当代主体的建构与新时期文化图景
## ——论新时期小说中的"新人"形象

王永兵

翻开中国当代文学史我们会发现,每一个时期都会涌现一批具有浓郁时代色彩的新人形象,新人形象塑造的成功与否成了衡量小说家政治敏锐性的高低与艺术表现能力的优劣的重要标准;我们还会发现这些新人形象不仅与时俱进,还与时俱变,或应时而生或逆势而行,形色各异、性情有别,其复杂性远远超出我们的想象。撇开1950、60年代不谈,光就新时期而言,不但不同的作家对新人的理解与处理方式不同,即使是同一个作家在不同的情势下对新人的理解和处理方式也会不同。由此引发的问题是:新时期小说家们在塑造各自不同新人形象背后有着怎样潜在的动机?他们又是如何叙述各自的新人形象的?能否从这些差异与不同中找出某些规律性的东西,从而归纳出一些质的因素,以便于我们更好地认识新时期小说思想意义和美学价值?

## 一、当代主体的建构谱系

新时期小说中的新人形象概括起来主要有三大类,一是以贾平凹、路遥为代表的作家所塑造的当代农村青年形象,二是以蒋子龙、柯云路为代表的作家所塑造的城乡改革者形象,三是以刘索拉、徐星、王朔、苏童等为代表所塑造的当代知识/都市青年形象(还有一类带有女性主义色彩的新女性形象因涉及问题十分复杂需另文再论这里暂且不提。——笔者注)。这三类新人具有浓郁的时代气息,体现了作家们对新时期尤其是十一届三中全会以来中国社会变革积极响应的态度，也体现他们介入社会引领时代风尚的企图。贾平凹于1980年代塑造了一系列农村青年形象，像小月（《小月前本》）、禾禾（《鸡窝洼人家》）、王才（《腊月·正月》）、金狗（《浮躁》）等等。这些农村新人都是新时代的骄子，他们思维敏捷、头脑灵活、富有闯劲和冒险精神，他们不再固守陈旧的道德理念，不甘心于贫穷落后的生活处境，愿意为改变现状付出巨大代价。《小月前本》中的农家姑娘小月的爱情故事早已不是抗父命争自由的问题，那还是新中国之初赵树理们关注的中心，考验小月的主题已经从敢不敢爱转变为爱谁和选择什么样的男青年作为自己的终身伴侣。如果从安居乐业的角度上考虑，勤奋而又老实的门门是最可靠的人选，但如果从发家致富的角度着眼，思想保守、执拗木讷的门门肯定不是才才的对手，头脑聪明、性格活泼的才才不仅见多识广、思想开放，而且善解人意、具有敏锐的商业眼光，这样的男青年自然更能赢得姑娘的芳心。小月的择偶标准往深处说就是写作主体在探索与思考新的历史时期什么样的人最有价值的问题，那些因循守旧、胆小怕事、思想僵化的人当然不能适应时代的要求遭到淘汰，而锐意改革、富于冒险和创新精神的人成为时代的宠儿。类似的作家还有路遥，他笔下的高加林（《人生》）和孙少平（《平凡的世界》）都是新时期成长起来的新一代青年，通过自我奋斗，让平凡的人生变得更加精彩是其共同特点。尽管路遥非常认同传统伦理道德观念，在文学创作中不时流露出对传统勤劳质朴、忠贞不渝等传统美德的赞誉与向往之情，但严谨的写作态度和扎实创作根基还是让他准确把捉了时代的精神脉象，塑造了富有时代意义的人物形象。

与贾平凹、路遥等作家所塑造的具有"草根"性和现实性的农村青年相比，蒋子龙、柯云路等人所塑造的改革者形象更富有领导者气质和理想色彩。无论是坚强不屈、勇往直前带领工人走改革创新之路的乔光朴，还是不畏艰难、奋进开拓一心要打破中国农村基层社会习惯保守势力的李向南，他们都是新的现实主体，是生逢其时的开拓者和英雄，肩负着改革中国社会经济、实现国家现代化的历史重任。乔光朴、李向南是时代呼唤的产物，更是作家主体意识被激发之后积极参与现实的表现，这些小说所表现出来的高度热忱的政治意识与对重大题材的推崇、对英雄人物凸显的传统模式尽管为后来的批评者所诟病，但蒋子龙等在创作中所表现的责任感和使命感着实令人钦佩。蒋子龙说他的文学观就是以关注现实作为一种责任，"有责任，才会观察，才会有自己的感受，创作至少会有真诚，不至流于空泛和浮躁。注视着急剧变化的社会现实，还会逼迫作家去读好多东西，研究许多现象，文字也会充实。不管是否真的能写出有价值的东西，作家存在的意义，至少是应该追求有意义的写作。"蒋子龙所说的"有意义的写作"就是通过小说创作及改革者形象的塑造"向读者展示一种历史变革要求和发展趋势的不可逆转性"，"从广阔得多的社会背景上，反映新时期改革潮流所带给生活各个领域的深刻影响"。乔光朴、李向南这些改革者形象不仅轰动整个文坛，而且还产生强烈的社会效应，"激起了全国上下的改革热情，以至许多工厂挂出了'请乔厂长到我们这里来！'的长幅标语"[1]。然而现实中的乔光朴、李向南们并没有像作家们想象得那么风光，尤其是改革之初整个社会还处于观望和迟疑态度，各种阻力和困难会让他们焦头烂额、举步维艰，因此，乔光朴形象实际上是作家理想化的产物，他是"一个文学重建的现实乌托邦里的神话英雄，他反映和表达了那个时期的焦灼的历史愿望"，"他是集体想象的结果"，借助于这类形象的塑造，"所有那个时代的欠缺和迷失""获得了想象性的满足"[2]。

从1985年刘索拉《你别无选择》发表开始，一群惊世骇俗的叛逆者形象悄然问世，《你别无选择》中的李鸣和森森、《无主题变奏》中的"我"和老Q、乃至于王朔笔下的"顽主"们等等，这些五颜六色的年轻人虽然神态性情各异，却又在某些方面十分地相像，比如他们大都自以为是，对生活中的平凡事物和世俗规范不屑一顾，嘲弄一切甚至嘲弄自我，不顾一切地反社

---

[1] 蒋子龙：《沧州，像梦一样永远跟着我——蒋子龙访谈》，(2008-11-21)。http://www.chinawriter.com.cn/2008/2008-11-21/43383.Html
[2] 陈晓明著：《表意的焦虑——历史祛魅与当地文学变革》，中央编译出版社2002年版，第45页。

会、反传统。以《你别无选择》为例,小说中的一大群音乐学院的大学生各有怪癖,令人感到荒诞不可思议。他们中有的(李鸣)有才气的却成天想着退学,退学不成便整天躲在宿舍里睡觉;有的(马力)热衷于买书整理书,甚至自己在宿舍里做书架;有的(孟野)沉迷于恋爱之中最后中途退学;有的(森森)整天不修边幅,只管砸琴键,一心要砸出"妈的力度"。然而这些曾经一度被视作"多余人"的青年们却由于某种机缘和巧合又被一些人当作有着强烈自我意识和叛逆追求精神的当代主体。他们身上"展示了一种强烈的散发着二十世纪现代气息的自我意识,这种自我意识否定了束缚个性发展的传统观念和道德规范",因此他们是一群"以自己的头脑思索社会,按照自己的意志选择人生"的一代新人,是真正意义上的"现代自我",而他们乖张的行为举止和怪诞的性格则是"自我"成长过程中精神困惑与焦虑的体现。①这种观点正确与否暂且不论,但它道出了李鸣们所富有的时代意义,同时也道出了社会转型时期一部分青年人内心的焦灼与精神的迷惘。这种焦灼与迷惘到了王朔那里就变成了另一种情形。王朔笔下的北京爷们大多是大院(干部)子弟,他们有着先天的优越感,在泛政治时代这种出生背景和身份曾充分发挥其优越性,这也让他们比一般人更富有梦想和激情,然而正在转型的社会注定要将其梦想和激情拦腰截断,末路上的英雄们只好怀揣着无法释怀的情绪,整日游荡徘徊。《过把瘾就死》的主人公大院子弟方言是众多没落"贵族"中的一员,他承担不起巨大的家庭责任,只有逃脱,然而却无处遁逃,最终又回到生活的原点。志大才疏的方言一度把婚姻看作牢笼,是女人要挟他屈服的工具,因此他说杜梅的申请结婚是"温情脉脉的摩挲和叹息般的近乎自我憧憬的祈使句",并且这祈使句"完全使人忽略了并不以为这是一个要挟"。方言和作品中的潘佑军是两个典型的人物,他们因为政治幻想的破灭而转向一个新的秩序,但却并不适应新时代的经济秩序和家庭秩序,因而精神忧郁心情苦闷。他们游走在两个时代(其中的

---

① 李劼:《刘索拉小说论》,《文学评论》1986年第1期。

一个时代是他们的精神幻象)的夹缝中,放弃融入社会的机会,游离于正常的社会秩序始终找不到归属感,政治和经济的双重剥夺使他们成了这个时代货真价实的"边缘人"。百无聊赖之中,他们只好从语言上抢白他人,调侃自己,并伺机给传统规范和权力一个小破坏和报复来给自己找一点心理平衡,以此证明自己的存在、消除被漠视的尴尬。王朔所塑造的这些大院子弟,他们因为具有最正宗革命血统而一度成为时代的骄子,随着时代变化和社会转型从最理想的革命事业接班人滑落为新时代的落伍者和多余人,其中的落寞、无奈和愤懑大概只有王朔自己最清楚。这同时还表明一个习得性价值观念对身体的控制力是多么持久,要想改造和转变它是多么的艰难,而写作者王朔内心压根就没有改造和转变的念头,在确信"阳光灿烂的日子"一去不复返之后,他所做的事情就是对知识分子无情嘲讽、和对时代与现实的极端挑逗和调侃。以此看来,"顽主"系列不啻就是个人国族化时代的挽歌和追魂曲,在表面上采取极端个人虚无主义的假象背后,还潜伏着一个极端顽固与保守的灵魂,日夜呜咽着浓浓的"怀旧主义"情结。

## 二、当代主体的复杂性与尴尬处境

在对新时期小说新人形象进行谱系学考察之后,我们发觉他们既是时代精神在作家主观世界的投射,也是作家作为一种精神主体与整个社会对话的结果。中国社会经历改革开放等一系列重大变动之后,越来越向着多元化的方向发展,人们的思想观念也变得越来越自由开放,因此新人形象身上往往凝聚着作家新的创作观念和新的价值理念,而他们性格的变化发展某种程度上可以看作是作家们思想观念与时俱进/变的隐形表达。新时期小说新人形象的发展变化体现了作家个人价值观与主流价值观的疏离,新人的塑形过程其实就是写作主体的个人价值观和国家主流意识形态由默契走向分歧的过程。这在贾平凹的创作实践中表现得最为明显。从《土门》《白夜》《秦腔》《高兴》等小说的创作中可以看出,贾平凹不再像新时期之初那样兴奋与乐观,改革开放与现代化进程中出现的一些负面因素让他变得忧虑和犹疑起来,他更多的是从"人本主义"出发,对市场经济、都市化进程所造成的环境恶化、伦理道德的沦丧以及传统文化的衰败等问题给予极其严厉的批评。上述小说的人物形象大都以农民为主,他们非但没有享受到改革开放的成果反而成了其中的受害者,成为现代化负面影响的典型案例,其中一些受害者(如《土门》中的成义)对现代化(城市化)进程产生抵触情绪。近作《高兴》集中体现贾平凹对中国农村问题的深度思考,它其实就是农村新人的"后传"。其中的主人公刘高兴和孟夷纯其实就是进了城的才才(门门)和小月,在改革开放的成果还没有惠及农村之际,才才和小月在农村依靠头脑灵活走多种经营的路子其实已经被堵死,人多地少、环境恶化、致富无门,他们的兄弟姐妹们不得不背井离乡踏上进城打工之路,开启了中国当代农民"身体换金钱"的屈辱史。没有任何物质基础的刘高兴和孟夷纯在城市获得金钱的唯一方式就是出卖身体,尽管刘高兴有着强烈的自我主体意识,顽强地抵抗各种城市霸权,然而作为"越境迁移"的乡下人,他仍然难以穿越城市这片充满歧视性的文化空间,难以更替历史深远的"城乡意识形态"[①]的知识领导权,身在城市的刘高兴始终难以摆脱"他者"地位,最终以抗争方式实现与城市的和解,不知不觉地做了城市霸权的俘虏而浑然不知。作为被消费的女性身体和被崇拜的女性幻象的孟夷纯其实就是一个身体与权力交易的故事,为了将凶手绳之以法她最大化地利用身体资本来筹资办案资金,其动机的纯粹与职业的堕落之间所形成的道德张力,使孟夷纯的形象变得复杂而难以辨认。孟夷纯的身体奉献方式与目的早已不在国家意志的掌控之内,她在被有钱男人消费的同时,又将所得的身体利润转而提供给办案人住四星级宾馆消费,钱和权力行使着对女性身体的双重消费,孟夷纯的生活经历证实了女性身体商品化的现代资本主义逻辑。

她为追索罪犯救赎法律与正义而陷入另一种犯罪,最终沦落为权力制

---

① 徐德明:《"乡下人进城"叙事与"城乡意识形态"》,《文艺争鸣》2007年第7期。

度强制教化的对象,身体的德性竟然成了罪恶的渊薮,沉重的肉身因为丧失生命的尊严而坠入万劫不复的深渊,即使写作主体冠之以"佛妓"又能怎样?贾平凹对身体伦理的叙事呢喃中更多的是对个体生命的叹息和想象,其与身体国族化大叙事早已分道扬镳并且渐行渐远。

  路遥的文学创作也及时地告别宏大叙事,转而从生活本身出发辅之以伦理道德的视角去摹写世态人情、体察人生百味。高加林无论选择刘巧珍还是黄亚萍都与政治正确性无关,一切只凭他个人的喜好,他舍弃乡下姑娘刘巧珍而与志趣相同的黄亚萍恋爱完全有他自己的理由,当他被人告发重新回到农村,并不是什么人生的失败,只能说明他个人的理想与追求与所处的社会时代发生了冲突。高加林的形象表明改革开放的制度性变革使得在原有经济体制上所建立起来的社会关系和价值观念逐渐解体,人们思想意识和道德观念正在经历着一场剧变。正如作者路遥本人所说:"农村经济政策的改变,引起了农村整个生活的改变,这种改变,深刻表现在人们精神上、心理上的变化,人与人之间的关系上的变化,而且旧的矛盾克服了,新的矛盾又产生了,新的矛盾推动着体制的不断改革和人们精神世界的变化、人与人之间关系的新的调整。……随着体制的改革,生活中各种矛盾都表现着交叉状态。不仅仅是城乡之间,就是城市内部的各条战线之间,农村生活中人与人之间,人的精神世界里面,矛盾冲突的交叉也是错综复杂的。各种思想的矛盾冲突,还有年轻一代和老一代,旧的思想和新的思想之间矛盾的交叉也比较复杂。"[①]社会矛盾推动着体制的不断改革和人们精神世界的变化,路遥这种见解大胆而精辟,它揭开高加林为什么会离弃农村舍弃善良本分温顺贤良的乡村姑娘选择浪漫热情、势利圆滑的城市女子黄亚萍的真正原因,影响高加林取舍的关键不是人品、爱情而是城乡之间的巨大差别,同时它还表明当政治意识形态被城乡意识形态所取代的时候,个人也开始由向革命话语权的臣服转向对城市话语权的臣服,因此小说结尾被迫返乡的

---

① 王愚、路遥:《关于〈人生〉的对话》,《路遥文集》(第五卷),人民文学出版社2005年版。

高加林扑倒在土地面前的时候，并不意味着他对农村（土地）的心悦诚服，而是一种暂时的溃退，一旦条件允许他还会走向城市的，此时的高加林应该就是贾平凹《高兴》中的刘高兴，遗憾的是路遥过早地去世，否则他一定会让高加林走向城市的，但不管是在城市还是农村，只要是高加林的身份没变（如果他不能通过高考或提干来改变农村户籍的话），等待他的依然是失败的命运，因为在强大的城乡意识形态面前，作为弱势的乡下人身体（身份）始终享受不到自由的乐趣。

其次，新人形象的发展变化还体现了作家们在面对社会转型时期所出现的诸如人文精神的失落、唯利是图、道德失范等问题时内心的困惑与焦虑，以及他们在面临日益边缘化的社会地位以及商品经济大潮下的商业化写作时的紧张感与危机感。这就是为什么刘索拉笔下那些被誉为"散发着二十世纪现代气息的自我意识"的新人，迅速堕落为王朔笔下意志消沉、精神颓废、成天百无聊赖、游手好闲混日子的"多余人"的根本原因。随着改革开放进一步深入，辞职下海、下岗待业成为一种新的社会景观，同时造就一大批诸如下海的江湖游侠、游手好闲的无业游民（自由职业者）这样一类的新成员，这些在外面寻找不到安身之地，在家里也找不到温柔之乡的末路英雄们发泄苦闷的唯一途径就是聚集在一起自娱自乐。共同的生活经历和出身背景，让这些末路英雄们在精神上惺惺相惜，物质上互帮互助，生活上苟且偷生，谁也不嫌弃谁。可是快乐、欢笑总是一时，他们谁也帮不了谁，在一起寻欢作乐并不能彻底解决精神上的苦闷问题，只是暂时的集体麻痹和昏沉。方言的形象其实就是生活在新时期的马清波、谢慧敏（《班主任》），他们属于转型不成功的典型，虽然生活的时代变了，但他们的思想并没有多少改变，曾经的优越感和成长的环境使他们缺少在社会转型期必要的竞争力，政治和经济上的不成功导致对社会的失望和敌视，他们也不被社会所容，自然成为无人理睬的"多余人"。

苏童在《一个朋友在路上》《流行音乐》《已婚男人》《离婚指南》等作品中也塑造了一系列"多余人"形象，这些形象是苏童对现实的沉思与穿透的结果,从他们身上不难看出现代人身体和精神在被双重"拔根"后的无所归依和百无聊赖的尴尬处境。与王朔对"多余人"一味调侃不同的是苏童的态度极其严肃认真,他尤其关注现代人的存在状况,而婚姻只是他考量现代人生存质量的一块试金石。杨泊、冯敏、王拓、任佳、朱芸、俞琼、老靳这些人活得都不容易,他们不仅仅是婚姻的奴隶还是生活的奴隶,他们的生活过得非常不如意,生存质量很低,因此每个人火气都很大,都把对方当作发泄的对象,一有机会就互相攻击,哪怕夫妻、情人、朋友、父子之间也概莫能外,更不用说是情敌和陌生人之间。我以为"抛弃"是一个能够贯穿苏童所有文学创作的一个中心词,抛弃亲人朋友、抛弃理想激情、抛弃生活社会,乃至抛弃身体生命。苏童为什么会如此决绝,这其中主要原因恐怕还是因为以海德格尔为代表的存在主义哲学对苏童的影响,苏童在诸多小说中多次提到海德格尔的《存在与时间》,由此可见他对海氏的熟悉与崇拜,海德格尔有一个著名的论断:实际生存恰恰是在被抛境况中显现出来的。也就是说人一旦来到这个世界就处于被抛状态,他虽在这个世界上,但却不属于这个世界。苏童想象性叙事正是通过对"抛弃"这个主题的多重反复使用恰到好处地表现现代人那种"在而不属于"的生存感受和生存状况。正是不堪这种灰色的人生,主人公杨泊整天心情抑郁,原本浪漫温馨的爱情成了负担、家庭成了束缚身心自由的牢笼,周围的一切都成了他的藩篱和陷阱,他被这个世界"抛弃"了,生活的勇气和信心突然之间丧失无余。萨特曾说:"如果没有任何东西强迫我去自救,就没有任何东西可阻止我跳下深渊……同时,自杀的行为由于变成了可能的'我的可能',反过来使采取这种行为的可能动机显现出来(自杀中止了焦虑)。"①但萨特认为自杀并不是中止焦虑的唯一方式,与焦虑孪生的反焦虑情绪随时都可以缓解焦虑从而使人"突然离开悬崖的边缘继续赶路",不幸的是杨泊没有这么幸运,他最终将自杀的可能性变成现实,这是"抛弃"的最极端表现:以"抛弃"来对付"抛

---

① [法]萨特著,陈宣良译:《存在与虚无》,安徽文艺出版社1998年版,第64—65页。

弃"。一个人连家庭、爱情、生命都抛弃掉了，还指望他能对国家民族有什么作为，事实上，苏童的文学叙事早已抛开国家民族这样巨型概念，他关注的仅仅是个人的生存状态，他的想象翅膀是插在个人的生存状态与历史及现实对话的基地上。这样的作家自然远远不止苏童一个人，与苏童同时期的诸多先锋作家如余华、格非、莫言、残雪等都是如此。

　　抛弃了身体虽然感觉不到焦虑但生命因此中断而失去自由，那么不抛弃又能怎样？在自我完全虚无化的现代社会如何打发尴尬寂寥的生活？人是否摆脱政治意识形态工具的规范和束缚就可以获得主体性的地位？朱文的想象性叙事就是由此而发。他的《我爱美元》《去赵国的邯郸》《人民到底需要不需要桑拿》《弯腰吃草》《什么是垃圾什么是爱》等一系列小说所要探讨的正是在理想和激情被放逐的年代里个人的归宿和出路的问题。朱文上述作品大都创作于1990年代初，此时"人们普遍像厌弃恶梦一样厌弃精神和集体，倘若有谁重提这些事物，许多人本能地就会怀疑，这是不是又要召回过去的虚伪、欺骗和专横。在这样一种特别的气氛里，那与精神和集体相对的物欲和私己，就自然被供上了人生的高位。什么是私己的物欲呢？首先是钱，其次是性。于是，放肆地渲染对于钱和性的钦慕，成了一时间最正当的姿态，甚至汇成文化界和大学校园里最流行的风气"[1]。人一旦失去了理想的召唤和信仰的皈依就会变得极端地"无聊"，正如王晓明所言，"无聊"已经成为我们今天生活中一个非常重大的精神问题，但朱文笔下的小丁却并不认为自己"无聊"反而觉得活得非常有意思："他在过一种有希望的生活。……他喜欢女人，越来越多的女人，越来越漂亮的女人，……他渴望金钱，血管里都是金币滚动的声音……他看到美元满天飞舞，他就会热血沸腾，就会有源源不断的遏制不住的灵感。与金钱的腐蚀相比，贫穷是更为可怕的！"[2] 有理想的生活最值得期待，小丁的理想就是拥有无数漂亮的

---

[1] 王晓明：《在"无聊"的逼视下——从朱文笔下的小丁说起》，《半张脸的神话》，广西师范大学出版社2003年版，第140页。
[2] 朱文著：《看女人》，上海人民出版社2007年版，第226—227页。

女人和满天飞舞的美元,这样的理想纯粹是为肉体准备的,是在撤除精神和意义之后所幻想的肉体盛宴。所以当父亲要求"一个作家应该给人带来一些积极向上的东西,理想、追求、民主、自由等等"的时候,小丁的回答是"你说的这些玩意,我的性里都有。"但事实并非如此,"性"满足之后反而让他产生"难以克服的厌恶"并"感到自己顿时就完全枯萎掉了"。小丁在消费性的同时也被性消费着,而他对"金币"的迷恋正是出于对自己被迫贬值的命运的清醒的体认,他曾这样自叹:"我不知道我为什么流泪,但我清楚我的泪水是廉价的,我的情感是廉价的。因为我就是这样一个廉价的人,在火热的大甩卖的年代里,属于那种清仓处理的货色,被胡乱搁在货架的一角。谁向我扔两个硬币,我就写一本书给你看看。我已经准备好了,连灵魂都卖给你,七折或者八折。"小丁的情况表明当精神和意义被贬值后,身体同样变得一文不名,现代社会的身体陷阱决不止于政治意识形态一种,多种意识形态裹挟之下的身体自由依然是天方夜谭般的神话传说。朱文小说的意义正是在于写出当代主体的复杂性及其尴尬艰难的处境。

## 三、如何叙述新人

新时期小说新人的塑形就是写作主体不断地在颠覆旧的价值观念的基础上按照新的价值规范对人物所进行的想象和塑造,新人其实就是新价值观和审美观的体现。以刘心武《班主任》为例,该小说通过"要不要流氓学生宋宝琦"和《牛虻》是不是流氓小说"两件事反映了"一代人"灵魂被扭曲的严重事实,表达了作者改造"青少年"思想的迫切愿望。刘心武有意将《班主任》和鲁迅《狂人日记》进行对接,重提五四文学"改造国民性"的话题,探讨如何改造、转化被"文革"耽误和误导的一代人,使其将来能够担当建设祖国的重任这样重要问题,这实际上是如何重塑一代新人形象的问题。小说借苏联作家班台莱耶夫的短篇小说《表》中流浪儿通过教育变成社会主义国家的著名作家的故事,来暗示曾经被"极左"思想毒害的青少年通过教育改造变成对社会、国家（党）有用的人才的可能性和必要性。问题是如何改造转化那些被"四人帮"误入歧途的学生，最终将其改造成什么样的人？作者最后给出的答案是："真格儿按毛主席的思想体系搞教育"，"不仅要加强课堂教学，使孩子们掌握好课本和课堂上的科学文化知识，获得德、智、体全面发展；不仅要继续带领他们学工、学农，把理论和实践结合起来；而且，还要引导他们注目于更广阔的世界，使他们对人类全部文明成果产生兴趣，具有更高的分析能力，从而成为社会主义革命和社会主义建设的更强有力的接班人……"其实这样的改造方式与培养目标与"毛时代"没有多少差别，只不过在作者看来"四人帮"时期没有真正按毛主席的思想体系搞教育，而现在是动"真格儿"，这表明1978年的刘心武在思想上未能超越时代的局限。但他的《班主任》还是带给我们许多新鲜的东西。比如，它对资产阶级思想并没有采取绝对虚无主义态度，而是煞费苦心地将其分为上升时期和没落时期两个阶段，对于上升时期的资产阶级所鼓吹的"自由""平等""博爱""进取"的思想，叙述者其实是持肯定态度的，叙述者强调未来的"接班人"不仅要掌握科学文化知识，而且还要有放眼世界的眼光，善于汲取"人类全部文明成果"。这样的人才模式，已经完全不同于"毛时代"以阶级斗争和思想政治为中心的标准，叙述者基本上是以一个知识分子身份和价值立场对"革命时代"的价值观念进行"偷梁换柱"式的改造。《班主任》另一值得关注的地方就是对"四人帮"时期的血统论和轻理论重实践、轻文化知识重思想政治的反拨。可能是由于意识形态上的禁忌，叙述者在表达上显得十分地委婉含蓄。小说中提到两个家庭，一个是宋宝琦的工人家庭，另一个是石红的知识分子家庭。很显然出身于知识分子家庭的石红无论是文化素养还是道德素养都远远超出出身工人家庭的宋宝琦，小说的言外之意是良好的家庭环境（文化修养、教育子女的方式）对孩子的成长至关重要，所谓的阶级论、成分论完全没有依据，工人家庭的子女如果教育不当同样会变成"祖国健壮躯体上的局部痈疽"、具有严重的资产阶级思想——"享乐主义"，而在"毛时代"被屡屡定性为小资产阶级（"右派"）

的知识分子的子女由于良好的家庭环境熏陶勤奋好学思想健康,反而成了国家和民族的希望(社会主义事业理想的接班人)。这种观点放在"毛时代"是不可想象的,即使是粉碎"四人帮"一年后的1977年,《人民文学》编辑部在刚收到稿件后也因其思想太尖锐、暴露黑暗太多而犹豫不决不敢发表,最后请示了张光年并得到其肯定和支持后方才给予刊行。《班主任》发表后所引起的反响可能是当初那些心存犹疑编辑们始料未及的,它的受欢迎和获奖说明了整个社会对新人的呼唤与期待,也意味着新人已经具备了一定的社会基础并有进一步发展推广的可能性。随后我们看到,大批符合新的价值规范、具有时代气息的头脑灵活渴望致富的农村青年、大胆带领工人走创新之路的改革者,以及蔑视陈规陋俗敢于表现自我的知识/都市青年被塑造出来,并成为新时期文学主要风景。

从先前出现的富有开拓精神的理想"新人"到后来诞生的精神迷茫的"多余人",我们看到新时期小说家在叙事态度和叙事风格上由庄重、严肃、热情到戏谑、调侃、冷漠的截然不同的变化,但却无一例外都带有一定的夸张成分和主观想象的色彩。新时期作家在塑造新人形象的时候,要么是出于政治层面、要么是出于哲学层面的考量,注重新人的政治影响或哲学意义,而不注重其现实性与审美特性。比如,蒋子龙笔下的乔光朴,由于作者过分强调乔光朴改革精神及其政治影响力,而忽视了对其内心世界的发掘,忽略了那种大刀阔斧式的改革所可能遭遇到的重重阻力,没能展现改革的必然性和艰巨性。而刘索拉、徐星、王朔、苏童、朱文等作家所塑造的介于"英雄"与"痞子"之间的新人/多余人,都是一厢情愿式想象的产物,他们中有的人受美国当代"黑色幽默"小说的影响,有的受存在主义哲学思潮的熏陶,刻意放大人物某一方面的特点,而忽视人物性格的其他方面,比如,刘索拉将叙事焦点放在人物的怪诞性格上,而王朔、苏童、朱文则分别将焦点放在"痞性""虚无""无聊"上面,这样人物性格不可避免具有单一化和片面化的缺陷。然而即使是这样,新人形象仍然有着某种"类"的特征和普遍性意义。因为从个人记忆与社会关系的角度来看,新人形象都内蕴着作家对"当今"社会的个人情感反应,是作家个人对社会记忆的一种方式与手段。而"每一种当今之中固然都有许多个人的特殊经历,但这些个人经历总是对一定事情和意义领域的反应,……这就意味着,任何个人回忆都超出了纯私人的范围;它处于从一个较大的事情和意义领域到另一个已是在行为中不再可及的生活领域的活动状态之中"①。新时期小说家们借着新人形象的塑造一方面表明他们努力遗忘过去、与过去决裂意识的萌发,另一方面也表明他们对现实的自我理解和对未来的诸种想象。所有这些构成了关于新时期的集体记忆形式之一,并以其独特的美学方式绘就了新时期的文化图景。

(本文原载《东南学术》2012年第3期)

---

① [德]安格拉·开普勒:《个人回忆的社会形式》,[德]哈拉尔德·韦尔策编,李斌、王立君、白锡堃译:《社会记忆:历史、回忆、传承》,北京大学出版社2007年版,第87页。

# 曾经沧海难为水
## ——20世纪中国通俗文学价值新论

张 俊

关于通俗文学的界定至今尚无定论。在这里我们持一种最宽泛的理解,即认为它是指那些"与世俗沟通"的、"浅显易懂"的、强调"娱乐消遣"功能的文学。①长期以来,我们对通俗文学一直抱有偏见,以致在中国现当代文学教学中,要么把它当作新文学的对立面来加以批判和贬损,要么无视其存在,将其一笔勾销,要么嘴上承认其价值,实际上却另眼相看、少有涉及。这种只关注严肃文学忽略通俗文学的做法,固然与通俗文学自身存在的一些缺陷和不足有关,但更重要的是认识问题,是受根深蒂固的"载道论"、"工具论"文学观影响的结果。今天,随着市场经济的进一步发展和社会转型的加快,人们的审美观和文学观都发生了很大的变化。所以,立足当下,重新审视20世纪中国通俗文学的意义和价值,不仅十分必要,而且极为迫切。下面笔者将从四个方面对这一问题展开论述。

## 一、娱乐消遣,有利于文学功能的全面发挥

1921年,文学研究会曾自信地宣称:"将文艺当作高兴时的游戏或失意时的消遣的时候,现在已经过去了。我们相信文学是一种工作,而且又是于人生很切要的一种工作。"②与这一认识相应,1922年茅盾指责鸳鸯蝴蝶派

---

① 参见范伯群、汤哲声、孔庆东著:《20世纪中国通俗文学史》,高等教育出版社2006年版,第14页。
② 《文学研究会宣言》,《小说月报》第12卷第1号。

作家:"思想上的一个最大错误就是游戏的消遣的金钱主义的文学观念。"①可见,新文学作家对通俗文学极为轻蔑和敌视。这种态度固然体现了新文学作家强烈的社会责任感,且不乏真诚、恳切之处,但时过境迁,回头看,便不难发现其明显的局限性。首先,将"游戏"、"消遣"与"为人生"对立起来。文学固然是"为人生"的,但为人生的方式有多种,其中就包括游戏和消遣。新文学作家揭示社会黑暗,表现阶级冲突,倡导科学民主以唤起民众是为人生,鸳鸯蝴蝶派作家描写风花雪月,叙说儿女情长以抚慰读者孤寂的心灵又何尝不是为人生呢?当然,在特殊的历史时期,人们要求文学"为人生"时可能会更侧重其"工作"的一面,但这决不意味着只有"工作",即便在阶级矛盾、民族矛盾和社会矛盾最尖锐的时期,人们也还是需要适度的游戏和消遣的。其次,否定了文学的娱乐功能。文学的功能是多方面的,除了认识功能、教育功能、审美功能之外,还有文化传播、社会组织、社会交际、智慧启迪、心理补偿、娱乐消遣等功能。这些功能有大有小、有主有次,既相互独立,又相互依存,它们各有所长,却无高下优劣之别。新文学作家突出文学的社会功利性固然没错,但以此否定文学的娱乐功能就失之偏颇了。再次,否定了文学的经济价值。"盖文章经国之大业,不朽之盛事。"自古以来,文章就被赋予神圣的使命,使得文人自视清高、耻于言利。然而,废除科举后,文章再也换不来身份和官位,而且,随着商业时代的到来,文学作为商品的属性开始凸显,此时文人以文谋生可谓天经地义。许多通俗文学作家靠勤奋、智慧和才华在赢得市场的同时为自己带来可观的经济收入,这在大力推进文化产业发展的今天看来,实在是无可指责的。最后,判断与事实不符。文学研究会认定"游戏"和"消遣"的文学"已经过去了"显然过于主观,这一判断不要说为后来的文学实践所否定,即便在当时也没有足够的依据。其实,在现代文学史上严肃文学无论从作品的发行量还是从拥有读者的数量上看,都远不是通俗文学的对手。比如,"民国第一写手"张恨水的

---

① 茅盾:《自然主义与中国现代小说》,《茅盾全集》第18卷,人民文学出版社1989年版,第233页。

作品数量达3 000万字之巨,其读者上至达官政要,下至黎民百姓,就连被尊为"教授之教授"的大学者陈寅恪也是他的热心读者。

几十年来,受"启蒙"和政治教化等功利目的的支配和操控,再加上"文以载道"的悠久的文化传统的影响,中国文学理论界一直强调文学的社会功利价值,但实际上对于绝大多数普通读者来说最需要的却是文学的娱乐和消遣作用。比如,启蒙大师鲁迅的母亲就不爱读儿子的作品,而对张恨水的小说情有独钟。① 再比如,"文革"时期文学创作要求突出政治,但仍有一些以言情、猎奇、惊险刺激见长的地下"手抄本"(如《第二次握手》、《梅花党》、《少女之心》、《一双绣花鞋》、《龙飞三下江南》等)受到追捧,悄悄流行于世。通俗文学以贴近读者的方式表达了人的最普通最世俗的生活情感和欲求,满足了人的好奇心、窥视欲、猎艳心理和幻想需求,使被社会文明压抑的诸多原始情感得以宣泄,从而起到了调节情绪、缓释焦虑、疏导心理的作用。通俗文学有着稳固的民间基础和市场潜力,尽管其屡遭主流意识形态和文化精英的双重打压和排挤,但只要有合适的机遇,它就会"野火烧不尽,春风吹又生",呈现出无限蓬勃的发展生机。

毋庸讳言,今天我们已进入了一个全民娱乐的时代,即便是最严肃正统的国家媒体——中央电视台的艺术栏目也越来越趋向于世俗化和娱乐化。对此,部分学者忧心忡忡,竞相发出"娱乐至死"的感慨。然而,娱乐是一回事,"娱乐至死"又是一回事,而且娱乐是否真的会"至死"好像又是一回事。除了娱乐节目,中央电视台还有《焦点访谈》、《道德观察》、《今日说法》、《法律讲堂》、《天网》等收视率极高的栏目正在为全民道德素质建设而努力工作。况且,随着思想解放的深入和教育水平的提高,国民尤其是年轻一代因生活视野和思想资源的扩大,政治理论素养和道德认知水平已大大提高。他们通过微博、贴吧、QQ群、网络论坛等言论空间所发表的对时

---

① 这在1934年鲁迅写给母亲的一封信中有明确记载:"母亲大人膝下敬禀者,……三日前曾买《金粉世家》一部十二本,又《美人恩》一部三本,皆张恨水作,分二包,由世界书局寄上,想已到,但男自己未曾看过,不知内容如何也……"

事政治、公共事件、国计民生、历史人生等问题的评论深刻而犀利,而且表达方式也比很多一心要"开启民智"的专家学者来得大胆和直白。在思想敏感期,网民会以集体狂欢的形式对貌似神圣的假大空进行调侃和戏弄,以维护和促进社会的公平正义。正是由于有了新的更多的渠道进行直接的思想交流和交锋,使"上帝的归上帝,恺撒的归恺撒",于是,文学艺术的教化功能便逐渐弱化和隐退,而娱乐和消遣也就自然而然地走向了前台。纵观20世纪中国文学,当理论界大讲特讲文学的社会功利尤其是政治目的时,往往是民族矛盾、阶级矛盾、党派斗争激化,社会动荡不安之时。此时,与其说人们格外看重文学,倒不如说是更看重文学背后所要解决的社会问题。所以,从某种意义上讲,让文学肩负社会重任,备受恩宠,看似文学之幸,实则社会之大不幸。

## 二、善恶分明,有利于社会道德的基本建设

通俗文学以娱乐、消遣的方式迎合读者的需要难免会导致平庸、浅薄甚至恶俗现象的出现,这也是其屡遭理论工作者抵制和批判的重要原因。但"人有三等、货有三分"。娱乐、消遣未必就等而下之,就没有思想价值。审美情感固然有个体差异性,但就本质而言它是后天形成的高度社会化了的思想情感,与社会道德有着密切的关联。但凡那些能在一定时间范围内产生广泛社会影响的通俗文学作品,总是或多或少地包含着能为当时社会广大读者普遍认同的有利于社会稳定、发展和进步的价值观和道德观。比如,忧国忧民、重情重义、自由平等、疾恶如仇、扶危济困,等等。正是这些经过社会历史文化积淀的具有正能量的精神内涵将通俗文学与队伍庞大的读者群联系起来,形成了20世纪中国一股股蔚为壮观的通俗文学热潮。所以,在一定程度上,通俗文学与严肃文学并非对立者,而是同盟者。如果说严肃文学是通过以新锐、深邃的思想来"影响有影响的人"发挥社会作用的,那么,通俗文学就是通过对普罗大众心中良知和善念的呼应和激活而产生潜

移默化的教育作用的;如果说严肃文学是思想塔尖,代表着时代文化的高度,那么,通俗文学就是伦理基石,默默地参与着社会道德的基本建设。

20世纪中国通俗文学影响较大的主要是言情小说、武侠小说和官场小说。这些作品数量庞大,质量有别,但从最有影响的作家作品看,其基本价值观和道德观是应该肯定的。就思想主题而言,它们主要可以概括为爱情至上、惩恶扬善和社会批判。

1912年之后的两三年内,哀叹有情人命运坎坷、落魄潦倒、鸳梦难成的才子佳人小说蜂拥而起。为引人注目,许多刊物竟将作品细分为哀情、怨情、苦情、悲情、惨情、艳情、孽情、妒情、幻情、喜情、奇情、侠情等类别来加以冠名。一个"情"字居然被品味和拆分到如此精细的程度,这在小说史上实在是一大奇观。鸳鸯蝴蝶派小说的奠基之作——徐枕亚的长篇小说《玉梨魂》自1921年发表后,多年畅销不衰。该作虽略显矫情,但放在特定的历史背景下加以考察,其主题及人物形象的塑造是有积极意义的。寡妇和青年相爱,有悖当时社会惯有的道德和习俗,作者大胆表现并同情这种不为世俗所容的爱情,无疑是对束缚个体情感的传统道德的有力挑战,具有较强的反封建意义,这也是小说能赢得众多青年读者共鸣的主要原因。60年代出道的"中国言情小说第一人"——台湾作家琼瑶,作为鸳鸯蝴蝶派的正宗传人,将该派的温柔、婉约、细腻发挥到极致,创造了一个新的言情时代。其笔下形形色色的恋爱故事演绎出男女之间的恩恩怨怨,无论结局是悲,是喜,都能使人牵肠挂肚、情有所动。她所塑造的男女主人公大都是不食人间烟火的"情种",为了爱可以不顾年龄、身份、门第的差别,可以抛弃权利、地位、金钱甚至生命。作为"钻石级"纯情代言人,琼瑶小说横扫台湾、大陆和香港地区。尽管其作品常常会招致"过于理想化"、"爱情肥皂泡"、"美丽的谎言"等非议,但她对纯真爱情的诉说,极大地满足了人们对"真的爱情"的心理期待,是艺术发挥弥补人生缺憾这一特殊功能的最典型的例证。如今社会信仰危机、道德失范、人欲横流,文学写作也开始高调步入欲望叙事的轨道,"不谈爱情"、唯"性"至上已呈泛滥之势。如此背景下,回头看看

20世纪唯"情"不唯物,唯爱不唯"性"的中国言情小说,其纯真之美着实令人感叹和缅怀。

武侠小说是成年人的童话,是弱者聊以自慰的"白日梦",以塑造武功超群、秉持正义、除暴安良的英雄为己任的武侠小说历来都是底层民众宣泄淤积情绪的最佳通道。民国时期的武侠小说创作,作者不下百人,作品数以千计,读者趋之若鹜。但比较而言,以古龙、金庸、梁羽生为代表的港台新派武侠小说更胜一筹。首先,开掘了新的思想主题。传统武侠小说多写帮派斗争和私人恩怨,其是非标准的依据往往是"我"或小集团的利益,其价值观主要是忠、孝、节、义等封建道德。但新派武侠小说突破了这一狭小天地,借助武侠故事去写更为广阔社会生活内容:历史战争、民族冲突、宗教哲学、道德伦理、制度文化、爱情友情、人性善恶,等等。新派武侠小说既弘扬了传统文化中的优秀成分,如儒家文化中的以天下为己任的责任感、使命感,佛家文化中的慈悲为怀、普度众生的仁爱精神等,又扬弃和批判了传统文化中的消极因素,并对"民族劣根性"进行无情的揭露和鞭挞。另外,传统文学中较为匮乏的思想主题,如尊重女性、关爱生命、自由平等以及现代人的孤独感和寂寞感等也得到了很好的表现。有的作品在人性的开掘方面达到了相当的深度,丝毫不逊色于严肃文学。其次,塑造了新的武侠形象。新派武侠小说在武与侠的关系的处理上更看重的是"侠",这里的"侠"更多体现出的是植根于现实生活中的人的一种精神和道义的力量,而不是传统作品中远离尘世、飞来飞去的游仙高人的神武和潇洒。新派武侠作家更注重表现人物性格,力求塑造出既有鲜明突出的个性特征,又有丰富的社会历史内涵的典型形象来,使武侠小说的文学品味和思想价值大大提升。

凡以官员、官场为表现对象,旨在揭露和批判官员腐败、官场黑暗的小说均可视为官场小说。官场腐败是中国社会的历史顽疾,百姓深恶痛绝。但由于皇权势力的强大和"文字狱"的残酷,百姓尤其是文人大多敢怒不敢言,以致专门揭露官场腐败的作品难成气候。到了晚清,情况为之一变。一来,王朝末世制度弊端、政治黑暗、官员腐败暴露无遗,民众忍无可忍;二来，文人的仕途梦彻底破灭，对权力不再报以幻想，并走向了其对立面；三来，殖民化的上海租界有了相对的言论出版自由，为"骂官"提供了难得的机缘，于是，一批矛头直指官场的作品得以集中发表。如四大"谴责小说"《老残游记》、《孽海花》、《官场现形记》和《二十年目睹之怪现状》等。这些作品对封建衙门中各级官员巧取豪夺、贪赃枉法、卖官鬻爵、荒淫昏聩的种种丑行进行了无情的揭露和批判，对人们认识封建官吏以权力为中心，以自我为中心，虚伪狡诈、贪婪自私的本质大有帮助。胡适认为谴责小说体现了一种民族的"反省的态度"，是民族良知的觉醒和"社会改革的先声"。90年代以来，官场腐败愈演愈烈，导致民怨沸腾，于是，新一轮的官场小说应运而生。其中较有影响的有张平的《抉择》、陆天明的《大雪无痕》、周梅森的《中国制造》、阎真的《沧浪之水》、李佩甫的《羊的门》和王跃文的《国画》，等等。不过，这些作品的关注点已不在贪腐本身，而在于反腐，在于制度反思、文化批判和人性开掘。尽管新官场小说的思想深度和力度已超越了旧官场小说，但两者之间内在的渊源关系还是显而易见的。时隔几十年，官场小说再度兴起，可见传统制度文化的影响根深蒂固，"将权力关进笼子"任重而道远。

## 三、坚守传统，有利于民族文化的自我认同

国家的长远发展，既要靠经济硬实力，又要靠文化软实力。而且，从根本上说硬实力是由软实力决定的。文化软实力能左右人心向背、价值认同和情感归属，而且，有时它还能直接带来丰厚的经济利益。2010年2月，好莱坞大片《阿凡达》在中国上演35天票房就突破了10亿人民币[①]，而在全球市场上，其票房更是高达24亿美元之巨！所以，各国政府在大力发展经济的同时都非常重视文化软实力的建设。2012年2月，中共中央、国务院

---

① http://www.m1905.com/news/20100220/332356.shtml

颁发了《国家"十二五"时期文化改革发展规划纲要》，其中就加快文化产业发展，加强文化遗产保护传承与利用，加快文化走出去步伐，增强中华文化的国际竞争力和影响力等问题进行了重点论述。然而，令人忧虑的是，目前中国不仅面临西方发达国家资金和技术的双重盘剥，而且还遭受其强势文化的冲击和侵蚀，导致民族文化自我认同的危机。至于中国文化在国际文化市场上的影响力就更加令人汗颜。2011年2月，中国文化软实力研究中心等机构联合发布的《文化软实力蓝皮书：中国文化软实力研究报告（2010）》显示，美国的文化产业在世界文化市场所占比例高达43%，欧盟占34%，日本占10%，而中国文化产业所占比例不到4%！[①] 即便在国内文化市场上，本土文化产品所占的份额也不容乐观。如此局面，何以应对？一方面，我们固然要大力推进社会主义核心价值观的建设和宣传，另一方面，还应该充分利用过去文化资源的优势，以求生存和发展。如果我们不是从理论而是从实际出发，就应该承认，真正在国内拥有广泛群众基础，能与外来文化相抗衡，甚至可以走出国门影响世界的恰恰是专家学者们所不屑的通俗文化、流行文化。比如，金庸的武侠小说、琼瑶的言情剧和两岸三地的武侠电影等。这些体现了中国精神、中国元素、中国风味的作品不仅坚守了民族文化传统，最容易感染和凝聚人心，有利于民族文化的自我认同，而且也给世界认识和了解中国开辟了窗口。

台港新派武侠小说无疑是最具中国特色的文学品种，在世界华人读者中产生了重要影响，极大地推动了华文文学的发展，可谓功德无量。五六十年代生活在香港的梁羽生、金庸等人，早年大多接受过较为正统的中华传统文化的教育，并切身体验过战争、动乱给国家、民族和人民带来的不幸和灾难，所以，在骨子里仍保留着中国文人忧国忧民、以天下为己任的优良传统。他们在从事商业写作时，会自觉不自觉地在消遣性的武侠小说中体现出深沉的历史感、民族感和道德感。比如，梁羽生推崇一种国家为上、汉族中心、

---

① http://news.xinhuanet.com/2011-02/20/c_121101442.htm

道德至上的正统武侠观念，其塑造的大侠光明磊落、一身正气、英勇无畏、勇于牺牲，达到了理想人格的最高境界，体现出中国文化中最为积极的一面。而金庸则汲取了中国传统文化的精髓，创造出一个浸润着儒、释、道三家文化的江湖和武侠世界，竭力推崇和表现一种合乎理想道德境界的侠义精神。在其作品主人公身上，不仅可以看到一般武侠小说中常见的自强不息、忠贞爱国、侠肝义胆、匡扶正义等精神要素，而且还可以看到超越民族、地域和历史的现代意识和观念。在游戏中宣泄无根的焦虑，在娱乐中实现精神还乡，在幻想中满足民族强盛的愿望是香港武侠小说的一大特色。这一特色不仅契合了被异族统治的香港华人的心理，而且也与近代以来因国家贫弱而远走他乡、谋求生路的众多海外华人的思想情感一拍即合，所以，才能在世界华人读者中引起广泛共鸣。香港武侠小说创造的文学奇迹一方面是历史悠久的武侠小说合乎规律的发展结果，另一方面，又有着特殊的时代背景和地域因素，这一奇迹很可能会成为不可再现的"绝唱"。时至今日，每逢寒暑假，《天龙八部》、《神雕侠侣》、《雪山飞狐》、《天涯明月刀》、《楚留香》等影视剧就会如约而至，成为国内广大青少年观众的最爱。在越来越多的学生受众以追逐、迷恋外来文化产品为时尚的今天，台港武侠作品竟然能砥柱中流，守住中华文化之根实在是善莫大焉！

20世纪中国通俗文学名家大多学养深厚、学贯中西，有着超越性的世界眼光。他们一面大胆学习和借鉴外民族的优秀文学，另一面又立足本土、坚守传统、取人所长、为我所用，创造出既体现了外来文化影响，又具有鲜明民族特色的文学产品，以满足国人不断增长的新的审美需求。比如，侦探小说是地地道道的"舶来品"，一经引进，便以独特的叙事视角、扑朔迷离的情节设置、科学缜密的推理方式吸引了读者。于是，很多翻译者就开始转而模仿、创作，中国侦探小说就此兴起。但引进外来形式，不是简单的模仿，而是力求中西融合、开拓创新。二十年代众多本土侦探小说，大多扎根中国文化土壤，在审美价值取向上，仍秉承了中国公案小说和狭义小说所推崇的理想精神。其中塑造的大侦探们多是一身正气、伸张正义、替天行道的英雄，具有明显的道德色彩,这与西方侦探小说多将侦探当作严谨、理性、超脱的"职业人"去加以表现有着明显的区别。最值得一提的是程小青的创作,他的《霍桑探案》虽然借鉴了《福尔摩斯探案》的创作模式,但无论在内容上还是在形式上都有明显的中国印记。霍桑既有福尔摩斯式的博学智慧、坚毅果敢和精明干练,又有中国文学中清官形象的刚正不阿、蔑视权贵、为民做主的大义凛然和民间侠士路见不平、拔刀相助的古道热肠。霍桑不仅是一个侦探,而且更是社会良知的代表和正义的化身,是底层被压迫、被欺凌百姓的保护神。他身上具备了诸多传统美德,充满了道德感召力,是本土化了的较为完美的中国式侦探。

随着网络时代的到来,"网络一代"的历史观、文化观和审美观已呈现出明显不同于前人的特征。虚拟的、游戏化的、没有国界的网络使网络文学创作在远离生活、远离历史、远离国家和民族的道路上渐行渐远,传统的人文价值观、是非观和善恶观在"一赢再赢"的"无义战"法则面前全面溃退,传统文化正面临着全面断裂的危机。此时,认真审视扎根在传统文化根基上的具有浓厚人间气息和中国风味的20世纪通俗文学作品,其文化传承的意义也就不言而喻了。

## 四、开拓创新,有利于民族文学的不断发展

严肃文学和通俗文学构成了民族文学的"一体两翼",只有"两翼"丰满才能谈得上民族文学的健康发展。严肃文学作家为追求艺术的个性化、原创性和超越性固然能推动民族文学的发展,而通俗文学作家要想在激烈的市场竞争中脱颖而出,必然也会在艺术上积极探索、努力创新、精益求精,以满足读者不断增长变化的审美需求,这样,也就使民族文学的整体水平得以提高。除了思想内容上的与时俱进之外,通俗文学在艺术形式方面的收获也可圈可点。比如,胡适认为"《老残游记》最擅长的是描写技术,无论写人写景,作者都不肯用套语滥调,总想熔铸新词,作实地的描写。在这一点

上,这部书可算是前无古人了"①。再比如,张恨水将传统的章回体小说形式引入现代,既继承了中国古典小说的文化精髓和神韵,又赋予作品以现代意识和气息,给通俗小说带来了一场"静悄悄的革命"(严家炎语)。现代文学大家茅盾先生说:"在近三十年来,运用'章回体'而能善为扬弃,使'章回体'延续了新生命的,应当首推张恨水先生。"②在他的作品中,儒家的积极进取、道家的清静超脱、佛家的悲天悯人以及现代的平等自由等得以融汇交流。他的创作语言清新典雅、趣味高雅不俗、格调深沉悲凉,大大提升了言情小说的品位。为吸引读者,他还十分善于巧妙地设置人物关系和情节,诚如其所言:"世界上之情局,犹如世界上之山峰。山峰千万万,未有一同者。情局千万万,亦未有一同者。"③正是这"千万万"之情局使人流连忘返、欲罢不能。另外,侦探小说、推理小说、科幻小说等小说形式也是随着20世纪通俗文学的兴起而在中国相继诞生、发展和完善的。

有些通俗文学作家的文学成就即使和有定论的备受推崇的中国现当代文学名家相比也毫不逊色。1994年,王一川因在其主编的《20世纪中国文学大师文库》(小说卷)中将金庸排在第4位,而把茅盾等排除在外引起强烈反响。撇开围绕排行榜的争议不说,金庸是20世纪中国最有影响的文学家,在艺术上达到了极高的造诣却是毋庸置疑的。他的小说结构严谨恢宏,众多人物,诸多头绪,均安排得合理妥帖、井然有序;情节曲折生动、引人入胜,既不模仿他人,也不自我重复;语言典雅精致、从容流畅。至于武侠小说中的核心元素——武功描写则显得奇异浪漫,出神入化,武术招式往往因人而异,具有"性格化"的特征。比如,一身正气的大侠萧峰、郭靖使用"降龙十八掌",走火入魔、戾气十足的梅超风专练"九阴白骨爪",敢爱敢恨、孤傲狂放、且单剩一臂的杨过善使"黯然销魂掌",等等。不会武功的金庸居然赋予武功以如此神奇的形态,其艺术想象力和创造力令人叹为观止。另

---

① 胡适:《老残游记·序》,《胡适文存》第3卷,黄山书社1996年版,第407页。
② 茅盾:《关于〈吕梁英雄传〉》,《中华论丛》第2卷第1期1946年9月1日。
③ 哀梨:《情的描写》,北平《世界日报》,1927年5月27日。

外,他十分善于刻画人物性格,创造出一批生动鲜明,具有典型意义的艺术形象。比如,诚实质朴的郭靖、机智狡狯的黄蓉、深情狂放的杨过、童心未泯的老顽童,还有道貌岸然、阴险毒辣的岳不群,刚愎自用、专制独裁的东方不败,性情怪僻、冷面无情的灭绝师太,等等。这些人物往往成为某种个性、品质或精神气质的代名词而被读者所熟记和广泛使用,有的甚至成为网络时代流行语中的热门词汇。不要说是在武侠小说作家中,即便是在整个二十世纪中国作家中,能写出如此众多深入人心的人物形象的,恐怕非金庸莫属。

20世纪中国通俗文学已渐行渐远。进入新世纪后虽然只有短短的10多年,但文学的发展却因时代、传媒、作家以及读者的变化而出现了一些明显的新动向。有些作品的体裁、题材、人物、故事、主旨和表现手法等已大大超出了我们既有的文学经验,这预示着又一轮全新的娱乐文学的闪亮登场。"曾经沧海难为水,除却巫山不是云"。回眸20世纪那些曾让千千万万的普通读者魂牵梦绕的通俗文学,我们就不能不为那扑面而来的凛然正气、侠肝义胆和风情万种所打动。我们知道"一代有一代之文学",也正是因为不可重复,20世纪中国通俗文学的宝贵财富才格外值得我们去珍惜和守护。

(本文原载《文艺争鸣》2014年第4期)

# 人民文学出版社与"十七年"新诗集的生产

陈宗俊

作为"新中国的'王牌'出版社之一"①的人民文学出版社(以下简称人文社),在其机构设置、人员配备、出版方针、选题计划等方面,都对"十七年"出版事业有着举足轻重的影响,它不仅承担着此期重要的文学著作的出版,同时更担负着"十七年"意识形态对文学出版物的宣传、传播和规训等重任,使写作成为"有组织的、有计划的、统一的党的工作的一个组成部分"②,新诗集的生产就是其任务之一,此过程中的经验和不足都值得我们今天重新去总结与思考。

## 一、像"一座大山耸立在中国文学界"

### (一)"提高指导下的普及"出版方针

人文社1951年3月创建于北京,除了用本名出版文学作品和论著外,还先后使用作家出版社(1953—1958,1960—1969)、艺术出版社(1953—1956)、文学古籍刊行社(1954—1957,1987—1989)、中国戏剧出版社(1954—1979)、外国文学出版社(1979—2009)等副牌出版各类文艺书籍。③在"十七年"间,先后有过三位社长兼总编辑:冯雪峰(1951.3—1958.4)、王任叔(巴人)(1959.3—1960.3)和严文井(1961.4—"文革")。

---

① 王火:《塑造文学之丰碑——贺人民文学出版社五十华诞》,丁景唐等著:《我与人民文学出版社》,人民文学出版社2001年版,第21页。
② 列宁:《党的组织与党的出版物》,中国社会科学院文学研究所文艺理论研究室编:《列宁论文学与艺术》,人民文学出版社1983年版,第68页。
③ 本社编:《光荣与梦想——人民文学出版社60年(1951—2011)》,人民文学出版社2011年版,第8页。

楼适夷、聂绀弩、许觉民、郑效洵、王士菁、韦君宜等也曾任人文社的副社长或副总编辑，他们对"十七年"人文社的出版方针、编辑思想、选题策划等产生重大影响，尤其是首任社长兼总编辑冯雪峰的出版理念，是"以革命家的姿态、理论家的素养，诗人和作家的经验来从事编辑出版事业"①，对人文社的出版活动影响深远。

建设初期的1951年，冯雪峰就提出人文社"古今中外，提高为主"的出版方针。在冯雪峰看来，作为国家级的人文社应不同于地方出版社，应以提高为主，实行"提高指导下的普及"："读者对象应是知识界和读者中文化素养较高的，出版物应以中外文学名著和当前文学创作中有较高影响的作品为重点"②；要出版中外文学名著，不仅要有延安以来的工农兵优秀文艺，还要整理出版五四以来的新文学；不仅要有现代的文学，还要着手古代文学遗产的整理；不仅要有苏联文学，还要有欧美等国家的古典名著和现代名著的系统介绍；同时要求在整理古籍时，不得将现代人的观点强加于古人和对作品进行随意的增删，"主要就是认真选底本，做校勘，加注释，供给读者一个可读的本子"，并"始终坚持书前不要有长篇大论的序言，只要交代整理情况，介绍作者平生，就足够了"③，等等。

冯雪峰的这些出版理念，尤其是编辑工作中提倡的"朴学家精神"，"在50年代新中国初期时提出是很新鲜的"④，"有明确澄清、昭若发蒙之感"⑤、"也是令人一新思路的"⑥，显示出冯雪峰的胆量与胆识。因为在"政治—文学""一体化"的建国初期，文学只能是为政治政策服务，"名洋

---

① 陈早春：《略论冯雪峰的编辑出版工作》，《编辑学刊》1986年第3期。
② 许觉民：《四十年话旧说新——祝人民出版社成立四十周年》，《新文学史料》1991年第1期。
③ 舒芜：《大寿薄礼——祝人民文学出版社建设五十周年》，丁景唐等著：《我与人民文学出版社》，第287页。
④ 许觉民：《阅读冯雪峰》，包子衍等编：《冯雪峰纪念集》，人民文学出版社2003年版，第314页。
⑤ 舒芜：《大寿薄礼——祝人民文学出版社建设五十周年》，丁景唐等著：《我与人民文学出版社》，第285页。
⑥ 舒芜：《大寿薄礼——祝人民文学出版社建设五十周年》，丁景唐等著：《我与人民文学出版社》，第289页。

古"是有碍无产阶级新兴文学的发展等观念是当时主流意识形态的共识。当然,冯雪峰的这些出版理念也只是在人文社内执行,不可能改变当时出版界"厚今薄古"的大趋势,比如他也主张在人文社文学书籍出版时应以当代为主,普及为主,同时"必须坚持要无产阶级思想;必须坚持工农兵方向"①。

随后的楼适夷、王任叔、韦君宜等人文社领导者,大都坚持了冯雪峰的这些出版方针。如1954年王任叔任副社长之后,除了主张出版方针以"提高为主"之外,还以副牌"作家出版社"的名义鼓励新人新作和新译本。其后人文社虽与其他出版社有过合并,出版方针也几经调整②,但冯雪峰首倡的出版方针与出版理念在人文社的发展历史中较好地保留了下来。

因此,在这样一种出版"精神接力"③的感召和推动下,人文社在最初十余年间,出版了大量古今中外的文学著作,"在未及十年的短时期内,整理或翻译出版了大量的中外著名作家的大型全集、文集及选集,并几乎网罗了所有当代作家的优秀作品等不下三数千种"④、"每年出书达二百种,形成了出版社令人难忘的一个全盛时期"⑤和"黄金时代"⑥,与其他出版社相比,人文社像"一座大山耸立在中国文学界"⑦。因此,在新中国的文学生产机制形成

---

① 冯雪峰:《必须坚持工农兵方向》,《冯雪峰论文集》(中),人民文学出版社1981年版,第453页。
② 如1954年人文社的出版方针为六条:"一、多出反映我国社会主义建设和社会主义改造过程中的劳动人民的斗争和生活的作品,以及反映部队战士生活和斗争的作品;二、多出从思想上以社会主义精神教育和改造我国人民的苏联的现代作品;三、多出有关国际和平运动和配合我国的国际斗争的政治任务的作品;四、有步骤地整理和重印中国古典文学,有系统地介绍外国优秀作品,为发展我国的社会主义现实主义文学创造条件;五、尽力发掘和推荐青年作家和工农民工农作家的作品;六、发掘和推荐反映少数民族生活的作品以及为少数民族的创作"。1958年作家出版社独立出后,人文社的出版方针改为四条:"一、选拔兄弟出版社出版后经过一定时间考验的优秀新创作;二、整理和出版'五四'以来新文学中定评的作品;三、出版外国有定评的现代优秀作品;四、出版中外古典文学名著。"参见郑效洵:《最初十年间的人民文学出版社——忆冯雪峰、王任叔同志》,《新文学史料》1991年第1期。
③ 黄发有:《人文肖像——人民文学出版社与当代文学》,《当代作家评论》2004年第4期。
④ 王仰晨:《"前事不忘"》,丁景唐等著:《我与人民文学出版社》,第35—36页。
⑤ 许觉民:《漫议巴人》,韦君宜等著:《怀念集》,人民文学出版社2011年版,第85页。
⑥ 许觉民:《四十年话旧说新——祝人民出版社成立四十周年》,《新文学史料》1991年第1期。
⑦ 俞天白:《人之相知,贵在知心》,丁景唐等著:《我与人民文学出版社》,第222页。

过程中,人民文学出版社"无疑是一股巨大的推动力量,它出版的当代文学作品,在审美形态上具有示范和引导功能"[①]。

### (二)人文社新诗集的出版活动

据不完全统计,"十七年"间人文社共出版诗集(含诗选,下同)305部,其中古代、现代与当代的诗集分别为:42部、44部和219部,具体年度出版情况见下表[②]。

|  | 古代诗集(选) | 现代新诗集(选) | 当代新诗集(选) | 总计 |
| --- | --- | --- | --- | --- |
| 1951年 | 0 | 1 | 0 | 1 |
| 1952年 | 0 | 3 | 4 | 7 |
| 1953年 | 3 | 5 | 10 | 18 |
| 1954年 | 1 | 10 | 7 | 18 |
| 1955年 | 0 | 8 | 12 | 20 |
| 1956年 | 3 | 3 | 19 | 25 |
| 1957年 | 8 | 8 | 25 | 41 |
| 1958年 | 10 | 4 | 34 | 48 |
| 1959年 | 9 | 0 | 46 | 55 |
| 1960年 | 2 | 1 | 16 | 19 |
| 1961年 | 1 | 0 | 7 | 8 |
| 1962年 | 3 | 0 | 6 | 9 |
| 1963年 | 2 | 1 | 12 | 15 |
| 1964年 | 0 | 0 | 10 | 10 |
| 1965年 | 0 | 0 | 10 | 10 |
| 1966年 | 0 | 0 | 0 | 0 |
| 总 计 | 42 | 44 | 219 | 305 |

---

① 陈伟军:《冯雪峰与人民文学出版社》,《文艺理论与批评》2007年第5期。
② 此数据和下表数据是笔者根据人民文学出版社编辑出版的《人民文学出版社六十年图书总目(1951—2011)》(王海波辑录,人民文学出版社2011年版)一书目录中"诗歌"中的书目初版情况统计得出。此数据不包括"十七年"间人文社以天天出版社、艺术出版社、文学古籍刊行社、通俗文艺出版社等出版社名义出版的相关新诗集。

从以上数据我们可以看出,较之古代诗集、现代新诗集,当代新诗集的出版无疑是占绝对统治地位,这与上述人文社成立之初冯雪峰等人提出的以出版现当代文学(当时称为现代文学)书籍出版任务相一致。如人文社的首批业务就是出版现当代中国文学作品:首先是重印全部鲁迅著作的单行本26种,同时继续出版毛泽东《在延安文艺座谈会上的讲话》后解放区优秀文艺作品选集,如《中国人民文艺丛书》《文艺建设丛书》《解放军文艺丛书》等。此外还出版了一大批主要"五四"作家的选集,如在1952—1957年间就出版了包括《鲁迅小说集》等在内的"五四"作家的选集45种。

这种侧重于出版当代文学作品的思维,也与上述当时主流意识形态宣传的"厚今薄古"主张相一致①。如上表反映出,在1957年,人文社共出版新诗集25部,远远超过古代诗集和现代新诗集(各8部),但即便如此,当年人文社还被读者批评为出版古代文学作品过多。其指责的理由是,1957年出版的古典文学作品的用纸量,占了全年总用纸量的45%,而新创作连同苏联文学出版物的用纸量,却只占23%,存在严重的"厚古薄今"的倾向。人文社为此做了一次专题讨论,讨论的结果是"出版社的基本方针,是通过出版物以社会主义精神教育人民,出版物的印数,就必须掌握'厚今薄古'的原则"②。另外,人文社还就康生关于古典文学出版问题的来信,转寄给《光明日报》要求发表,因为该信"不仅谈到了古典文学的出版方针问题,还为古典文学整理工作指出了方向"③。因此作为"十七年"文学出版物的国字号出版社,人文社的出版工作不仅仅是一种文学行为,更是一种政治文化行为,"国家文学出版机构一开始便从文学与政治的双重视域选择稿件,这种运作逻辑也决定了以后的出版走向"④。这在新诗集的丛书出版上体现得尤

---

① 1958年初,时任中宣部副部长的陈伯达应郭沫若之邀,在国务院科学规划委员会第五次会议上发表了《厚今薄古 边干边学》的讲话,其摘要发表于同年3月11日的《人民日报》上,引起人文社科界的强烈反响,郭沫若、范文澜、陈垣、侯外庐等人均发表文章,对此问题发表看法,遂掀起一股"厚今薄古"的思潮。此讲话后经作者修订发表于1959年第13期《红旗》杂志。
② 《书籍出版如何厚今薄古?》,《人民日报》,1958年4月3日。
③ 《人民文学出版社给本报编辑部的信》,《光明日报》,1958年6月23日。
④ 陈伟军:《冯雪峰与人民文学出版社》,《文艺理论与批评》2007年第5期。

为明显。

## 二、人文社诗集丛书的出版

### (一)"规范"下的诗集丛书的出版

尽管我国的丛书出版历史悠久,但近代的丛书却始源于日本[①],"丛书因较具策划性,故亦往往比单项的出版物有较强的出版缘起和目标,最能体现出出版者的意图"[②]。"十七年"间人文社上至领导下至一般工作人员,都十分重视丛书的选题与策划。这其中涉及新诗集的丛书包括:"中国人民文艺丛书"、"文艺建设丛书"、"文学初步丛书"、"解放军文艺丛书"、"文学小丛书"、"现代作家选集"、"新创作选拔本"、"建国前优秀作品选拔本"、"建国十年优秀创作选拔本"、"中国民间文学丛书"、"中国民间叙事诗丛书"、"各地歌谣集"等。这些丛书的"最能体现出出版者的意图"主要体现在对文学秩序的规范上。

如何建设一支人民的文学军队,是建国后党和国家领导人所面临的选择,统一和规范图书尤其是丛书的出版就是其手段之一。与现代文学中出版社对书籍丛书以市场导向、读者审美趣味等为目的的出版原则不同,"十七年"对丛书的出版首先考虑的是政治因素,包括丛书的名称、丛书内容、入选作者等,因此这就要求丛书策划者和出版社在前期的选题中就得首先考虑到。

首先是规范丛书的主持、策划者。上述丛书在此方面大致又有两种情况:一是丛书的主持、策划者是当时文化界的领导人,如"中国人民文艺丛书"主持者是周扬;"文艺建设丛书"的主编是丁玲;"建国前优秀作品选拔本"和"建国十年优秀创作选拔本"由茅盾、周扬、王任叔等主持。二是主持人由相关职责部门负责。如"解放军文艺丛书"由解放军总政文化部编选;

---

① 王建辉:《文化的商务:王云五专题研究》,商务印书馆2000年版,第108页。
② 史静:《现代书局和三十年代中国新文学》,《中国现代文学研究丛刊》2006年第6期。

"各地歌谣集"主要由中国民间研究会牵头,各相关省的省(市)委宣传部或者文化局等具体编选;"文学初步丛书"和"现代作家选集"则由人文社负责。以上的主持者就保证了丛书在起始阶段政治上沿着"人民的文艺方向"。

其次是从入选丛书的作者来看。总体而言,以上丛书的入选作者主体为工农兵作者和左翼作家。如"文学初步丛书"共出90种,其中涉及当代新诗集的三种:郭沫若的《毛泽东的旗帜迎风飘扬》、王太炎等的《战士快板诗》、王桂山、刘学智的《一车高粱米》。郭沫若的身份自不必说,后两本诗集的作者为部队的文艺工作者,有的就是士兵。在"新创作选拔本""建国前优秀作品选拔本""建国十年优秀创作选拔本"几部丛书中的诗歌作者,其主体则是延安解放区《讲话》以来的"新人"如郭小川、闻捷、李季、戈壁舟、张志民等。而1959—1960年间出版的16部"各地歌谣集",除"有的歌谣流传很广,但出处无法考查或很难查清"[①]外,大多数歌谣作者也都是"人民"集体创作(含整理者、翻译者)的。

当然,在政治宽松年代如建国初期、"双百"时期,现代文学史上一些自由作家或者"资产阶级作家""有限度"地入选丛书。如在1952—1957年间出版的45种"现代作家选集",其中新诗集或诗文集共10种,其中殷夫、蒋光慈、闻一多、朱自清等人入选不会让人意外,而应修人、潘漠华、戴望舒、汪静之等入选得益于当时的政治气候,即他们的诗(文)集被人文社出版,都是在1957年,也即"双百"时期。原本人文社还要出一本《志摩的诗》,但最终仍未出版[②]。这种入选作者的规范与清理,反映出建国后重建文学史秩序的复杂性。

再次是入选作品本身的规范。这突出体现在对入选作品的改写与删减上。这种删改主要来自出版社和作者本身,其目的就是符合"人民诗歌"的要求。我们以《艾青诗选》和《王贵与李香香》为例。《艾青诗选》出版于

---

[①] 中国民间文艺研究会主编:《中国各地歌谣集·说明》,甘肃省文化局编:《甘肃歌谣》,人民文学出版社1960年版,第1页。
[②] 陈改玲:《1952—1957年人文版"现代作家选集"的出版》,《新文学史料》2006年第1期。

1955年1月，共收入诗人1932至1945年间的诗作72首，是人文社1952—1957年间出版的"现代作家选集"中一种。我们将之与1994年出版的《艾青全集》中诗歌相比较发现，有几类诗作未曾入选。一是抒写诗人在狱中凄惨生活的诗歌，如《ADIEU——送我的R远行》、《监房的夜》、《病监》、《铁窗里》等；二是描写诗人"神思"的诗歌，如《窗》、《雨的街》、《泡影》等；三是带有一定暴力色彩与恐怖氛围的诗歌，如《人》、《江上浮婴尸》等。这些诗歌，"要么与'十七年'诗歌所宣扬的革命乐观主义精神相背离，要么诗歌洋溢着小资产阶级情调，要么诗歌描绘令人恐惧场面较为'露骨'暴露底层民众的'苦难'和'悲惨'命运"①，不符合"人民诗歌"的标准而未入选，正如该书"内容说明"中宣称的："在这些诗篇里，作者歌唱了中国人民英勇的斗争和勇敢勤劳的崇高品质，抒写出中国人民对旧世界的愤怒、诅咒、反抗和对美好生活的热烈追求。这是一部描绘中国与世界人民生活与斗争风貌的图景。"②

作为人文版"中国人民文艺丛书"的《王贵与李香香》，在解放前的1946年以《红旗插上死羊湾》为题在《三边报》发表过部分章节，后经《解放日报》副刊编辑黎辛的建议与修改，终以《王贵与李香香》为题在《解放日报》上得以公开发表③，并获得巨大声誉，被誉为1940年代末"延安文艺"运动中"一颗光辉夺目的星星"，将"照耀着今天和明天的文坛"，标志着"中国诗坛上一个划时期的大事件"，"是中国土地里生长出来的奇花，是人民诗篇的第一座里程碑"④，被读者赞为"无论在主题的教育性，故事的描述，人物的刻画，用语的精巧都堪称为一首成功的人民诗歌"⑤，1947年就被收入周而复主编的"北方文丛"和1949年8月周扬主持的新华书店版"中

---

① 巫洪亮：《"十七年"诗歌研究》，福建师范大学2011年博士学位论文（未刊稿），第154页。
② 《内容说明》，《艾青诗选》，人民文学出版社1955年版。
③ 黎辛：《王贵与李香香发表的前前后后》，《纵横》1997年第9期。
④ 周而复：《后记》，李季：《王贵与李香香》，生活·读书·新知三联书店1949年版。
⑤ 葆瑛：《人民的诗歌》，原载1947年3月《冀东日报》增刊，见王文金、李小为编：《李季研究资料》，陕西人民出版社1986年版，第254页。

国人民文艺丛书"。在解放后的1952年3月,人文社将《王贵与李香香》加以重印。但是,人文版的《王贵与李香香》与"北方文丛"版相较,大大小小共有四十多处的修改,除了错别字外,在内容上主要对作品中有关"中华民国"纪年和一些政治人物等内容的删节及修改、并突出作品的"革命故事"内容与"阶级斗争"叙述,以及"正面人物"与"反面人物"的单一化性格特征等方面①,从而实现"中国人民文艺丛书"编辑方针:"这是解放区近年来文艺作品的选集,这是实践了毛泽东文艺方向的结果"②,从而实现国家对文学创作及其发展的"政治—文学""一体化"的规范要求。

### (二)丛书出版与品牌梦

尽管"十七年"人文社丛书起着规范当时文学秩序的目的,冯雪峰本人对丛书的出版持谨慎态度③,但无疑,丛书的选题与出版是人文社的一大特色,为人文社国家级出版社品牌的塑造具有极大的推动作用。虽然当时并未有打造"品牌"这一现代出版业的经营理念,但人文社的领导们均有这种朦胧的"品牌意识"。

楼适夷主持人文社工作时,就非常羡慕当时日本出版的系列丛书"圆本书"(因每本定价一圆,故名),并试图出版一系列丛书,"企图象日本的《岩波文库》、英国的《企鹅丛书》、德国的《莱克兰姆版》、美国的《近代丛书》及解放前商务印书馆的《万有文库》那样",将人文社打造成一流的出版社④。1954年王任叔主持人文社工作时,其目标,"是要把人民文学出版社

---

① 王荣:《论〈王贵与李香香〉的版本变迁与文本修改》,《复旦学报(社会科学版)》2007年第6期。
② 《文艺报》第1卷第1期(创刊号)封底广告(1949年9月25日出版)。
③ 据当年人文社副社长楼适夷回忆,在丛书出版上,"雪峰的看法同我不一样,他反对规模、气派,认为出版物第一是内容质量。取消了原编译处订定几种丛书的计划,并不主张另搞丛书。他说'乔木同志说过,搞丛书要慎重,质量水平,不能有所参差'。"但最终"说是不搞丛书,其实还是搞的,一种用丛书的名义,一种则不称丛书而其实是想成龙配套的"。见楼适夷:《零零碎碎的记忆——我在人民文学出版社》,《新文学史料》1991年第1期。
④ 楼适夷:《零零碎碎的记忆——我在人民文学出版社》,《新文学史料》1991年第1期。

办成'世界上最先进的出版社之一'"①。为此,1958年在他的主持下,编制了厚厚的一本《人民文学出版社五年出版规划草案》,将古今中外各类文学作品编为丛书、全集、多卷集、多人集等,"64开,460页,可以说是巴人想法的集大成之作"②。另外,此规划草案"基本上采取丛书化,规格一致,装帧一律"③。上述"新创作选拔本"(其中收入诗集4种)、"建国前优秀作品选拔本"(其中收入诗集4种)、"建国十年优秀创作选拔本"(其中收入诗集16种)就是这一计划的结果,虽然在"短短五年中要完成是很困难的,所以不免失之主观,但一番豪迈的设想,却不能不予肯定"④。

严文井和韦君宜主持人文社期间,对丛书的选题、策划也十分重视。如1963—1964年间,由当时的诗歌散文组组长刘岚山策划的"青年诗选",选入了当时一些青年诗人的诗集,包括李瑛的《红柳集》、严阵的《琴泉》、雁翼的《白杨颂》、张永枚的《螺号》等。这套丛书以人文社的副牌作家出版社名义出版,当时并未标出名目,而是统一采用人文社美术编辑叶然的木刻图案和相近的装帧风格来暗喻丛书之意,社长严文井主张再请包括张光年、臧克家、田间阮章竞等名家为每部诗集写序⑤。严文井的这一做法,这既与当时出版社扶持新人的时代大环境有关,也反映了以丛书形式打造出版物的精品意识。

尽管像"文学小丛书","开头几年大致是精品,到后来可能编得杂了一点。于今看来,仍有许多人特别是青年要学一点文学,怎样把中外文学中的精品用小开本的形式,向人们作系统的推荐,对人们获得文学的教养和提高鉴赏力,这套书还是有很大作用的"⑥。多年后,刘岚山对自己的那套"青年诗选"的选题策划也十分满意,"出版后,受到欢迎,起到好影响,我也因

---

① 郑效洵:《最初十年间的人民文学出版社——忆冯雪峰、王任叔同志》,《新文学史料》1991年第1期。
② 江秉祥:《巴人在人民文学出版社》,韦君宜等著:《怀念集》,第90页。
③ 郑效洵:《最初十年间的人民文学出版社——忆冯雪峰、王任叔同志》,《新文学史料》1991年第1期。
④ 许觉民:《四十年话旧说新——祝人民出版社成立四十周年》,《新文学史料》1991年第1期。
⑤ 夏晓虹:《父亲的"书碑"》,《书城》2011年第2期。
⑥ 许觉民:《四十年话旧说新——祝人民出版社成立四十周年》,《新文学史料》1991年第1期。

此受到表扬"。事实也如此,人文社通过这种丛书出版的品牌意识,为人文社树立了良好的社会信誉和自身形象,如1959年开始出版的"三套丛书"(即"外国文学名著丛书"、"外国文艺理论丛书"和"马克思主义文艺理论丛书"的简称)就曾受到周总理的重视和称赞。①另外,像1950年代的"白皮书"、"绿皮书"、"黄皮书",1960年代的"黄皮书系列"等,影响深远,至今为人称颂②。这种丛书的品牌意识及其积极作用,正如六十年后的人文社总编室主任、编审王海波女士所言,丛书的出版"最能凸显我社图书多年来所产生的持久而深远的影响"③。这也许是当年人文社主政者们始料未及的"意外"结果。

## 三、人文社新诗集出版的时代局限

尽管人文社在"十七年"新诗集出版中有着极重要的地位,但是我们也应看到,在"政治—文学""一体化"的年代,人文社的各项方针、计划等具有时代的局限性。

### (一)管理关系不明、人事纠葛等因素不利于人文社良性发展

人文社是当时所有"国字号"出版社中级别最高的一个,虽然按照周总理的指示,享受副部级待遇,并给冯雪峰配有一辆小汽车④,但难改当时体制

---

① 王士菁:《一个愿望——纪念人民文学出版社五十周年》,丁景唐等著:《我与人民文学出版社》,第28页。
② 比如"文革"中后期的"地下诗群"之一的"白洋淀诗群",其成员就深受1960年代"内部发行"的"黄皮书系列"作品影响。该丛书以介绍欧美、苏联当代小说、理论和诗歌等作品为主,因仅限于司局级以上干部和著名专家学者阅读,虽印数不多,但广为流传,成为当时国人尤其是青年人了解国外创作新动态的一个窗口。可参见廖亦武主编《沉沦的圣殿》(新疆青少年出版社1999年版)中萧萧的《书的轨道:一部精神阅读史》、张郎郎的《"太阳纵队"传说及其他》、多多的《被埋葬的中国诗人(1972—1978)》、周舵的《当年最好的朋友》等文章中有关记述。
③ 王海波:《编辑絮语》,人民文学出版社社编:《人民文学出版社六十年图书总目(1951—2011)》,人民文学出版社2011年版,第1080页。
④ 胡愈之:《我所知道的冯雪峰》,《新文学史料》1986年第4期。

上的种种弊端。就隶属关系而言，出版总署、文化部、中宣部都是它的领导机关，"支部是属于文化部党委的。出版社计划之类是属于当时的出版总署管，业务方针等等有时问问中宣部"①。同时，冯雪峰与周扬之间的个人"恩怨"人所共知。新中国成立后，冯雪峰直接受周扬的领导，让冯雪峰感到极不自在，他曾对朋友胡愈之抱怨："我不想搞文学出版社，更不想当社长，但是总理要我搞，我也没有办法。看看中宣部那几个人，叫我怎么工作？"②这种"没有办法"也得到许觉民、舒芜等人的证实。比如每次中宣部开会，冯雪峰都让当时的经理部主任许觉民代其与会，冯雪峰的想法也让许觉民代为上传，许就充当了一个"中转站"的角色；另外人文社的"方针任务和重要决定，雪峰并不向周扬请示，而是与胡乔木相商量而定"③，对此周扬心知肚明，也从不管人文社的事，冯也不买他的账，胡乔木"简直成了实际上的总编辑"④。

因此，冯雪峰对当时主管部门的工作作风十分不满，"出版系统整个是官僚主义的，我们是典型的官僚主义环境中的典型官僚主义者"⑤；对胡乔木经常干预出版社的事，也十分恼火："如果整风还让他干出版社，他就要由他负责一切，稿子完全由他决定，不要今天来个电话要出什么，明天又不出什么。"⑥

在人文社内部，也存在一些不和谐的因素。一是在领导层内部。由于人文社组建之初，由几派人马临时搭建而成，社内人员无形中形成了以蒋天佐为代表的亲周扬派和以原三联书店人员的亲冯雪峰派，1951年蒋天佐的离职，"是冯雪峰派排斥周扬派"的结果⑦。另据聂绀弩在历次运动中交代

---

① 徐庆全：《周扬与冯雪峰》，湖北人民出版社2005年版，第117页。
② 胡愈之：《我所知道的冯雪峰》，《新文学史料》1986年第4期。
③ 许觉民：《阅读冯雪峰》，包子衍等编：《冯雪峰纪念集》，第314页。
④ 舒芜：《大寿薄礼——祝人民文学出版社建设五十周年》，丁景唐等著：《我与人民文学出版社》，第288页。
⑤ 《文化部召开各直属出版单位负责人座谈会纪要》，中国出版科学研究所、中央档案馆编：《中华人民共和国出版史料》第9卷，中国书籍出版社2004年版，第152页。
⑥⑦ 聂绀弩：《关于冯雪峰》，《聂绀弩全集》（第十卷），武汉出版社2004年版，第256—257页。

的材料来看,王任叔到社后的一些言行,给人文社带来了诸多不快:如,有意排挤楼适夷离社,"但是他就不走"①;插手二编室的选题计划,出现副总编王任叔领导副总编聂绀弩的情况②;在冯雪峰《文艺报》"栽跟头"后,一次社内会议上,在事先毫无人提及的情况下,出现副社长王任叔让社长冯雪峰临时做检讨的"逼宫"事件③;等等。二是在上下级之间。由于每位领导人的秉性、工作方式等不同,在工作中也难免有不和谐的声音。如冯雪峰虽为党的著名文艺理论家和高级干部,却摆脱不掉一个"湖畔诗人"的冲动和率直,许觉民说他"秉性豪爽,处世果断,具傲骨,易怒,人不敢近。众人在谈笑间,他一到,便肃然无声"④;其工作作风,"一时这样,一时那样,惹出许多纠纷"⑤;陈企霞也说冯雪峰"最不懂组织手续,他自己要怎么干就怎么干,和他共事很麻烦"⑥。王任叔上任后的一些做法,让"二编室的几乎都反王"⑦,如无端地怀疑某女下属私吞其稿费,致使后者调离人文社⑧等。韦君宜的"热情而又拘礼,简傲而又谦卑"⑨的作风,等等。

这种领导关系不明确的交叉管理,以及社内人事的纷争等不利因素对人文社的出版方针、选题计划、编辑方案等工作均产生了负面的影响。如冯雪峰就不满意周扬主编的"中国人民文艺丛书",认为它们的主要弱点是"内容上不够丰富和深广(就是说,在反映现实上,还普遍地存在着主观性、片面性和表面性的缺点和错误),艺术水平还低下,这从根本上说,是作者们的社会生活和斗争经验都不够丰富,马克思列宁主义的学习还非常不够,艺术修养也还非常不够的缘故"⑩。其背后实际上折射出冯雪峰与周扬在《讲

---

① 聂绀弩:《关于周颖的发言》,《聂绀弩全集》(第十卷),第246页。
② 聂绀弩:《检讨》,《聂绀弩全集》(第十卷),第284页。
③ 聂绀弩:《检讨》,《聂绀弩全集》(第十卷),第287页。
④ 许觉民:《阅读冯雪峰》,包子衍等编:《冯雪峰纪念集》,第313页。
⑤ 聂绀弩:《检讨》,《聂绀弩全集》(第十卷),第284页。
⑥ 聂绀弩:《关于陈企霞》,《聂绀弩全集》(第十卷),第262页。
⑦ 聂绀弩:《检讨》,《聂绀弩全集》(第十卷),第291页。
⑧ 聂绀弩:《检讨》,《聂绀弩全集》(第十卷),第286—287页。
⑨ 陈早春:《我看韦君宜同志》,韦君宜等著:《怀念集》,第420页。
⑩ 冯雪峰:《中国文学中从古典现实主义到社会主义现实主义的发展的一个轮廓》,《冯雪峰论文集》(中),第513页。

话》后对待五四新文学的不同态度①。在古书注解问题上,冯雪峰与胡乔木的看法也相左,冯雪峰坚持编辑的客观性,不主张在古人的、他人的书里面大发议论,要求"还他本来面目","我们不是重开四库全书馆"②,不是太平天国删改四书五经,意即不能像清朝整理史籍那样对古书大加删改,以实现为政治和风化的目的。胡乔木则主张对古人、他人著作做详细注解,显然这里二人间存在理论上的对立。

### (二)选题粗糙与诗集删改等现象严重

如同"十七年"各大出版社间文学书籍出版存在重复现象一样,在人文社内部新诗集等出版上,也存在选题缺乏科学考证,粗制滥造,以及书籍的删改等现象。

1950年初由《文艺报》开始编辑"文艺建设丛书",以收录小说为主,兼收散文、诗歌和文艺论著。其目的是为了贯彻延安"讲话"精神,整理和展示工农兵创作的最新成果。丛书由丁玲负责,田间、陈企霞、康濯、萧殷等五人参加的编委会,一年后编委会增加了老舍、艾青、赵树理、李伯钊、厂民(严辰)等。在1951—1952年间共出书30种,由三联书店和人文社共同出版。其中人文社共出版19种,其中诗歌2种,即柯仲平的《从延安到北京》和严辰的《战斗的旗》。按照"编辑例言"中所言的"《文艺丛书》的编辑与出版,是想为文艺作者在编辑与出版方面尽一些力量,为读者供应一部分读物"③。这本是件好事,但"不知为什么,编了不多几本,忽然就停顿了","总是有一本出一本,成不了龙,配不上套,一直没有计划用丛书的形式加以排列而突出"④。这反映出编者在丛书策划上缺乏一种持久性,仅为权宜之计。当时的出版总署副署长陈克寒就批评一些出版社工作中缺乏选题的计划

---

① 孙晓忠:《当代文学中的冯雪峰——以〈文艺报〉为中心》,《文学评论》2005年第3期。
② 舒芜口述,许福芦撰写:《舒芜口述自传》,中国社会科学出版社2002年版,第251页。
③ 严辰:《〈文艺丛书〉编辑例言》,《战斗的旗》,人民文学出版社1952年版,第1页。
④ 楼适夷:《零零碎碎的记忆——我在人民文学出版社》,《新文学史料》1991年第1期。

性:"现在许多出版社对于制订选题计划和组织书稿的工作极不重视。有些出版社几乎没有选题计划,有些出版社名义上虽有了计划但内容极为空洞和潦草。"①人文社也难免有此不足。

"大跃进"期间,在"一天等于二十年"的"时代精神"鼓舞下,各出版社出书大都在盲目的"竞赛",出书的计划性、研究性变得形同虚设。人文社"原来提出的:苦战五昼夜,出书40种,结果完成88种,其中许多书从发稿到出书只有一天的时间"②,其中"三组的民歌选10种,在各地无数资料中选出来的,任务既定,分头编选,通宵达旦,一天编完,第二天出书"③,如此"神速"出书,可以想见这些书籍的质量如何,这与人文社伊始时冯雪峰对出书质量严格要求的精神是背道而驰的。

诗集的删改亦是如此。据楼适夷回忆,在建国后那几年,特别是涉及政治运动要删改书籍,"真成了编辑部的一件浩大工程"④。比如1952年人文版年版的《王贵与李香香》,是在1949年新华书店竖排版"中国人民文艺丛书"基础上进行了横排,除了保留了新华版对初刊本、"北方文丛"等的一些删改外,再重新进行了修改。除了错别字外,最主要的还是在内容本身,但凡对人民政府不利的诗句统统进行改写或者删除。比如从"第一部"第一章的"崔二爷收租"开始,所使用的都是中华民国纪年法,而在人文社的1952年重排本中,以及其后的其他文本中,都修改并采用了公元纪年法。同样,作为"中国最为杰出的抒情诗人"⑤的冯至,1955年出版的《冯至诗文选》是人文社"现代作家选集"之一种,但较之解放出前的《昨日之歌》、《北游及其他》、《十四行集》,冯至在此选集中对收录的诗歌进行了删改,尤其对原作中与1950年代以来的通行的政治观念不一致的内容,是删改的重

---

① 陈克寒:《关于出版社工作的某些问题》,《人民日报》,1954年6月12日。
② 《文化部出版局〈出版通讯〉一组文章,反映北京、上海出版界"大跃进"的情况》,中国出版科学研究所、中央档案馆编:《中华人民共和国出版史料》第9卷,第486页。
③ 《文化部出版局〈出版通讯〉一组文章,反映北京、上海出版界"大跃进"的情况》,中国出版科学研究所、中央档案馆编:《中华人民共和国出版史料》第9卷,第492页。
④ 楼适夷:《零零碎碎的记忆——我在人民文学出版社》,《新文学史料》1991年第1期。
⑤ 鲁迅:《中国新文学大系·小说二集序》,《鲁迅全集》第6卷,人民文学出版社2005年版,第251页。

点。①其实这种删改,是当时的普遍现象,其原因既有作家面对外在的政治压力的被迫之举,又有作家的自觉行为,其背后的因素值得深思。

无论是选题计划缺乏长远性、大跃进式的突击出书,还是诗人、出版社或被迫或自愿的诗作删改等等,这种现象的背后,都与当时为政治"赶任务"有关,一旦政治风向发生转变,前期的一些书籍出版的浪费现象也随之而来。其实,这种浪费现象有时就是变幻莫测的政策的产物。比如陈克寒要求出版社出书要有长期性计划性的同时,他又指出"任何出版社的选题计划,都应保留一定的机动部分和后备力量;年度的和长期的选题计划更须不断地修正补充。应该随着党和政府工作的发展,把国家和人民对书籍提高的要求,补列入选题计划;而把那些已经证明不必要出版或者不可能出版的选题,从计划中删去,使得计划更加切实和充实"②。这里的"该随着党和政府工作的发展",其实就是要求出版社配合各种政策来"赶任务",由于在"十七年"国家的政策变化不定,使得出版社也无所适从,"编辑部一次次停产查书,印厂挖改纸型,抽页排版,有些已出的书,则干脆停止发行。浪费时间,劳民伤财,这样的笨事,真不知做过多少"③的现象那就是必然的事了。

### (三)出版的等级性与资源垄断

首先,诗集出版上的等级性。在"十七年","诗人的个人选集的出版,往往表现为一种被确认为取得成就的'资格'"④,因此"十七年"间作家诗人出版作品是一件大事。据楼适夷回忆,当时文艺界某高层领导对人文社以选集的形式出版五四作家选集意见很大,原因是"中央也只出了一部《毛泽东选集》,用作家人名作书名,现在什么作家,都用人名作书名,出了不少《××选集》、《×××小说选》、《××诗文选》"⑤。从中可以反映出高层

---

① 顾迎春:《冯至诗集新老版本的重大歧异》,《复旦学报(社会科学版)》2006年第4期。
② 陈克寒:《关于出版社工作的某些问题》,《人民日报》,1954年6月12日。
③ 楼适夷:《零零碎碎的记忆——我在人民文学出版社》,《新文学史料》1991年第1期。
④ 洪子诚、刘登翰著:《中国当代新诗史》(修订版),北京大学出版社2005年版,第24页。
⑤ 楼适夷:《零零碎碎的记忆——我在人民文学出版社》,《新文学史料》1991年第1期。

领导意识的等级观念，领袖可以出选集，而一个作家或诗人出书时就不配享受这种待遇和规格。但不幸的是，人文社也存在这种思想。一般而言，党员作家的诗集在出版规格、出版时间、出版装帧等方面都比非党员的要高。这种做法让许多作家不满，比如在1957年5月文化部召开的一次作家座谈会上，陶大镛就批评人民出版社对党员作家的书用"人民"名义，非党员作家就用"三联"名义；臧克家的诗选用作家出版社名义，而袁水拍的诗集则用人文社名义出版①。这种说法我们从臧克家后来的回忆中得以证实：

> 《臧克家诗选》，是我的重点著作，一九五四年，作家出版社（当时是该社的副牌）出版我的第一本"诗选"，薄薄的，只选诗三十七首。一九五六年，党的知识分子政策得到了落实，我的"诗选"改由人民文学出版社出版，大三十二开，选诗九十二首，比较能反映我的诗作的概貌。②

这种出版上的等级观念，改变了现代文学中那种出版社视作者为"衣食父母"或者视为朋友的观念，其结果既不利于文学创作的发展，也势必会造成出版社与作家间关系的紧张。钟敬文也批评人文社，"门关得很紧，只此一家的派头"③，是出版上的宗派主义和官僚主义的体现，让他很无奈④。

其次，出版上的资源垄断及其种种弊端。经过建国初期对私营出版业的社会主义改造后，现代文学中那种大小书局林立的局面已经成为历史。

---

① 《文化部召开哲学、社会学作家座谈会纪要》，中国出版科学研究所、中央档案馆编：《中华人民共和国出版史料》第9卷，第173页。
② 臧克家：《愿我们的友谊长存》，丁景唐等著：《我与人民文学出版社》，第319页。
③ 《文化部召开文艺作家座谈会纪要》，中国出版科学研究所、中央档案馆编：《中华人民共和国出版史料》第9卷，第165页。
④ 实际上，像这种等级性不只是出现在出版上，而是当时作家日常生活中的普遍现象。如在1957年中国作家党组召开的整风会议上，吕剑就说，《人民文学》"不信任国统区的非党作家，把范围局限得非常之小，只有解放区少数几个作家才有可能发表作品"，"许多党作家，他们对茅盾、郭老都瞧不起，认为这些人只能谈谈技巧。这两位作家都未受到重视，可以设想其他作家的精神状态"。（《作协在整风中广开言路》，《文艺报》，1957年第11号）钟敬文也认为，"党员作家和非党员作家虽然在一个同业团体里，实际上中间的'楚河汉界'是非常明显的"。钟敬文：《为了完成高贵的共同事业》，《文艺报》1957年第11号。

在"十七年",国家对出版社进行了专业的分工,出版文学书籍的出版大都集中于人文社、上海文艺出版社、中国青年出版社和通俗文艺出版社等几家,这便造成文学书籍出版资源垄断。傅雷曾指出许多作家"抱怨纯文艺的出版机构太少,一共只有人文、新文艺两家;青年、少年儿童、文化、通俗等不是单出文艺书的,不计在内"①。这样,"好一点的稿件尽量往中央跑,人民文学出版社稿件挤压,而地方出版社则没有稿件"②。

这种资源垄的断结果便是出书难,"有些作译者反映,一部稿子退回来了,没有别处可投,等于宣告死刑"③。作为现代文学上的老出版人巴金也回忆说,他的一本不到十万字的书稿,送到人文社后积压了一年半了,还不知道何时能出来,"我有一种不应有的感觉,对方好像是衙门","总觉得不知是从什么时候起出现了出版官"④。向达也感叹:"出版社积压稿子很厉害。似乎没拿到稿子前,作者是老爷,拿到稿子以后,出版社就成了老爷。现在稿子被积压一、二年的,已是常事。"⑤出版资源的垄断无形中也助长了读者对书籍出版社"来头"的等级性观念,看书只看大出版社的出版物,而对地方出版社的出版物则不屑一顾。这样就进一步恶化出版环境,造成恶性循环,"中央出版社坏的也好,失去上进心;地方出版社好的也坏,失去积极性"⑥。

因此,以上这些出版体制上的弊端极大地挫伤了作家们的积极性,也使得"十七年"出版物畸形地发展。这种出版体制上的弊端至今留有后遗症,如一些出版社盲目地追求丛书出版;评价一本诗集的优劣,不是看作品质量本身,而是看出版社的等级;诗集出版难等等。但是,我们也应看到问题的另一面,针对当时这种出版体制的种种弊端,冯雪峰、王任叔等人文社领

① 傅雷:《为繁荣创作,提高出版物的质量提供更好地条件》,《文汇报》,1957年5月14日。
② 江晓雾:《编辑们的话》,《文艺报》1957年第11期。
③ 傅雷:《为繁荣创作,提高出版物的质量提供更好地条件》,《文汇报》,1957年5月14日。
④ 巴金:《对默默无闻者的极大敬意——为上海文艺出版社成立三十年而作》,王蒙等著:《书香飘过一甲子》,上海文艺出版社2012年版,第111页。
⑤ 《文化部召开改进出版工作座谈会纪要》,中国出版科学研究所、中央档案馆编:《中华人民共和国出版史料》第8卷,第294页。
⑥ 江晓雾:《编辑们的话》,《文艺报》1957年第11期。

导也都有清醒地认识。据王士菁回忆,冯雪峰不止一次地对他说:"在编辑工作中,官僚主义的态度最可恶。如果一个有才能的作家第一篇稿子或第一本书受到冷淡,得不到出版的机会,也许以后就不再写作了。这是一个看不见的损失,埋没了一个作家。""做一个编辑,连一封给作者的信都不屑于写,这算什么编辑!"① 王任叔对上级行政部门的过多干预,也十分不满:"出版社现在左右上下夹攻,有苦说不出。"② 他们试图在人文社内做过一些改革,比如冯雪峰对青年作者杜鹏程及其《保卫延安》的出版关心,王任叔对浩然的帮助③,等等。但他们所做有限努力,无法改变当时整个的出版大气候④。现在学界一些人诟病"十七年"文学没有"真正意义上"的文学,其实他们看到的只是问题的一方面,而对于问题的另一面,如作家们有书难出,有书不敢出以及一些出版社为此的某种努力等复杂情形则被忽略了。

(本文原载《中国现代文学研究丛刊》2015年第10期)

---

① 王士菁:《编辑三愿——祝人民出版社成立四十周年》,《新文学史料》1991年第1期。
② 《文化部召开文艺作家座谈会纪要》,中国出版科学研究所、中央档案馆编:《中华人民共和国出版史料》第9卷,第167页。
③ 可参见杜鹏程:《雪峰同志与〈保卫延安〉》,《延河》1979年第11期;浩然:《怀念巴人》,《当代》1982年第4期。
④ 如在"双百"时期,萧乾、胡明、刘宾雁等都认为垄断是阻碍出版事业发展的一个根本性问题。通俗出版社副总编辑蓝钰认为,可以"开放同人出版社",这样,公、私各出版社之间可以自由竞争,一些出版社在竞争中垮台也不要紧。(文化部出版局:《讨论出版工作参考资料》,1957年7月8日)《新民晚报》总编辑赵超构主张,出版社可以多办几家,可以竞争,唱唱对台戏,他甚至认为,出版社可以去掉"人民"一词,办不好就让它关门。(《文汇报》,1957年5月3日)

# 在"言说"和"沉默"之间
## ——《诗刊》(1957—1964)"编者按"研究

陈宗俊

《诗刊》(1957—1964)是"十七年"文学中的重要诗歌刊物之一,自1957年1月创刊至1964年12月休刊,前后共出80期。作为中国作协直属的三个机关刊物之一,《诗刊》(1957—1964)的整体面貌"集中体现了'当代'这个时期新诗的取向"①,因此它是我们考察"十七年"诗歌的一个有效窗口,而作为当代文艺运动"风向标"②的"编者按"则又折射出一段特定年代的诗歌风云。

## 一、《诗刊》(1957—1964)"编者按"分布统计与一般特征

### (一)《诗刊》(1957—1964)"编者按"分布统计

据笔者统计,《诗刊》(1957—1964)这八年共出刊80期③,发表"编者按"44条。它们包括"编者按""编者""诗刊编者按""编者注""编者附言""诗刊编辑部"等几种形式(本文论及的"编者按"不包括"译注""译者注""译者附记"等形式)。八年来"编者按"的具体分布情况见下表。

---

① 洪子诚、刘登翰著:《中国当代新诗史》(修订版),北京大学出版社2005年版,第24页。
② 程光炜:《〈文艺报〉"编者按"简论》,《当代作家评论》2004年第5期。
③ 这里以1964年第11、12月合刊号刊尾的总刊数为准。八年中,《诗刊》两期合刊情况有多次,总期数有时以一期计数,有时以两期计数。

| 出版时间（年） | 出版周期 | 编者情况 | 编者按数量（条） | 附 注 |
|---|---|---|---|---|
| 1957（1957.1.25—1957.12.25） | 月刊 | 主编：臧克家<br>副主编：严辰、徐迟<br>编委：田间、艾青、吕剑、沙鸥、袁水拍、徐迟、臧克家、严辰 | 1 | 自11月号（总第11号）起，严辰由副主编降为编委；艾青、吕剑、袁水拍不再任编委，新增编委卞之琳、阮章竞、郭小川 |
| 1958（1958.1.25—1958.12.25） | 月刊 | 主编：臧克家<br>副主编：徐迟<br>编委：田间、卞之琳、阮章竞、沙鸥、郭小川、徐迟、臧克家、严辰 | 16 | |
| 1959（1959.1.25—1959.12.25） | 月刊 | 主编：臧克家<br>副主编：徐迟<br>编委：田间、卞之琳、阮章竞、贺敬之、郭小川、徐迟、臧克家、严辰 | 5 | 自6月号（总第30号）起，沙鸥不再任编委，新增编委贺敬之 |
| 1960（1960.1.25—1960.12.20） | 月刊 | 主编：臧克家<br>副主编：徐迟（阮章竞、葛洛）<br>编委：田间、卞之琳、阮章竞、贺敬之、郭小川、徐迟、臧克家、严辰 | 4 | 自4月号（总第40号）起阮章竞由编委升为副主编；11、12月合刊号（总第47、48号），葛洛代替徐迟任副主编，徐迟降为编委；此期起卞之琳、郭小川不再任编委，新增肖三、李季、纳·赛音朝克图为编委 |
| 1961（1961.1.10—1961.11.10） | 双月刊 | 主编：臧克家<br>副主编：阮章竞、葛洛<br>编委：田间、肖三、阮章竞、贺敬之、李季、徐迟、臧克家、严辰、葛洛、纳·赛音朝克图 | 1 | |
| 1962（1962.1.10—1962.11.10） | 双月刊 | 主编：臧克家<br>副主编：葛洛<br>编委：田间、肖三、阮章竞、贺敬之、李季、徐迟、臧克家、严辰、葛洛、纳·赛音朝克图 | 3 | 自第1期（总第55号）起，阮章竞由副主编降为编委；从第3期（总第57期）起，刊尾的总刊数由"号"改称为"期" |

续 表

| 出版时间（年） | 出版周期 | 编者情况 | 编者按数量（条） | 附 注 |
|---|---|---|---|---|
| 1963<br>（1963.1.10—1963.12.10） | 双月刊 | 同上 | 10 | 从7月（总第64期）起恢复为月刊 |
| 1964<br>（1964.1.10—1964.12.1） | 月刊 | 同上 | 4 | 第11、12月号（总第80期）为合刊 |
| | | | 合计：44条 | |

## （二）《诗刊》（1957—1964）"编者按"一般特征

首先，"编者按"总数并不多，年均不到6条。也就是说，约两期《诗刊》才有1条"编者按"，这在高度政治化的"十七年"文学期刊中，比较少见。我们可以拿同一时期中国作协直属的另一机关刊物《文艺报》的"编者按"来做比较。有学者统计，1949—1966年间的《文艺报》"编者按"共有244条，平均每年约为15条，此数据是《诗刊》"编者按"的年均两倍还要多。[①]

其次，"编者按"年度分布极不平衡。1958年和1963年这两年的"编者按"最多，分别为16条和10条，占整个八年"编者按"总数量的36.36%和22.72%。1961年和1962年"编者按"相对较少，分别为1条和3条；创刊时的1957年全年也只有1条。整个八年《诗刊》编者按呈波浪形排列。

第三，就具体内容来说，这些"编者按"涉及的问题五花八门，大致可分为下面几种类型。

其一，对重大时政与重要文艺政策的"鼓"与"吹"。由于《诗刊》自创

---

① 魏宏瑞：《文学场域政治场——以"十七年"（1949—1966）〈文艺报〉"编者按"为考察中心》，《扬子江评论》2008年第5期。

刊伊始,就"形成积极贯彻上级和文艺政策,配合运动办刊的基本特色"[1],这种"特色"除了在所发表的诗文本身体现出来之外,当然也体现在"编者按"上。这些"编者按"是《诗刊》表明自己政治立场的直接"宣言",尤其是在政治气候比较紧张的时候,《诗刊》自然马虎不得。这类"编者按"约有12条。

其二,转载说明。与当年《文艺报》、《人民日报》等报章相似,《诗刊》对于其他报章所发表的一些诗文进行了多次转载,从而表达《诗刊》的某种办刊理念或政治立场。在转载时,有时冠以"诗刊编者按"字样,以区别原刊可能有的"编者按"。《诗刊》的转载又分为以下方式:对全文转载、选载、原作修改后重新发表、原作选载加新作一并发表。对于这几种转载方式,《诗刊》在"编者按"中都加以具体说明。这类转载"编者按"约有12条。

其三,对读者来信的反馈。尽管这八年来的《诗刊》对"读者来信"的"编者按"仅有3条,但联系到整个《诗刊》围绕"读者"而设置的栏目、"编后记"、"征求意见"等情况来看,"读者"的影子始终是《诗刊》的头顶的"达摩克利斯之剑"[2],其作用不容忽视。

其四,对文艺动态的介绍。这类"编者按"在《诗刊》所有"编者按"中最带有某种"纯文学"色彩,也最多,约有17条。就涉及内容而言,它又集中表现在两个方面。第一、对文学活动的介绍。包括出版信息、诗歌座谈会简介、栏目更名说明、评论引介等。第二、对诗人诗作的评介。国内诗人如毛泽东、董必武、陈辉、黄安、李季、李冰等,国际友人如越南国家主席胡志明、列宁夫人克鲁普斯卡娅、蒙古国作协主席达·僧格、智利诗人聂鲁达、古巴诗人非力斯·比达·罗德里格斯等。对国外诗人诗作介绍时大都采用

---

[1] 程光炜著:《中国当代诗歌史》,中国人民大学出版社2003年版,第15页。
[2] 在一定意义上说,"十七年"文学中的"读者"、"人民"与"群众"三者的概念可根据某种"需要"相互转化,那么"读者来信"就成为"人民来信"或"群众来信"的代名词。毛泽东在1951年《必须重视人民群众来信》一文中指出:"必须重视人民的通信,要给人民来信以恰当的处理,满足群众的正当要求,要把这件事看成是共产党和人民政府加强和人民联系的一种方法,不要采掉以轻心置之不理的官僚主义的态度。"为此,《诗刊》编者不可能对"读者来信"以漠视。毛文见《毛泽东文集》(第2卷),人民出版社1999年版,第164页。

"编者"这一形式。

当然以上几种归类只是大体而言的,分类间也有一些重叠。如对古巴诗人非力斯·比达·罗德里格斯的诗作既是转载,同时又对诗人有某种介绍性质,等等。

## 二、《诗刊》(1957—1964)"编者按"揭示出诗歌与政治间复杂关系

在谈到"十七年"诗歌成就时,学界普遍认为其整体水平不高,并将其原因大都归结为政治因素对诗歌发展的限制。这只是问题的一部分。它遮蔽了许多问题,尤其是将政治与诗歌间关系的丰富性与复杂性简单化了。如,政治是如何让诗歌沦为"婢女"的?二者间是否存在某种掣肘?是否还有其他因素影响、制约着新诗的发展?通过对《诗刊》(1957—1964)"编者按"的政治"言说",我们或许对上述问题能得到某些新的启示。

### (一)"编者按"反映出政治与诗歌间的潜在互动关系

从上表统计数据来看,就整体而言,在政治激进年代《诗刊》"编者按"较多,反之则较少。如在政治激进时期的1958和1963这两年,在"大跃进"和"千万不要忘记阶级斗争"等口号的刺激下,《诗刊》急于"表态"、紧跟政治运动的"编者按"就多。这两年"编者按"加起来共有26条,占八年《诗刊》"编者按"总数的近60%。相反,在政治空气相对缓和的1957上半年和1960—1962年间,《诗刊》的"编者按"比较少。这四年"编者按"加起来总共才9条,平均每年不到3条。其原因在于诗歌受当时"双百方针"和文艺政策调整的影响。这四年间的"编者按"也大都为诗人介绍、出版信息、栏目设置等内容,"火药味"也不浓。"十七年"诗歌发展在这两个时段出现建国以来少有的繁荣局面。

这种政治与诗歌间的张弛关系,在"编者按"所发诗文上也能体现出

来。以《诗刊》加"编者按"的转载诗文为例。在政治相对缓和年代的1960与1961年，转载诗文本身也相对平和。如为纪念胡志明七十寿辰的《胡志明主席的诗》(1960年第2期)、"歌剧拔萃"的歌剧《洪湖赤卫队》(1960年第2期)、郭小川的组诗《煤都的回声》(1961年第3期)，等等。而在政治激进年代，其转载的内容也相应"激烈"得多。如1958年第12月号《诗刊》转载了余音《批判孙静轩的诗》一文，从中我们看到《诗刊》在反"右"时宣称的"不获全胜，决不收兵！"[①]的"雄心"。

就"编者按"言辞本身来说，同样反映出诗歌与政治间的松紧关系。如《诗刊》1960年第6期在《毛主席诗词在国外》一文"编者附语"写道："这个资料很不完备，国内外读者如发现有遗漏，请即函告我们。"用语简略、平实。1963年12月号《诗刊》在《记柳州万人山歌会》一文下的"编者按"中两次提到在"中共柳州市委"的领导，从而突出此次山歌会与往届的不同："由于做了这些工作，所以这次歌会不但参加的人多，特别热闹、红火，而且内容充实，群众通过歌会对自己进行了一次生动的社会主义阶级教育。"这里"编者按"的措辞就严正得多。

## （二）"编者按"在对政治进行图解时也推动了新诗本身的发展

当代新诗发展的每一步，包括其中的经验教训都是新诗成长本身必不可少的环节。《诗刊》"编者按"在对政治进行赞歌与图解时，在某种程度上也推动了新诗本身的发展。

以"新民歌运动"为例。它本是1958年政治"大跃进"运动和人民公社化的副产品，但某种程度上也是对1930年代以来新诗"大众化"讨论的一次呼应，客观上对新诗在解放后的普及、民族化与大众化等方面起到一定的作用。在《诗刊》1958年16条"编者按"中，涉及这方面内容的就有10条。如5月号的"民歌六十首"专辑下有很长一段"编者按"，其中不乏这

---

① 《反右派斗争在本刊编辑部》，《诗刊》，1957年9月号。另外，此句话曾是《文艺报》（1955年第13期）作为批判"胡风反党集团"时一篇文章的标题，可见《诗刊》引用此话时的态度与立场。

样一些表述:"随着大跃进的脚步,民歌响起来了,像一阵风。它的数量多到难以计算,像潮水一样,后浪推着前浪。它表现出中国人民在共产党的领导下,以冲天干劲征服大自然的壮举和豪情"、"这六十首民歌,比起同类的其他创作来,更朴素、精练、明快,艺术表现力更强一些,因而也就更加令人喜爱"、"这些创作,都是优美的诗。它所表达的思想情感是高强豪迈,其中有许多是革命浪漫主义和革命现实主义结合的作品"、"至于想象的大胆,用语的新颖,节奏的明快,真可以说开一代诗风"。在10月号的"新民歌笔谈"专栏下,《诗刊》"编者按"就提出了"新民歌"有无局限性、如何向民歌学习以及新诗的主流等问题,"很值得我们讨论"、"使新诗能够更好更快地发展"。同时,1958年《诗刊》有3条转载"编者按"谈到"新民歌运动",包括如何看待群众诗歌创作、如何对民歌进行加工整理等问题。

上述"编者按"涉及了"大跃进民歌"的产生动因、创作手法与意义、有无局限性等诸多问题,对我们现在重新认识这场"大跃进时期最有名的文化产品"①有着重要参考价值。其中《诗刊》首倡的"开一代诗风"提法,与当年《星星》提出的"诗歌下放"口号、《处女地》倡导的"新诗发展问题"的讨论等共同构成当代诗歌史上关于"大跃进民歌"运动的重要论述,一些论断影响深远。另外《诗刊》"编者按"对叙事诗、朗诵诗、街头诗等的强调,也对新诗本身的发展都起到一定的推动作用。

(三)"编者按"显示出两种特殊政治力量对当代诗歌史书写的影响

"十七年"诗坛存在着一群特殊的"诗人"与"读者",他们是两股特殊的政治力量,他们直接参与了当代诗歌的生产与构建。从上述文艺动态介绍的"编者按"所列名单中,我们看出这些"诗人"为数不少,且身份特殊,是一群"超级作者"②。他们要么是政界要人,如毛泽东、董必武、胡志明、克

---

① [美]费正清、罗德里克·麦克法夸尔主编,王建朗等译,陶文钊等校:《剑桥中华人民共和国史》(1949—1965),上海人民出版社1990年版,第474页。
② 程光炜:《〈文艺报〉"编者按"简论》,《当代作家评论》2004年第5期。

鲁普斯卡娅;要么是具有"榜样"意义的"革命烈士"、"工农兵"或"国际友人",比如陈辉"是一位有才华的青年诗人,一九四四年春天不幸在平西地区(现在北京西南涿县一带)牺牲,战死时才二十四岁"[①];黄安是"一位盲人,他能以这样的热情来工作,而且在他的诗歌中得到表现,我们认为是应该向读者说明的"[②];殷光兰是"安徽省民间女歌手"[③];而"国际友人"也都来自第三世界或亚非拉国家。这些都反映出在特定年代即使是"纯文学"活动,依然有某种政治倾向与选择。

与"作者"对应的是"读者"。在"十七年"文学中,"读者"的内涵极其丰富,但更多的时候"读者"的概念,"一般不具备独立存在的意义,而作为权威批评的一种延伸"[④]。那么相应的"读者来信"也就成为当代文坛组织文学批评、调控文艺方向的一种手段和方式。如上所述,八年来《诗刊》对"读者来信"的"编者按"虽只有3条,但其意义非凡,反映出《诗刊》在"读者来信"问题上所采取的不同态度与立场。如在1962年10月号上,一位署名苏恒的"读者"在来信中提到了三个问题:关于新诗"民族化、群众化问题"、"新诗如何到群众中去的问题"和新诗"如何反映阶级斗争"的问题,并就此谈了自己的看法。从该来信所提出的问题、话语方式等来看,苏恒并非一般意义上的"读者",而是有着较高水平的"专业读者",尤其是第三个问题明显带有时代烙印。为此《诗刊》不得不重视,"我们认为这些问题都是值得加以注意的,信中有不少意见也是值得深入探讨的"、并欢迎读者接着来信、提出问题,以"促进诗歌创作和诗歌评论的发展,帮助我们不断地改进编辑工作"。这里"编者按"的语气还有所保留。

相较而言,《诗刊》对1964年2月号上署名青野、田棚的两位"读者"(从姓名我们可推测到这两位读者为化名,以显示其"工农兵"身份)的来信

---

① 见1958年2月号《诗刊》陈辉诗《平原手记》"编者"。
② 见1958年2月号《诗刊》黄安诗《第一个工作日的早晨》"编者按"。
③ 见1963年9月号《诗刊》殷光兰诗《手工之后》"编者按"。
④ 洪子诚著:《中国当代文学史》,北京大学出版社1999年版,第26页。

《请诗人们写些街头诗》就谨慎得多。这两位"读者"认为,推动当前诗歌同群众结合,除了近年来的诗歌朗诵活动外,"街头诗"也是必不可少的,为此在来信末尾,他们"大声呼吁:诗人和业余作者们,多写一些街头诗吧!生产斗争需要街头诗,阶级斗争需要街头诗,群众需要街头诗!"《诗刊》为此所加的"编者按"不像1962年对苏恒来信时的态度,此处对这封来信的观点持完全肯定的态度,"我们认为是值得重视的。新诗如何同广大群众结合,是当前诗歌工作者面临的重要问题";"开展'街头诗'活动,也是可以采取的方式之一。我们希望有条件开展街头诗活动的地方,都能把这项活动开展起来。我们也希望诗人们多写些街头诗"。这也反映出当时强调阶级斗争的氛围越来越浓。其后5月号上的陈靖诗歌《风云枪剑录》中就有街头诗、标语诗的特色,这也是《诗刊》以实际行动来呼应这两位读者的来信。"编者按"对这些"读者来信"的认同,说明"这些看似普通的来信实则构成了一个集文学、权力、话语乃至人术的特殊场域,在当代文学的草创时期,扮演了重要的角色,发挥着难以取代的作用"[①]。

## 三、《诗刊》(1957—1964)"编者按"背后的某些"历史细节"

我们看到,强烈的意识形态性是这40多条"编者按"的总体特征。但问题并非如此简单。在伊格尔顿看来,每种意识形态都不是铁板一块,即便是出于主流地位的统治阶级的意识形态,也存在着内部的矛盾与分歧,"一种意识形态从来不是一种统治阶级意识的简单反映;相反,它永远是一种复杂的现象,其中可能掺杂着冲突的、甚至是矛盾的世界观。"[②]我们继续要追问的是,在"十七年""政治—文化"相胶合的年代,这些"编者按"背

---

① 斯炎伟:《"有意味的形式"——"十七年"文艺报刊中的"读者来信"》,《中国现代文学丛刊》2011年第4期。
② [英]特里·伊格尔顿著,文保译:《马克思主义与文学批评》,人民文学出版社1980年版,第10页。

后,是否隐藏着某种新的"解读"因素?是否提供某些不为人知的"历史细节"?

### (一)"编者按"折射出编委人事变迁及文艺斗争的复杂性

尽管进入"当代"后,期刊的"编者按"大都采取"匿名作者"的写作方式,但无论它们是出自主编之手还是各专栏编辑组组长或者编辑之手,"由于在同一个时代语境之中,作者是谁并不重要,问题在于这些文本都自觉地体现了党办文艺的意图、策略和政策,也体现出大致接近的'历史意识',是'编者按'这一当代文体共同的创造者和推进者"①。因此,编委的人事变动也势必影响着"编者按"的写作,从中折射出文艺界思想斗争的频繁性与复杂性。从上表中我们看到,在1957《诗刊》创刊时,期刊具有某种"同人性质","诗刊社犹如一个和谐的大家庭,使每个成员都感到温馨舒畅"②,另外处在"双百方针"这样的大环境下,"编者按"就相应要少,所以1957年上半年没有"编者按"。随着下半年的"反右"运动的升级,波及《诗刊》编委变化:严辰由副主编降为编委,艾青、吕剑也从编委中消失,新增郭小川、卞之琳、阮章竞三人为编委。其中郭小川时任中国作协党组副书记兼秘书长,负责分管《诗刊》以加强领导,因此1958年诗刊的"编者按"就骤增。同样,1960是《诗刊》编委变动最频繁的一年,副主编与编委人选数次更换。这种"编委会成员经常被调整"③自然会影响到编辑部对所发稿件态度的连贯性,1961年"编者按"只有1条与此不无关系。④

但更为重要的是,这种人事的变迁,从一个侧面反映出当时意识形态领域内的某些斗争的轨迹。以《诗刊》创刊与停刊为例。在《诗刊》创刊时,主编臧克家就担心编委中党员太少,而当时作协的负责人刘白羽以斩

---

① 程光炜:《〈文艺报〉"编者按"简论》,《当代作家评论》2004年第5期。
② 白婉清:《〈诗刊〉忆旧思今》,《诗刊》1997年第1期。
③ 程光炜著:《中国当代诗歌史》,第5页。
④ 当然,"编者按"的多寡与主编臧克家的"性格"等因素也有关,对此笔者将另文论述。

钉截铁地语言打消了臧克家这一顾虑,"'诗刊'没有党员,你和徐迟就是党员!"①同样是这个刘白羽,在1964年9月9日又以作协党组的名义向中宣部报告说,《诗刊》"这个摊子可以说烂了,主编臧克家(非党员)资产阶级个人主义极端严重";"编辑部成分复杂,党员力量薄弱,实际上整个编辑部已被资产积极所溶化,我们建议停刊或暂时停办,以后看情况,再决定办不办"②。这些言行的背后,就折射出当时文艺界内部某些高层心态的微妙变化,也折射出当时政治风云变幻的某些面影。

### (二)"编者按"映射出"诗性"对意识形态的"韧性""抵抗"

1957—1964这八年间,中国政治形势多变,诗歌发展也随之风雨飘摇。"编者按"就成为这种变化的"晴雨表",尤其是那些带有"纯文学"色彩"编者按",更在一定程度上显现出诗歌"诗性"的回归,也在一定程度上消减了政治对诗歌的"磨损",是文学"诗性"对主流意识形态的韧性的"抵抗"。如1958年11月号《诗刊》在"评四部叙事诗"栏下发表了五篇有关叙事诗的评论,其中尹一之、吕恢文二人针对戈壁舟诗歌《青松翠竹》做出观点截然相反的评论,为此"编者按"指出:"我们希望这些文章能引起讨论,这不但有利于叙事诗的创作,也会帮助读者了解作品。"这里《诗刊》似乎有某种鼓励"争鸣"的倾向,这在"文艺大跃进"之年实属难得。1960年9月号《诗刊》的"在诗歌座谈会上的发言"专辑下发表了一组参加第三次文代会诗人们的发言,包括老舍的《诗与创造》、力扬的《诗歌要百花齐放》、陈山的《关于诗歌的几个问题》等,其中一些观点是1958年"双百时期"文艺政策的某种"回声"③。

---

① 臧克家:《个人的感受》,《文艺报》1957年第8期。
② 此据丁力回忆。见连敏著:《〈诗刊〉(1957—1964)研究》,河南人民出版社2010年版,第185页注③。
③ 又如,《星火》1961年第2—3期发表梁勋仁的诗《龙飞凤舞》后,该刊1961年第4—5期刊出戴发惠、叶艺灵《一首又新又美的好诗——"龙飞凤舞"读后》和吴燃、班静《低级的情趣,歪曲的形象——谈长诗"龙飞凤舞"的思想倾向》这两篇观点相左的争鸣文章。这都体现了在1959—1962年上半年文艺政策调整时期文学有限的宽松氛围。

这里一个有意味的现象是,《诗刊》"编者按"在重大历史时刻或政治事件上的"沉默"态度。如1959年的5条"编者按"全部在上半年,而像建国十年这样具有"历史意义"的重大政治事件,《诗刊》除了在9月号为"国庆十年专号"、10月号配以庆祝国庆的诗文外,竟无一条"编者按"和"编后记"!同样,1962年对毛泽东《在延安文艺座谈会上的讲话》发表二十周年、1964建国十五周年等重大事件,《诗刊》"编者按"均保持了"沉默"。这种"沉默"不能不令人惊奇。这也许是偶然,但其中隐藏的"必然"就显得意味深长,"这与其说是人为努力的结果,不如说更是诗歌自身独立品格所决定的"①。

### (三)"编者按"值得"玩味"的言说"策略"

如何使办刊思想在主流意识形态与文学性间保持平衡,是《诗刊》编委们必须经常考虑的问题。在《诗刊》八年来的17篇"编后记"②中,我们可以看到《诗刊》在这个问题上的犹疑和徘徊。如1957年6月号的"编后记"认为"希望'诗刊'成为一个真正的百花齐放园地";一个月后的7月号"反右派斗争特辑"的"编后记"马上又声称"'诗刊'将以更大的篇幅提供给这一场战斗"。同样,后来的"编后记"始终处于这种"摇摆"状态:"'诗刊'争取成为大跃进的一名鼓手"、③"我们决心把'诗刊'办成人民群众喜爱的刊物"④。另外,我们还可以看到《诗刊》相隔不久的两篇《本刊征求歌颂祖国的诗稿》,其前后措词的变化。在1958年10月号的"征稿"中,最后一段为"诗刊这园地,等待着大家深耕密植,希望能发出(原文如此,引者

---

① 郑翔:《〈诗刊〉(1957—1964)的基本内容和意识形态性研究》,《扬子江评论》2009年第4期。
② 连敏、巫洪亮二人都认为《诗刊》(1957—1964)有13篇"编后记"(参见连敏:《〈诗刊〉(1957—1964)研究》,河南人民出版社2010年版,第146页;巫洪亮:《夹缝生存中的艰难"言说"——1957:〈诗刊〉"编后记"话语方式微观透视》,《嘉应学院学报》(哲学社会科学)2010年第1期)。据笔者统计,应为17篇。其中14篇在《诗刊》目录中标有"编后记"字样,其他3篇未在目录中而在正文中出现,它们分别是1958年4月号、1958年5月号和1960年第5期。
③ 见《诗刊》1958年3月号"编后记"。
④ 见《诗刊》1958年4月号"编后记"。

按)一颗颗诗歌卫星来。"到了1959年1月号以后的"征稿"中,此段话后一句"希望能发出一颗颗诗歌卫星来"已经没有了。①

为了减少这种直接"言说"的"艰难",《诗刊》于是采取某些"策略",以减轻这种直接表态的尴尬。如在栏目设置、诗文的安排等方式来"转述"《诗刊》的政治立场。如上述在建国十周年这一问题上,同为中国作协机关刊物的《文艺报》、《人民文学》,它们的庆祝方式却直截了当得多。如《文艺报》在第18—20期,共出了两个庆祝专号,并在每一专号上配发"社论"加以纪念;而《人民文学》在10月号的"编者的话"中,则以热烈的笔法对建国十年来的文学成就加以讴歌,并决定"将以三期的篇幅,陆续发表作家们为庆祝建国十周年而投寄的佳作,并选载全国各地方文学刊物上的优秀作品"②。与这种"高调"相比,《诗刊》似乎"低调"了许多,除了9月号为"国庆十周年专号"外,而仅靠作品本身去表达热切之情。这种言说间的差异,值得玩味。

又如上面提到的《诗刊》对"读者来信"加"编者按"这一方式,既对"读者"以交代,同时又贯彻了"群众批评,这是文艺领域内的一个新现象,一个值得十分重视、拍掌欢迎的现象"③的意图。另外像对重要诗文转载加"编者按"的方式,也是《诗刊》在政治激进年代"自保"的一种举措,尽管这种"自保"依然艰难。因此,《诗刊》何时、以何种方式采取"编者按",其"策略"似乎就值得我们深思。

---

① 这种变化,与当时中央高层对文艺的态度有关。如在1959年3月郑州召开的中央政治局扩大会议上,毛泽东就明确表明了对"全民写诗"的不满:"文化、教育、体育事业只能一年一年地发展,写诗也只能一年一年地发展。写诗不能每人都写,要有诗意才能写诗。有诗意的人才能写诗,你让我在郑州写诗,我的诗跑到九霄云外去了。无诗意,怎样写诗呢?你不是冤枉人家吗?叫每个人都要写诗,几亿农民要写多少诗,那怎么行?这违反辩证法。辩证法是一步一步地发展,质变要有一个过程,怎么会有今年内每人要写多少诗呢?放体育卫星、诗歌卫星,通通取消。遍地放,就没有卫星了。"另外,周总理也"不同意文教'放卫星'的提法"。毛文参见陈晋《文人毛泽东》,上海人民出版社1997年版,第454—455页;周文参见黎之:《文坛风云录》,河南人民出版社1998年版,第162页。
② 《编者的话》,《人民文学》1959年10月号。
③ 周扬:《整顿文艺思想,改造领导工作》,《周扬文集》(第2卷),人民文学出版社1985年版,第138页。

通过以上对《诗刊》(1957—1964)"编者按"的简要分析,我们可以看到,这些"编者按"在时间的安排、评论对象的选择,以及"如何"去"表述"等方面,都似乎潜藏着的某些深意。但无论是"言说"还是保持"沉默",它们都显现出"十七年"诗歌及其内涵的丰富性与复杂性,也正是通过"编者按"这一小小的窗口,折射出"十七年"诗坛是一个文学与政治的交锋台、一个多重声音并存的混杂之所。

(本文原载《安徽大学学报(哲学社会科学版)》2013年第5期,人大复印资料《中国现代、当代文学研究》2013年第12期全文转载)

# 身份焦虑与道德困境
——论晚清小说中女性的社会规训及其逻辑

徐先智 范 伟

在中国传统社会里，女性相对于男性而言，一直是作为社会主体的"他者"而存在的。女性只有在作为男性的依附时（比如"某某的母亲""某某的妻子"等），才具有身份标识，往往没有独立的身份，被记住姓名的女性是很少的。女性，在某种意义上说并不是被历史遗忘，而是根本就没有历史，因此，人们普遍有这样的共识："人类进入文明史后，女性一直被掩没在历史的黑洞里。妇女的解放，女权的伸张，比起母权制的丧失——女性世界性的失败来，要漫长而艰难得多。"[①]无论是迫于或是迎合男权，女性自身也往往按照男权社会的要求来塑造自己。这一情况到晚清有了根本性的变化：一方面，国族危机中，女性解放作为一种启蒙与救亡的手段，开始具有历史的正当性，由此，女性解放被纳入国族叙事；另一方面，西学东渐，男女平权、人性自由的观念被引入，使得女性争取个体自由便具有了基于现代权利意识的合法性，由此，女性觉醒被纳入现代性叙事。于是，现代性历史使然，在晚清社会，女性解放与觉醒、婚恋自由与自主，便自然地成为一种潮流。

不过，这股潮流并没有我们现在想象中的那种绝对性，虽然一个社会中激进的声音总是最容易被人记忆的声音，但晚清不同地域、不同人群对待这股潮流不同的态度以及这潮流本身发展所展现的不同程度，还是值得人们注意。如地域上，作为开时代之先风的上海，对待新思想、新观念是相对宽

---

[①] 盛英主编：《二十世纪中国女性文学史》（上、下卷），天津人民出版社1995年版，第2页。事实上，连"母权制"社会作为一个钟社会形态是否在人类历史中存在过，学术界都是存在争论的，具体质疑可参见王家范：《"母权论"质疑》，《华东师范大学学报（哲学社会科学版）》2001年9月。

容的,因此上海的各种女性解放运动都盛行,而妇女观念也自然十分开明[①],同为大都市,皇城北京则又相对保守一点[②];又比如社会阶层上,虽然在知识精英阶层,男女平权观念被广泛接受,但在底层尤其广大乡村,人们在这方面却依旧拖着一根长长的传统思想的辫子。这在当时是人人都必须面对的常识局面,但多年后的今天,大量赞颂晚清女性解放、男女平权、婚恋自由的研究论文与著作表明,无论是有意还是无意,人们对这个历史过渡时期的复杂性缺少尊重,对已经形成的绝对性观念缺乏必要的警惕,研究态度上也缺乏一种"同情的理解",这无疑极大地限制和影响了人们对历史认识的准确度。基于此,本文主要剖析在民族国家话语体系的规训下,这根"辫子"对晚清小说女性书写的影响及其逻辑过程。

## 一、"内外有别":角色认定与身份焦虑

晚清女性解放潮流使女性逐渐摆脱了传统"三从四德"的社会伦理规范,打破了"女子无才便是德"的闺训。放缠足,兴女学,使得原本相对对立的"德"与"才"的场域边界变得越来越模糊了,女性慢慢从"德"的传统道德域进入了原本为男性专有、代表"才"的知识域。这种趋势连男性都是认同的,在小说《黄绣球》中,黄通理在妻子黄绣球一番"滔滔不绝、话头不断"的男女平权观点的阐释之后,"歪着脖子点头"说:"古人说'三从四德',那'从'字,我又同讲率由旧章的书理,要来翻案了。这不是光叫女人服从的意思,是那为父为夫为子的,本是个有德育、有才识的国民,故而为女为妻为母的,也要信从了。……说到可从的从,自然不可从的就不能从了。……所以三从的'从'字,只好讲作信从,不是什么服从。"[③]这样,就将

---

① 可参考罗苏文著:《女性与近代中国社会》,上海人民出版社1996年版。其第三节"上海滩的女人",对此有较详细的论述。
② 可参考陈平原:《流动的风景与凝视的历史——晚清北京画报中的女学》,陈平原等著:《教育:知识生产与文学传播》,安徽教育出版社2007年版。
③ 颐琐:《黄绣球》,《新小说》第二年第十号(1905年第10期),第116页。

男性的霸权身份给解构了。可以说，男女平权在晚清开始成为一种的"知识"，女性越来越不可能仅仅被规范在私领域，她们开始进入公共领域，废缠足的"天足运动"和走出闺阁进入女学等社会性运动，也逐渐打破了女性"身体"作为唯一存在意义的魅惑。①

然而，与此同时也有一个极重要的相关问题并没有很好地厘清，即男女的社会角色定位问题。自古中国男女秉承"女主内，男主外"的角色分工，《周易·家人卦》便有"女正位于内，男正位于外；男女正，天地之大义也"的说法。在中国，男女角色定位往往关涉的是人们的世界观与宇宙观，《周易·系辞上》亦有"乾道成男、坤道成女"、"天尊地卑，乾坤定矣"之说，因而天地阴阳，世间男女，只要"天——地"这种格局依旧是绝对性主次关系，那人们观念中与之"合一"的"男——女"角色定位也就不会相对化、理性化，所谓"天不变道亦不变"。如小说《黄绣球》第二十二回一开始，主人公黄绣球就表达了她的宇宙观："自古说天尊地卑，把男女分配了天地，近来讲天文的，都晓得天是个鸡蛋式，不是什么圆的；地就包在天当中，算是蛋黄，不是另外一块方的。这就天地一气，没有个高卑分得出来。"②显然，接受西方知识的黄绣球已经不再是"天圆地方"的宇宙观，这"鸡蛋式"宇宙观让她对男女关系的平等观念有了一个"天理"上的依据。只是在这种观念下，还隐藏着一个解构男女平权的角色定位，即黄绣球依然很自然地认同传统中女主内男主外的关系："照这样说，要把男女分配天地，女人就好比蛋黄，虽是在里面，被蛋白蛋壳包住，却没有黄，就不会有白有壳。"在黄绣球看来，在这种"鸡蛋关系"中，作为蛋黄的女人要比作为蛋白蛋壳的男人更重要，这与当时的女权运动是相关联的，使得她具有明确的女权意识。但黄绣球的这段话，更重要的意义便在于对这种传统男女角色的结构确认上：女

---

① 有学者对苏格拉底的男性叙事作出分析之后，曾说："女人的身体是亘古不变的男人的想象的空间，男人的言语就像这空间的季候，一会儿潮湿，一会儿干燥。女人的身体为了适应男人言语的季候，必须时常变换衣服，不然就会产生病痛。"刘小枫：《沉重的肉身——现代性伦理的叙事纬语》，上海人民出版社1999年版，第75页。

② 颐琐：《黄绣球》，《新小说》第二年第十号（1905年第10期），第113页。

性依旧处于社会结构"里面"的位置,被"蛋白蛋壳"的男性所包围着,也就是说,女性依旧是这个社会结构的"内人"。显然,黄绣球的这种男女平权的观念,看上去是强调女性的重要,要求女性的解放,但实际上并未真正动摇"男外女内"的社会角色结构和传统道德体系。事实上,哪怕是女性在一定程度上参与着"外面"的事务,其社会角色也还是与男性严格区分,比如晚清女学,一方面既要开社会风气,同时又不悖"中国懿媺之礼教",于是女学虽为男性精英倡导,却往往在日常的教学与管理工作中,排除一切男性,仍不破"男女大防"。如早在1897年,发表在《时务报》上为第二年开办的上海经正女学而制定的《女学章程》中,这"中国第一女学"的"立学大意"第一条便规定:"堂中一切捐助创始及提调教习,皆用妇女为之。"①晚清女学,虽其命在新,然其道却旧。

显然,晚清女性的"身体"在某种程度上得到了解放,得以尝试着参与各种公共事务,但道德观念上并没有完全突破传统的框架,也就是说,虽然女性已经逐步由"德"入"才",但事实上并未脱离"德"的道德域,由此,其社会角色还不属于社会公共领域,处于"走出家而未离家"的状态,这是晚清社会女性解放运动中一个极为重要的面向。晚清时期的确有大量的知识精英们在推动着女权运动,要求女性与男性达到事实上的平等,要求女性完全抹去社会角色的分工,成为"女国民"。如岭南羽衣女士的《东欧女豪杰》、海上独啸子《女娲石》、王妙如的《女狱花》等小说中,女性往往充满革命激情,以救世为己任,个个形象之坚毅、抱负之远大,与男性革命者有过之而无不及。这些小说均激烈地追求男女在公共领域里的平权,为此甚至将女性的角色男性化,与男性在公共事务中一较高下,对于这些女性形象而言,"德"与"才"这两个领域的边界已经被彻底打破。相比女权派激进的变革要求,更为普遍的还是在对角色分工的认同与对伦理道德的尊重,甚至在这些观点激进的叙事中也隐含着这一矛盾。当然,既在一定程度进入公

---

① 汤志钧、陈祖恩:《中国近代教育史资料汇编·戊戌时期教育》,上海教育出版社1993年版,第188页。

共领域（身体公共化），试图参与公共事务，又不摆脱传统道德的要求（观念道德化），很容易就造成了女性身份的焦虑。虽然这种道德驯化不免有女性自身的自我认同，但事实上，女性的身份焦虑主要是来自社会的道德规训。如《未来世界》中，对那些试图参与公共事务女学生，有人就这么评价："现在的一班女学生，表面上看起来虽然甚是文明，那实在的内容却是十分臭败，竟没有一个女子，可以当得'女学生'三个字儿的人。"[①]就是那些颇有豪侠之气的女性，也并不能在社会结构中与男性取得身份上的平衡，如《女娲石》中，金瑶瑟曾日本美洲留学，可谓学贯中西，见识广博，然而最终的救国救民方式让人颇为感叹：舍身为娼，当歌妓，借此接近并杀掉那些腐败无能政府官员。金瑶瑟们参与国族救亡还是无法和男性一样参政与革命，而是在公共领域使用女性身份，通过"性"来参与革命，这只能赋予革命对象更多的强权感，这也正是女性在"解放"过程的中焦虑所导致的。相对开明的张之洞在《劝学篇·内篇》中这样说："西人爱敬其妻虽有过当，而于其国家政事、议院、军旅、商之公司、工之厂局，未尝以妇人预之，是西国固有夫妇之伦也。"[②]张之洞试图通过解构女权思想来源，对女性作出符合传统女德的身份界定。

这种在造成女性身份焦虑的"中体西用"式的思维方式和社会规训，同样也体现在不同的传播领域和传播手段上。1909年上海改良小说社印行了一部小说《中国之女铜像》，小说是根据当年轰动一时的"胡仿兰因放足逼命于翁姑"这一社会公共事件写作而成。作为现实新闻事件，其很快传播并通过新闻传播而激起民愤，胡仿兰立刻成为一个反抗旧道德的女性先锋形象，然而在小说里，主人公则成了一个讲求修身，恪守"忠孝节烈，礼义廉耻"的典型传统女性，形象完全发生了变化。对这一转变，夏晓虹有这样的分析："新闻报导及诸信中清晰可见的那位锐意前行的女志士，在小说作者笔下，已减损许多锋芒。第一回末尾为书中主人公胡仿兰定下的基调

---

① 春飘：《未来世界》，董文成等编：《中国近代珍稀本小说·拾》，春风文艺出版社1997年版，第555页。
② 〔清〕张之洞撰，苑书义等编：《张之洞全集》第十二册，河北人民出版社1998年版，第9716页。

是:'热心女学,守旧礼法,开新智识,到死不变'。因而强调其为'第一文明女子',认为'女界中能学得来他,女学便可真个进步了'。显然,由小说重塑的胡仿兰形象,已成为作者心目中理想的女性的典范,作品之取名'女铜像',亦存此意。"[1]不同的传播方式针对着不同领域的人群,同时产生着不同的话语方式。在公共舆论领域,知识精英掌握话语权,因此不难想象这些思想先进的人们为胡仿兰被旧道德所害而感到莫大的悲伤与悲哀,胡仿兰的死很容易激发他们对社会变革的责任感,这样一来,激进话语不难占领公共舆论界;而小说,则可以面对各个知识水平阶层的人们,甚至是一些底层识字不多仅能阅读小说的民众,这些人的观念显然不能与知识精英相比较,因此,无论是作者本身即是这么看待胡仿兰事件,还是为了迎合更广泛的受众,小说所传递出来的道德观念似乎更具有普遍性。显然,晚清小说虽受舆论影响,却又不同于新闻的话语方式,正是因为其所面对的更多的是依旧在很大程度上受传统伦理所规范的普通民众。这种差异就是到了五四时期,也依然存在,比如张竞生"科学"性话语与"审美"性话语在公共领域的双重失败。[2]可以想见,这种差异在一个很长时期里存在,由此导致的女性身份焦虑也会是一个长期值得关注的现象。

在晚清这个新旧交替的时期,这种新思想与旧观念之间的冲突,往往使得女性在自身身份的确定上显得进退维谷,身虽在"女德"外,心却依旧被束在樊笼中。

## 二、"贤妻良母": 道德困境与国民生产

晚清社会从官方到民间,女性解放虽使得"身体"走出了家门,走向了公共,但更多的其实并不是成为到外面闯世界的男性化国民,而是成为一位

---

[1] 夏晓虹著:《晚清女性与近代中国》,北京大学出版社2004年版,第278页。
[2] 李蓉:《论张竞生性话语的建构》,胡星亮主编:《中国现代文学论丛》第八卷第1期,南京大学出版社2013年版,第43页。

培养、支持现代国民的"贤妻良母"。1907年3月,清政府学部奏定《女子小学堂章程》与《女子师范学堂章程》颁布,从此,中国女子教育才算是从制度上确定了自己的合法性。不过,无论是女子小学堂还是师范学堂,对女子教育的目标均是养成其"女德",如《女子小学堂章程》的"总要"第一条便规定:"中国女德,历代崇重,今教育女儿,首当注重于此,总期不悖中国懿媺之礼教,沾染末俗放纵之僻习。"①而课程设置方面,除"国文"、"算术"、"格致"等知识性课程之外还有"修身"与"女红",其中"女红"所占"每星期钟点"仅次于"国文"居第二位,每星期6钟点,显然"总要"教育目标决定了学堂的课程设置,而这样的设置体现的对女性养成的期望正可谓传统之"德"与现代之"才"的兼备。把"女子小学堂教习"作为培养目标的女子师范学堂,更是对"女德"培养有所要求,其"总要"规定:"今教女子师范生,首宜注重于此。务时勉以贞静、顺良、慈淑、端俭诸美德。总期不悖中国向来之礼教,与懿媺之风俗。其一切放纵自由之僻说(如不谨男女之辨,及自行择配,或为政治上集会演说等事)务须严切屏除,以维风化。""修明家政,首在女子普受教育,知守礼法。"②由此可见,在社会公共领域还是不允许女子参与事务,为不伤"风化",女性依旧被规训在"温良恭俭让"的道德樊笼里,这教育目标反映了官方的意志,也不能不说在一定程度上回应了社会要求。虽然女学的倡导本身已是女性解放的一大进步,但明确规定以《烈女传》《女训》《女孝经》《内训》等作为修身教材,其"进中要守"的意图亦十分明显,并不打破"男外女内"的社会角色定位,仍旧将女性的价值定位为"修明家政",其教育目的在于培养勉学持家之"贤妻"与完善家庭教育之"良母"。如《黄绣球》第25回,李太史与一官员谈及黄绣球的女学堂,那官员对女学堂颇有赞誉,然而这赞誉却是建立在黄绣球的女学堂"大约不过教女孩子们认认字,学学针线,没有什么大不了的"③基础上。虽然女

---

① 舒新城编:《中国近代教育史资料》下册,人民教育出版社1961年版,第793页。
② 舒新城编:《中国近代教育史资料》下册,第804页。
③ 颐琐:《黄绣球》,《新小说》第二年第十二号(1905年第12期),第101页。

学堂的开办,本身就是黄绣球男女平权观念的体现,但女学堂要想取得广泛的支持,还是必须谨慎地遵循传统道德,只有给人们"也没有什么流弊,倒还安安顿顿"的印象,才能契合他们的接受度。黄绣球在这个"度"上把握得很好,以至于那官员竟也要将自己的女儿送入女学堂。因此,很显然晚清作为女性解放标志之一的女学,其合法性是以"女德"得到尊重为前提的。

然而,这里的"女德"并不等于传统的"妇道",此时的"贤妻良母"并非完全遵循传统的妇女伦理,是在排除了"三从四德"等绝对性伦理之后,以传统儒家中一些符合女性社会角色的闺训为基础,接受西方女性平权观念冲击而形成的一种具有明确现代性别意识的伦理规范(这种伦理规范,很大程度上是兴起于对女性"天职"认定的论争,同时又受到了明治维新后日本社会的女性观念的影响[①])。显然,从传统的"妇道"约束到"贤妻良母"的道德要求,其实是一种改良性的进步——这点往往被人们忽视。这种进步是被现代民族国家的巨型话语体系所规训而逐渐形成的,有两方面的道德要求:其一是妻德,这种德性要求女性确认自己妻子的角色,其重心还是在丈夫身上,虽并不再是"夫为妻纲",但其责任还只是立足家庭,帮助与完善丈夫;其二则是母权,这是一种来自女性生育功能的社会权利,但更是一种基于民族国家的道德要求,指向的是国民生产与养成。这两个面向,正是梁启超在《倡设女学堂启》中开篇所言:"上可相夫,下可教子。近可宜家,远可善种。"[②]

比较而言,在国族危机时刻,女子教育为"国民教育之根基",相对于外在激进的革命要求,更多地要求女性完善内在的德性修身,以便担当"国民之母"的重任。最早金一在《女界钟》里说:"国于天地,必有与立。与立者,国民之谓也;而女子者,国民之母也。"[③]可见,作为"国民之母",在晚清

---

① [日]须藤瑞代著,姚毅译:《中国"女权"概念的变迁——清末民初的人权与社会性别》,社会科学文献出版社2010年版,第105—124页。
② 梁启超著:《梁启超全集》第一册,北京出版社1999年版,第104页。
③ 爱自由者金一(金天翮)著:《女界钟》,大同书局1903年版,第13页。

亦被视为是一种天职所在。1907年2月，亚东破佛（彭俞）在《小说林》发表了小说《闺中剑》，小说共六章，几乎没什么情节，内容大多是作者关于教育、道德与女性作者所发的议论。作者在"弁言"这样说道："是书宗旨在强种，强种之道在兴学，兴学又贵于普及，以成大同之化，故托名普如堂。欲求振兴，必先务本，是书所为专重德育，而注意于家庭之间，故托为课子。"①（《闺中剑》原名《普如堂课子记》）在国族救亡叙事里，作者以"强种"为最迫切之事，按其逻辑下来，"强种"最终要落到家庭教育上来，于是作者又议论道："家庭教育，非男子所及任，以其无时不当注意，殊形琐屑，且极委曲也，故是书又侧重女学。"这样一来，兴女学，最终的目标便是"强种"，兴女学在某种意义上不是为了女性自身，而是为了去"新"国民。

在1897年发表的《论女学》中，梁启超提出"推极天下积弱之本，则必自妇人不学始"②。在文中，他严厉批判"女子无才便是德"的传统"妇道"伦理："人有恒言曰，妇人无才即是德，此甕言也。世之瞀儒执此言也，务欲令天下女子，不识一字，不读一书，然后为贤淑之正宗，此实祸天下之道也。"出于救国保种，针对时人"欲强国必由学校"的一般观念，梁启超认为"欲强国必由女学"，可见梁氏对女学之重视，只是他的逻辑还是孟子的"人有恒言，皆曰：'天下国家。'天下之本在国，国之本在家，家之本在身。"（《孟子·离娄上》）因此，梁启超对女学的提倡，依旧脱不了女性不过是国族强种之"良药"的窠臼，同样将女性的价值定位在"母亲"的角色，在国族危机的时刻，为男性生育健康之子嗣、培养启智之儿女，则是女性在国族话语体系具有的合法性。在小说《黄绣球》中，黄绣球为了论证女性拥有与男性平等的权利，她这样说道："男人当中的英雄豪杰，任他是做皇帝，也是女人生下来的。所以女人应该比男人格外看重，怎反受男人的压制？"③显然，这种相比男性而言的重要性，却是建立在女性独有的生育功能上，而并非对社会

---

① 亚东破佛撰，沪滨散人评注，盲道人批点：《闺中剑》，小说林社1907年版。
② 梁启超著：《梁启超全集》第一册，第30页。
③ 颐琐：《黄绣球》，《新小说》第二年第十号（1905年第10期），第113页。

公共事务的参与上,在这点上,女性自身也是不自觉的——这种叙事虽然是出于男性作者的想象,然而或许亦道出了晚清女性的一个面向。

从以上论述中可见,对晚清小说中女性的分析,不能仅有"女性解放"一种经验视角,实际上文本中并"不存在先验的女性主体,并非主体产生经验,而是经验塑造了主体"[①]。晚清小说中关于女性的塑造,并不打破"男主外女主内"的角色定位,这在女性解放的社会思潮中往往造成女性身份认同的混乱,与此同时,小说体现出对女性道德的要求,是一种被改良过的"贤妻良母"式的规范,这种道德规范虽具有一定的现代性,但其意义仍旧被锁定在生育与养育的功能上。从现象倒推,我们便可以发现晚清小说中的女性形象在女性解放运动中所表现出来的一种历史的"延迟性"逻辑:以男性为主体的小说作者在书写女性时,往往自觉和不自觉地将这种书写置于民族国家巨型话语体系之下,人们对女性的期望是生产合格的国民,"强种"的期望所带来的必然是"贤妻良母"的道德要求,而这种要求往往导致女性的社会角色依旧不能得到变革,在晚清现代性历史的进程中,于是造成了女性普遍的身份焦虑——她们并不知道自己那只迈出家门的脚是该继续还是要收回。

(本文原载《湘潭大学学报(哲学社会科学版)》2014年第3期)

---

① 王宇:《现代性与被叙述的"乡村女性"》,《扬子江评论》2007年第5期。

# 国民性批判争论再思考

徐先智

五四新文化运动已百年，对新文化运动的讨论与反思，在过去的这一百年中从未中断，科学、民主、个体自由与人性解放等等，五四时期这些需要讨论需要争取的价值追求如今已然有着不言而喻的正当性，它们在遏制着社会秩序走向非人与非民主。然而，五四新文化运动中所产生的某些思想资源，依然引发了长久的争论与质疑，这其中甚至有非常核心的思想资源，比如国民性命题。这些核心的思想观念受到质疑甚至批判，自然就会直接影响到对五四新文化运动这一二十世纪最为重要的思想启蒙运动的价值判断，因此有必要做一些厘清。

国民性命题的讨论，横跨了整个二十世纪，并一直延续到现在。这个命题内涵本身上的探究已经相当深入，其主要挑战来自相关的外部价值判断上。目前看来，对国民性批判命题大体有两个方面的质疑：其一，认为国民性批判理论[①]是来自西方文化殖民的结果。这种观点认为所谓国民劣根性并不是一个思想史事实和思想事实，而仅仅只是一种话语构建与话语权的扩张，是在西方现代殖民文化影响下，中国近现代的知识精英们自我殖民的话语现象，是一种文化自虐。其二，从人性的角度否认国民劣根性，从而质疑国民性批判的命题。这种观点同样认为不存在一种什么国民劣根性，但与后殖民理论看法不同的是，他们并非从文化殖民的角度而是从普遍人性出发，认为五四时期所谓国民劣根性在每个文明体系中都存在，并不是中国

---

[①] 国民性这个概念在晚清至五四的历史语境中，主要是否定的含义，即主要是基于批判而提出来的。就国民性本身而言，或有好的一面或有坏的一面，但本文不取所谓国民性的优根性，而根据这一命题提出的历史语境，仅将其作为一个批判对象来使用，因此，本文中"国民性"即指"国民劣根性"。

特有的现象，而人性本身又是无所谓改造的，因此所谓国民性改造也就是一个伪命题。此外，还有一种观点，则是上述两种观点的混合，既认为五四知识精英们把人性的普遍问题置换成了中国特殊问题，从延伸到对民族自身的质疑，使得我们从那一时期开始就失掉了文化自信，同时也认为这是西方文化殖民的后果，西方的目的就是在于瓦解我们的文化主体性，而五四那一代知识精英则上当了。

在这些质疑者眼里，一直被认为是五四新文化运动最重要的思想成果之一的国民性批判命题，竟然是一个伪命题，而那些五四先贤以及上溯晚清的知识精英们对着一个并不存在的对象批判了半个世纪。在本文看来，这两方面对国民性的质疑，带着明显的历史的傲慢，然而却低估了那些思想家对这个命题的思考，是对这个命题的严重误读。

## 一

对于第一个方面的质疑，代表性的观点来自刘禾、冯骥才与周宁等人。刘禾是比较早移用后殖民理论来审视五四时期国民性批判命题的，在《跨语际实践》一书的第二章《国民性理论质疑》中，她比较系统地表达了自己对国民性批判的批判。"19世纪的欧洲种族主义国家理论中，国民性的概念一度极度盛行。这个理论的特点是，它把种族和民族国家的范畴作为理解人类差异的首要准则（其影响一直持续到冷战后的今天），以帮助欧洲建立其种族和文化的优势，为西方征服东方提供了进化论的理论依据。"[①] 然后，梁启超、孙中山等人都"屈从于欧洲人本用来维系自己种族优势的话语——国民性理论"。而鲁迅等也在传教士的影响下，确信中国有某种国民的劣根

---

① 刘禾著，宋伟杰等译：《跨语际实践》，生活·读书·新知三联书店2002年版，第76页。此章《国民性理论质疑》的基本内容，最先以《一个现代性神话的由来：国民性话语质疑》为题，发表于1993年陈平原、陈国球主编的《文学史》丛刊第一辑，后又经过不同改写先后收入《语际书写》（上海三联书店1999年版）和这《跨语际实践》中。

性，改造国民性成了思想启蒙最重要的内容。在这里，刘禾除了引入后殖民理论来质疑现代中国的国民性批判，而且还借用后现代主义的话语理论，来消解这一思想命题。在刘禾看来，关于国民性理论"无论理论家之间的分歧有多么尖锐，争论多么激烈，其中的大多数人都有一个共识：相信国民性是某种'本质'的客观存在，更相信语言和文字在其中仅仅是用来再现'本质'的透明材料。这种认识上的'本质论'事实上模糊了国民性神话的知识构成，使人们看不到'现代性'的话语在这个神话的生产中扮演了什么角色……"①在接下来的论述中，刘禾认为是西方殖民文化中作为话语的"国民性"，构建了作为现代中国思想体系中的"国民性"，而梁启超、孙中山、鲁迅等知识精英们不过是在作为权力的话语体系中，不自觉地充当了西方文化霸权主导中国人的急先锋而已。②冯骥才在《鲁迅的功与"过"》一文中，首先肯定鲁迅是一个"充满责任感""充满良心"作家，随之笔锋一转，说到其真正想表达陷于西方中心主义而不自知的鲁迅的"过"："然而，我们必须看到，他的国民性批判源自1840年以来西方传教士那里……鲁迅在他那个时代，并没有看到西方人的国民性分析里所埋伏着的西方霸权的话语。传教士们……的国民性分析，不仅是片面的，还是贬义的或非难的。"③关于刘禾，反驳的人很多，其中陶东风的反驳文章可作代表，对于刘禾把鲁迅的国民性批判视为对西方传教士富有歧视性和殖民性的"国民性"理论的"翻译"，陶文以子之矛攻子之盾，用刘禾论述中鲁迅给陶康德的信所表达的明确对史密斯《中国人的气质》的质疑，来推翻了鲁迅只是一个不自觉的"翻译者"的论断。其次，针对刘禾认为鲁迅等所做的事情不过是西方国民性话语构建的毫无文化主体性的继续，陶文认为进入西方人的话语，并不必然

---

① 刘禾著，宋伟杰等译：《跨语际实践》，第75页。
② "我们的困难来自语言本身的尴尬，它使我们无法离开有关国民性的话语去探讨国民性（的本质），或离开文化理论去谈论文化（的本质），或离开历史叙事去谈论历史（的真实）。这些话题要么是禅宗式的不可言说，要么就必须进入一个既定的历史话语，此外别无选择。"（刘禾著，宋伟杰等译：《跨语际实践》，第103页。）
③ 冯骥才：《鲁迅的功与"过"》，《收获》2000年第2期。

会成为这种话语体系的奴隶,正如刘禾自己也没有成为国民性批判话语的奴隶而在对新文化运动中国民性批判话语进行颠覆一样。由此可见,刘禾论述中存在着不可调和的内在矛盾,让她对国民性理论的质疑成了没有根基的空中楼阁,看上去很美,其实不堪。对于冯骥才的论述,同样引来刘玉凯、竹潜民等人的批评。刘玉凯在梳理了晚清思想家关于国民性的看法后,认为鲁迅的国民性批判思想"主要是接受了旧民主主义思想家的影响而形成了自己的系统观点,接受了某个外国人的意见在初期不是最重要的。"[1] 其实,无论是刘禾还是冯骥才,都忽视了现代中国的知识精英们所具有的思想独立性,太过于强调了所谓西方话语霸权的影响,以至于将他们那种有了现代思想观照后的深刻自省,看成了是在西方文化殖民下的精神自虐。事实上,真正头脑被思想殖民的,恐怕不是梁启超、鲁迅等人,而是这些动辄举起后殖民主义与后现代主义等西方理论的质疑者们。

周宁对国民性批判的反思,是以他对西方文化中关于中国形象的考察为背景的,因此虽仍有偏颇但在论述上却更显客观一些。在《"被别人表述":国民性批判的西方话语谱系》一文,周宁梳理了西方文化中自启蒙运动以来关于中国及中国人的观念,认为:"从孟德斯鸠开始,西方思想界试图在现代世界观念秩序中确立中国的国民性,在后启蒙时代的东方学背景下,相关主题的不同文本,逐渐构筑起一个知识体系,经过赫尔德的发展,最后完成于黑格尔的历史哲学。此时,中国的国民性话语,作为殖民主义帝国主义意识形态语境中生产与组织'中国意义'的表述系统,已经具有一个统一的主题,即中国国民的奴性。"[2] 这种考察无疑十分有价值,既然"现代"发生在西方,那么作为中国的"现代"知识精英们所具有的思想观念无疑深受西方现代思想体系的规训。然而,问题在于以"人"为核心的现代价值体系观照下,国民性批判思想依然是中国人借助这种现代价值体系自我反省的

---

[1] 刘玉凯:《鲁迅国民性批判思想的由来及意义——兼评冯骥才先生的鲁迅论》,《鲁迅研究月刊》2005年第1期。
[2] 周宁:《"被别人表述":国民性批判的西方话语谱系》,《文艺理论与批评》2003年第5期。

结果,而不是什么文化殖民的后果。因此,在《天朝遥远:西方的中国形象研究》一书中,周宁认为西方人将遥远、陌生的中国人野蛮化,是有着征服的霸权意义:"被西方现代性想象野蛮化、怪诞化处理的中国形象类型,表现的是西方扩张与世界现代化进程中的一种权力关系、支配关系或霸权关系。它将中国人与西方人截然相反地对立起来,确立了优劣正缪关系,也就设定了西方人统治甚至消灭中国人的正义性与合理性。"①这种通过形象的想象与歪曲,直接导出权力征服的逻辑,这显然是过度阐释。晚清时期,我们何尝不是把来自海上的英国人视为一群奇怪的另类。

## 二

目前看来,对鲁迅等人国民性理论作后殖民化与去本质主义的误读,虽仍有争议,但大体是有了较为有力有效的批评,然而对国民性批判作普遍人性解读的误区,则还未引起重视。这种误读,有的是将鲁迅的国民性批判当成人性批判来研究,并不质疑鲁迅,反而煞有介事地研究鲁迅的"人性观",这样的研究可谓铺天盖地,在此不论。另外一些则借此对鲁迅国民性批判进行反批判,对国民性批判理论的这种质疑者,有来自不同学术背景与思想背景的人,应该说是一种较为普遍的质疑,然而也是一种比后殖民批判更无效的质疑。

"我们并没有因为西方人的烧杀抢掠而总结出西方人的所谓国民劣根性,因为这本不是'西方性'或者'欧洲性'问题,而是人性问题。这样的勾当咱们的老祖先在秦灭六国时也干过不少,所有的人群在一些特定的历史条件下都曾经'人性恶'严重发作,抓住这些'恶'或者它的反面总结出所谓的国民性是缺乏说服力的。事实上这几代中国精英所发掘的所谓国民劣根性,绝大多数都不是独属于某个民族的缺陷,而是人性的缺陷。"②在此,

---

① 周宁著:《天朝遥远:西方的中国形象研究》,北京大学出版社2006年版,第795—796页。
② 摩罗:《但愿柏杨的时代就此结束》,摩罗、杨帆编选:《人性的复苏:国民性批判的起源与反思》,复旦大学出版社2011年版,第291页。

当年的鲁迅绝对崇拜者摩罗已经把鲁迅彻底打倒,在他眼里,以鲁迅为代表的现代中国知识精英们有意无意地把人类普遍的野蛮自私人性特征,当成了中国人特有的国民劣根性,这是思想被殖民后导致的"文化自虐"。而在思想上与摩罗这样自由主义"叛徒"截然相反的一些人,在这点上竟然能够与摩罗保持高度一致。邵建就曾说:"鲁迅眼中的国民性,实为一种与生俱来的人性,而且是人性中幽暗一面,比如鲁迅一再批评国人'卑劣'……在人性层面上,西人之卑劣实不下于国人。"①当下自由主义思想代表性的学者朱学勤也曾撰文,认为:"至于鲁迅,我不赞成以轻薄的语气谈论,而想以敬惜之情讨论。自谓心与鲁迅相通的毛泽东说:'鲁迅的骨头是最硬的。'没有说错。鲁迅骨气之硬,硬到当今鲁学界无人望其项背。但是鲁迅的'改造国民性',则是我无论如何也难以同意的。国民性者,全体国人之性也。人性能改造,精神世界里还有什么事务不可以搅动,不可以'改造'?'改造'一词,凡五十年代过来之人当会有特殊惊悚,记忆犹新。但几乎所有人都忘记,人之'改造',并不是新名词,而是从五四以来就年年讲、天天讲、日日讲的惯用词。就这样习焉不察,积非成是,为整个社会接受,这确实需要启蒙。两人都是以改造国民性为己任,而且都是因改造不成黯然西去。"②显然,在邵建与朱学勤看来,鲁迅等先贤们错把人性中的幽暗,当成了需要批判的中国国民劣根性,而朱学勤更是认为,如果把人性看成了国民性,这样一来,改造国民性的命题便成了人性改造的命题,而这是极其危险的,因为其合符逻辑的结果便是对人的精神世界的"清污",这是什么样的后果,至今人们依然记忆犹新。

这样看来,问题似乎还蛮严重的,然而这种看法不过是一种误读而已。不是鲁迅误解了国民性与人性之间的区别,而是摩罗邵建朱学勤等人误解了鲁迅的国民性批判思想。虽然,在梁启超、孙中山、鲁迅等人那里,国民性

---

① 邵建:《"国民性"之误——我们今天需要鲁迅吗》,摩罗、杨帆编选:《人性的复苏:国民性批判的起源与反思》,第289页。
② 朱学勤:《从马嘎尔尼访华到中国加入WTO》,《南方周末》,2001年11月29日。

与人性显然不能作截然的切割,但在这些思想者那里,这二者肯定不是一个东西,并没有混淆,二者的边界是泾渭分明的,甚至,他们对国民性如此不遗余力地批判,正是为了恢复人的天性,保证人性不被"改造"、不被扭曲。

对国民性批判的这种看法,或许与许寿裳那段著名的回忆有些关系:

> 鲁迅在弘文时,课余喜欢看哲学文学的书。他对我常常和我讨论下列三个相联的问题:一、怎样才是理想的人性?二、中国国民性中最缺乏的是什么?三、它的病根何在?这可见当时他的思想已经超出于常人。后来,他又谈到志愿学医,要从科学入手,达到解决这三个问题的境界。①

这段话经常被研究者所引用,人们认识鲁迅,这也是一个经常性的入口。然而,许寿裳的这段话本身就把人性与国民性分开了,在鲁迅那里就更不会是一回事。从这段话中,我们可以看到,两人认为要实现"理想的人性",必要了解中国国民性最缺乏什么,要找出这种劣根性的病根在哪里,显然,这里要"改造"的不是人性,而是国民性,"所谓'改造国民性',在一定意义上,就是要恢复人的'本性'('白心')"②。人性,有着相当的稳定性,显然难以"改造",而国民性则是可以"改造"的,改造国民性,恰恰是为了现实人性之善,恢复人性的自然与健康。

## 三

现代中国的国民性批判命题,本质上是一个文化命题,而不是一个人性命题,批判国民劣根性,本质上是基于传统文化的深刻反思,而不是对普遍人性提出质疑。所谓国民性劣根性,是传统文化黑暗的一面所凝结成的那

---

① 许寿裳:《怀亡友鲁迅》,《我所认识的鲁迅》,人民文学出版社1953年版,第6—7页。
② 钱理群:《在〈鲁迅改造国民性思想研讨会〉上的发言(提纲)》,《鲁迅研究月刊》2002年第5期。

根深蒂固的、严重违背人性的国民顽疾与惰性,是这种专制文化下国民性格的扭曲,而不是普遍人性本身的缺陷。

因此,当我们在谈论国民性的时候,其实我们谈的应该是文化而不是人性。在《孤独者》中,"我"和魏连殳在谈论小孩子的坏,到底是根苗就坏,还是环境坏导致的,起先"我"认为"没有坏根苗,大起来怎么会有坏花果?"然而到了后面,魏连殳说到"想起来真觉得有些奇怪。我到你这里来时,街上看见一个很小的小孩,拿了一片芦叶指着我道:杀!他还不很能走路……""我"竟然脱口而出:"这是环境教坏的。"①钱理群说,这"在一定程度上,也是反映鲁迅自己内心的矛盾的"②。其实,这里没有作者的内心矛盾,前文不过是铺垫,并不是最终结论,后面的才是,鲁迅并不真的认为"根苗"是可以坏掉的,如果真的认为孩子们从"根苗"上就坏掉了,如果真的认为作孩子的时候就已经全部都是食人肉者,那就完全没必要、也完全没有可能"救救孩子"了。

"救救孩子"是鲁迅全部思想的旨归,更是他践行国民性批判的全部意义所在。"往昔的欧人对于孩子的误解,是以为成人的预备;中国人的误解,是以为缩小的成人。直到近来,经过许多学者的研究,才知道孩子的世界,与成人截然不同;倘不先行理解,一味蛮做,便大碍于孩子的发达。所以一切设施,都应该以孩子为本位……"③或许,将孩童看成是人生的一个独立阶段,从而平视、尊重孩童,才是避免他们染上国民劣根性、成就他们健康人格的应然之路。而在《阿Q正传》中,阿Q身上所体现出来的那种千年惰性,以及这种惰性所带来的奴性、虚伪、麻木与深入骨髓的自私自利,都是后天的"社会经验"培育而成的,并非先于人的本体而存在。鲁迅绝望的是文化的彻底失效,这种失效的传统文化导致了人性在后天的极度扭曲,使人成了一个自己无法站立起来、也不许别人站起来的非人,但他并没有也不可能丧

---

① 鲁迅:《孤独者》,《鲁迅全集》第2卷,人民文学出版社2005年版,第92—93页。
② 钱理群:《在〈鲁迅改造国民性思想研讨会〉上的发言(提纲)》,《鲁迅研究月刊》2002年第5期。
③ 鲁迅:《我们现在怎样做父亲》,《鲁迅全集》第1卷,人民文学出版社2005年版,第140页。

失对人性本身的信心，否则他不会如此痛苦，如此"哀其不幸又怒其不争"。如果对人性丧失信心，内心应该是冰凉的，思想应该是看破红尘之后的虚无，而不是对绝望那种惊心动魄的反抗——尽管一百年后的今天看来，这种反抗竟是如此的悲壮。

关于国民性，早在梁启超时代，就认为这是中国历史上专制主义造成国民的卑劣品性或奴隶根性，如"贪鄙之性、偏狭之性、凉薄之性、虚伪之性、谄阿之性、暴戾之性、偷苟之性"①。显然，从梁启超开始，国民性就是一个跟国族危亡紧密相连的概念，属于文化的范畴，并没有超越文化而上升到对普遍人性的叩问。鲁迅无疑继承了前辈的思考，"中国人的不敢正视各方面，用瞒和骗，造出奇妙的逃路来，而自以为正路。在这路上，就证明着国民性的怯弱，懒惰，而又巧滑。一天一天的满足着，即一天一天的堕落着，但却又觉得日见其光荣"②；"群众，——尤其是中国的，——永远是戏剧的看客。牺牲上场，如果显得慷慨，他们就看了悲壮剧；如果显得觳觫，他们就看了滑稽剧。北京的羊肉铺前常有几个人张着嘴看剥羊，仿佛颇愉快，人的牺牲能给与他们的益处，也不过如此。而况事后走不几步，他们并这一点愉快也就忘却了。"③无论是瞒和骗，还是麻木不仁，无论是奴性十足还是精神自我胜利，鲁迅指向的都不是人性普遍的精神危机，而是中国自身传统文化深处的腐烂。比如针对瞒和骗，他们提出了诚和爱，"我们觉得我们民族最缺乏的东西就是诚和爱"④，然而，不管是"瞒和骗"还是"诚和爱"，都是人性内容，而普遍的"瞒和骗"才是中国的国民性。国人缺少"诚和爱"而充斥"瞒和骗"，则正是中国传统专制文化扭曲的结果，而不是普遍人性的必然逻辑。

传统社会中那严重的人身依附关系，传统文化中对人生命的极端漠

---

① 梁启超：《新民说·叙论》，夏晓红编：《梁启超文选》（上）中国广播电视出版社1992年版，第102—114页。
② 鲁迅：《论睁了眼看》，《鲁迅全集》第1卷，人民文学出版社2005年版，第254页。
③ 鲁迅：《娜拉走后怎样》，《鲁迅全集》第1卷，人民文学出版社2005年版，第170页。
④ 许寿裳：《回忆鲁迅》，《我所认识的鲁迅》，第59页。

视,都是鲁迅所不能容忍的,他的一生都在批判以各种形态出现的"人肉筵席",这才是鲁迅国民性批判的基本内容。有人这样批评鲁迅对奴性的描写:"鲁迅观察和描述的现象,其实是人们在权力关系中的不同行为模式(这些权力关系既可能是制度性的,也可能是事实性的):强者专横跋扈;弱者卑怯顺从。在人际交往中,如果一方掌握着可以宰制对方命运和福利的专断权力,就会表现得傲慢骄横,相对的一方则会表现得卑贱软弱,这显然是人类社会普遍的,而不是中国人特有的行为模式。"[①]看上去似乎颇有道理,其实不然,的确,不同的权力关系导致不同的行为模式,专断的权力导致人性的扭曲,问题在于,像中国这样一个历史不断循环、绝对性专断权力横行千年,并且这种专断权力意识深入骨髓的国度,似乎不是普遍的,也不是人性的必然。事实上,正是这种延续千年的专制权力,造就了非人的奴性——传统社会,人们根本无法想象专制权力之外的权力模式,正如康乾盛世的人们,根本无法想象同时在北美费城里正在进行的制宪会议(这帮绅士们,在人类文明史上第一次打破"打江山坐江山"的权力逻辑,建立了民主共和的权力分配方式),更不用说1215年的英国《大宪章》了。进一步而言,对权力的欲望是普遍人性,哪种文明体都是存在的,但权力关系本质上却是一种文化,而不是人性。鲁迅等人所批判的奴性与专制性,是文化的结果,不是人性的普遍逻辑,世界上就有些文明对专制权力并没有这么根深蒂固的崇拜,而且逐渐形成有效的遏制和分配机制。

综上,鲁迅着眼的始终是作为文化范畴的国民性,所关注的是中国人精神面貌的改善,并不将这种批判推向全人类,并不涉及普遍人性的评判。鲁迅是个现实的思想家,不是一个形而上的哲学家,那些无论是从为底层辩护的角度还是从防止理性膨胀的角度,认为鲁迅错误地将普遍人性特征当成了国民劣根性进行批判的观点,无疑是对国民性概念本身的误读,或者说是

---

① 张雪忠:《鲁迅、柏杨和龙应台等人的国民性批判错在哪里?》,http://chuansong.me/n/1889930

自己树立了一个根本与鲁迅毫无关系的靶子,对准这个靶子一顿狂轰滥炸,然后心满意足地宣布自己胜利了,这种所谓的"质疑",本身就是鲁迅眼中的国民劣根性。

(本文原载《中国现代文学论丛》第13卷第2期)

作家作品研究

# 辛亥革命的三种演义方式
## ——《死水微澜》《大波》与《银城故事》

王永兵

李劼人的长篇三部曲《死水微澜》《暴风雨前》《大波》和李锐的《银城故事》都是反映辛亥革命的长篇历史小说。其中,长篇三部曲写于1935年到1937年,小说发表后读者反响强烈。解放后,由于种种原因,李劼人对长篇三部曲作了重大修改,其中《死水微澜》改动较少,《暴风雨前》改了三分之二,《大波》则完全是重新创作。因此我们通常所看到的李劼人长篇三部曲实际上是作家30年代的《死水微澜》和五六十年代的《暴风雨前》《大波》的综合,而李锐的《银城故事》创作于21世纪初。中国传统小说中,写历史的起初叫做"讲史",后来落实到书面便叫做"演义"。叙述历史,本身即是一种演义,只是各家之"义"相殊,敷衍的方式有别。演绎辛亥革命的历史小说不少,我选取跨不同时段的两位作家——李劼人与李锐,从人物塑形、结构方法和细节处理等方面考察其想象/演的区别,揭示其观念/"义"之差别,并且探讨在"演"的方式与观念的"义"之间的联系。

## 一

《死水微澜》《大波》(新旧版)对辛亥革命的"演义"实际上是创作主体在不同的历史时空背景下对同一历史事件的不同记忆,这种记忆既回应着创作主体不同的价值认同和道德判断,又回应着历史记忆的主观性、政治性与随之而来的策略性。诚如加拿大学者琳达·哈琴所言:"思考历史书写的方法之一就是从记忆是如何界定并赋予主体以意义这一角度入手。"[1]20世纪30年代和五六十年代的李劼人分别从个体生命方式、中国革命进程的角度对历史进行重新的想象与书写,其笔下的主体形象也因此肩负着不同的叙述功能和历史重托,所以主体的精神面貌和塑形手段也就各不相同。《死水微澜》从人物到故事都是虚构的,这与郁达夫所说的历史小说相去甚远[2],因为这里面没有历史上著名的人物和事件,但小说中人物和故事所赖以生存的时空背景无疑是19世纪末和20世纪初的晚清,作者通过蔡大嫂、罗歪嘴、顾天成等人物形象的成功塑造,从民间社会、官方势力和西方宗教势力三者的纠葛冲突中透视晚清这个特定社会的精神动态和历史走向,准确地把捉到了那个时代的脉搏。《死水微澜》的不同凡响之处在于它将一个普通乡下女子的情爱故事与宏大的历史叙事巧妙地结合在一起,借个人离合写历史"兴会"。其主人公蔡大嫂形象的最突出特点是对以城市为代表的现代物质生活的向往、对婚恋自由为代表的现代精神生活的追求。蔡大嫂未嫁之前叫邓幺姑,她"顶喜欢听二奶奶讲成都。讲成都的街,讲成都的房屋,讲成都的庙宇花园,讲成都的零碎吃食……",尤其神往"成都一般大户人家的生活,以及妇女们争奇斗艳的打扮",她甚至将成都当作自己将来的归宿,在嫁成都无望后,邓幺姑只好将就着嫁给天回镇的蔡傻子,打算规规矩矩在乡镇上做一个掌柜娘。谁知做了掌柜娘的蔡大嫂并不规矩,竟然和蔡傻子的表哥罗歪嘴好上了。一开始,"罗歪嘴倒有意思隐秘一点,偏蔡大嫂好像着了魔似的,一定要在人前格外表示出来"。李劼人利用传统小说烘云托月的手法,故意用袍哥小头领的"歪"和"横"来衬托蔡大嫂的"泼"和"辣",并将蔡大嫂与罗歪嘴的情爱写到了如痴似狂的地步:"他们如此的酽!酽到彼此都着了迷!""酽到彼此都发了狂!"后来为了救蔡傻子,为了

---

[1] [加]琳达·哈琴著,李扬、李锋译:《后现代主义诗学:历史·理论·小说》,南京大学出版社2009年版,第236页。
[2] 郁达夫曾说:"现在所说的历史小说,是指由我们一般所认的历史中取出题材来以历史上著名的事件和人物为骨子,而配以历史的背景的一类小说。"见郁达夫著:《郁达夫文集》第5卷,香港三联书店1982年版,第238页。

自己免受穷困,为了儿子不再当一辈子放牛娃儿,蔡大嫂竟改嫁土粮户顾天成,当父亲邓大爷担心有人会背后议论她时,已经成了顾三奶奶的她笑着反问道:"哈哈!只要我顾三奶奶有钱,一肥遮百丑!……怕那个?"邓大爷听后只能无奈地摇头感叹:"世道不同了!""世道不同了!"这正是《死水微澜》的主题词,也是李劼人赋予蔡大嫂这一女性主体的意义,小说借助蔡大嫂这一集情、爱、义、利于一身,富有现代色彩的女性形象展示了一个时代人们思想意识的"微澜",并由此来表现历史的变动,实现了艺术性、思想性和历史性的完美结合。

  旧版《大波》最光彩动人的人物形象无疑是女主人公黄太太。小说用了大量篇幅描写黄太太和楚用之间的不伦情爱(他们之间是非嫡亲的姑侄关系)。黄太太成为蔡大嫂的精神变体,也是原版表现的重点人物,与情义并重、开放豁达的蔡大嫂相比,黄太太完全是一个任性放纵、信奉情爱自由的现代女性。有事无事的时候,她喜欢把花露水洒得满身是香,手里时刻不停地摇着东洋纵扇,除了穿着打扮上的时尚新潮外,她对待异性的态度更为超前,未婚之前她就与大姐夫孙雅堂、二表哥陶刚主有染,后来又与妹夫徐独清关系暧昧,"她觉得凡与她接近的男性,都应该爱她,都应该被她颠倒,供她玩弄,不许背叛她……"在她心目中,这些男性就是她的爱奴,招之即来,挥之即去,甚至觉得"在日常生活中,也得有个憨痴若迷的男子,常常在她眼中混着的需要",为此,她不惜将小她12岁的大孩子楚用"容纳在她爱之帐幔下"[①]。黄太太一反以男人为中心的传统婚恋观,她希望男人爱女人要爱得轰轰烈烈,爱到命肝心里,像唐明皇爱杨贵妃那样连天下都不要了,她尤其看不惯传统文学中的男人至上观念,并质问道:"为啥子那些书上总是把一个男子写得像天神一样?啥子都行,个个女子见了都爱他,都要嫁给他,……从没写出一个女的来要一众男子。可恨的,男子随便要好多女的就叫作风流才子,女的一偷了男子,就叫不贞洁,就叫淫妇。又为啥子大

---

① 李劼人著:《大波》(中卷),中华书局1937年版,第6页。

家都是人,男的一辈子就该要多少女的,女的要上两个男子,就该犯罪,该挨骂?"①所以她要试试女人到底能不能同时爱上几个男子。作为有身份有门第的官宦太太龙二姑娘竟然如此不守"妇道"、蔑视礼法、大胆追求性爱自由,这一形象本身所拥有的文学意义与思想意义早已溢出了李劼人通过《大波》来反映四川保路运动的初衷,借助黄太太形象,小说将个人的情爱风波和社会的革命风波有机地融为一体,由女性主体性意识的觉醒来反映社会乃至历史的巨变,创造性地将个体生命当作历史的关照主体。除黄太太外,旧版还成功塑造了许多人物形象,比如优柔寡断的蒲伯英,正是因为他处事不力、软弱妥协才导致赵尔丰的部队叛乱以及杨嘉绅携巨款而逃;再比如投机分子吴凤梧,落魄时经常低三下四找黄澜生借钱,后来用黄家的钱拖起一支队伍,并成为军政府的标统,这时候的吴凤梧立刻趾高气扬起来连黄家的宴会也懒得参加;还有孙雅堂,他凭着敏锐的政治嗅觉,在革命中首鼠两端观望等待,革命后成功地混入军政府任职。借着这些人物形象的塑造,李劼人嘲讽批评了资产阶级革命的不彻底性,但与鲁迅等作家不同的是,对待辛亥革命李劼人尽管也持怀疑与批判的态度,但更多的是肯定与赞成。李劼人从中听到的是历史前进的隆隆脚步声,是主体的觉醒和奋进,其中不乏带有理想与夸张成分。

解放后,革命现实主义成了"义"/观念的核心内容,所以"演"/想象的方式也随之改变,李劼人将原先《大波》中的爱情和革命双重叙述方式变为单一的革命叙述模式,并以单一的革命视角代替多维的想象空间,李劼人有意识地将学生代表王文炳、彭家祺,教师代表郝又三,工商代表傅隆盛,革命党人夏之时,立宪派人物蒲殿俊、罗伦等,当作正面人物形象加以塑造,同时还塑造了赵尔丰、端方、赵老四、杨嘉绅、尹良等反面人物形象,正反两方面的交战,以及反面人物为争权夺利相互之间钩心斗角成了小说表现的重点,此外还塑造了像孙雅堂、吴凤梧这样的革命投机分子形象以及葛寰中之类

---

① 李劼人著:《大波》(中卷),第105页。

的维新派形象,这些形象旧版中大部分都有,但不同的是他们的阶级定位、角色分工更加明确。看得出作者在人物塑形手段上是努力在向五六十年代的革命历史小说看齐,力争表现两个阶级(革命与反革命)、两条路线(爱国保路与卖国卖路)之间的斗争。小说已经不再将黄太太和楚用情感风波当作叙述核心,这两个人物也因此退居到次要地位,他们除了在结构上起前后贯穿作用外,与所要表现的主题有些游离。因此,新版《大波》中的姑侄之恋,尽管也具浪漫色彩,一定程度上写出了男女当事人自由开放的婚恋观和冲决层层精神封锁的现代意识,但与小说的叙述核心保路运动没有多少瓜葛,成为可有可无的点缀。这主要是因为其时的作者已经不能在爱情叙述中寄予更多内涵,五六十年代文学创作的主流话语是国家与革命,而不是个体与爱情。作者能做到那样已经很难得了。

## 二

30年代的李劼人在演绎/想象辛亥革命时,看重的是主体与历史之间的互动关系,着力让大写的历史衍化为主体的个人生活史和生命史,这在《死水微澜》和旧版《大波》的结构设置上也能见出端倪。《死水微澜》共六个部分,其中第一部分为序幕,其主角是一个读私塾的孩童("我"),清明节"我"和家人一起从城中来到乡下坟园祭祖,遇到邓大爷的女儿邓幺姐,邓幺姐不仅长得漂亮穿着时尚风致,而且十分能干烧得一手好菜,然而在"我"爹爹看来,这女人"凡百都好,只可惜'品行太差'"。年幼的"我"此时不知道"品行太差"指的是什么,一直到若干年后,才明白父亲的话中有话,它是一个故事,"一段平庸而极普遍的故事"。然而正是这个"平庸而极普遍的故事"引出女性主体蔡大嫂一段不平凡的、具有传奇色彩的生命历程。序幕的妙处在于不仅化繁为简初现了故事轮廓,同时还化简为繁借助儿童的视角将故事女主角的身世敷衍着一个个的谜团,"平庸而极普通"既切中"微澜"这个主题,同时暗示时间的流逝和社会的变革,曾经闹得满城风雨的蔡大嫂那档子事40年后看来不过是极其平凡的小事一桩。然而有着后见之明的李劼人则从这小小的"微澜"中窥见积聚在历史内部的巨大势能,终有一天它将会爆发出来,激起轩然大波。接下来的两个部分"在天回镇"和"交流"写蔡大嫂嫁到天回镇当上了掌柜娘以及与袍哥小头目罗歪嘴及妓女刘三金的交往,这是故事的发展部分,在全文起着渲染和铺垫作用,后三部分"兴顺号的故事"、"死水微澜"、"余波"是小说的三个高潮:蔡、罗两人配得发狂的情爱,蔡、罗、顾三人的恩怨情仇,蔡大嫂摇身一变成了顾三奶奶。这三个高潮部分看似情节的延展,其实从内在的逻辑来看,却是并列的:或写个人情爱的"微澜"或写社会"微澜",进而表现历史的"微澜",体现李劼人人事与历史并重的创作思想与历史观。

旧版《大波》在结构设置上同样体现了个人与历史并重的文学理念。旧版分上中下三卷,其中上卷三个部分,中卷和下卷各两个部分,上卷从黄澜生看戏写起,然后引出四川保路同志会的成立,继而写楚用和黄太太之间的私情,最后写同志会采用罢市、罢课的方式与赵尔丰斗争;中卷写赵尔丰逮捕蒲、罗等同志会的首领以及为解救蒲、罗等人,四川各地同志会展开声势浩大的救援行动,其中楚、黄两人的缠绵与纠纷占了将近一半的篇幅;下卷主要写成都在独立前各个阶层的心理波动以及独立后的混乱景象,除了赵尔丰、端方被砍头之外,其他做官的还是做官,只不过官服换成了西服,以前的作揖拱手变成了握手,其中穿插楚、黄两人之间的感情纠葛。最后以黄太太思念楚用作为整部小说的结尾。小说将黄家置于历史风暴中心,以楚黄两人的爱情为主线,既写出了超出常规的"爱情"在恋爱双方所激起的心理风波,又写出了四川铁路风潮给个人、家庭、社会乃至历史所带来的巨大波动。旧版处处体现了李劼人以人物带动事件的结构方法。比如楚用这个人物,他是黄澜生的表侄,黄太太的情人,20出头,家住新津,在成都中学堂读书,他的同学王文炳是个活跃分子,经常出入咨议局,和蒲、罗等人经常接触,另一个同学彭家祺后来参加同志军和赵尔丰的部队打过仗,他的外公侯宝斋是袍哥头领,后来被推选为新津同志会的首领。李劼人借助楚用的活动,将黄家夫妇在整个事件中的种种表现,以及保路运动前前后后的具体经过有条不紊、轻巧自如地展现出来。再比如王文炳、吴凤梧、孙雅堂、傅隆盛都是小说中不可或缺的次要人物,他们分别代表了学界、军界、士绅、工商界等,借助于这些不同阶层人物在铁路事件中的言谈举止与思想变化,李劼人不仅写出了四川铁路事件的影响程度之大、范围之广,而且还写出了近代以来一般民众现代民族国家观念的萌发与觉醒。此外,小说的开头与结尾也颇具匠心,开头的看戏"烘云托月",既暗示人生如戏,又为即将上演的历史大戏做了有力的铺垫与衬托,还预示包括正走出戏场的黄澜生等一干人将成为主角于历史的舞台上粉墨登场。结尾在黄澜生的家庭宴会中结束,但宴请的主角吴凤梧没有到场,刚刚得势的他正在享受男色的快乐而无暇光顾,民众期盼已久的革命竟然是这样一种结局,轰轰烈烈的铁路事件最终蜕化演变成历史的闹剧,恰好与开头的看戏形成呼应,李劼人对传统小说"草蛇灰线"结构章法运用得是如此得心应手。最末一句写黄太太托即将去新津上任的王文炳带信,让楚用早点回成都,更是寓意深刻,人生如白驹过隙,历史的大戏热闹一阵过后终归平寂冷清下来,最真实最让人放不下的还是一个"情"字!我以为旧版《大波》到此已经结束,而不是像有些读者说的那样还有第四部,因为抗战爆发而中断未写。

  新版《大波》有四个部分,其中第四部分李劼人原来打算写40万字,结果仅写了四章约12万字,就因病溘然长逝,未完成品的新版《大波》,既是作者本人的遗憾更是20世纪中国文学的一桩憾事。从结构上看,新版的格局与旧版截然不同,四个部分各有其侧重点,依次是:保路同志会的成立及其与赵尔丰的初次交锋;为解救蒲、罗等人,各地纷纷成立同志军与赵尔丰的军队展开激战;重庆成都先后独立,玩弄阴谋诡计的端方被砍了头;赵尔丰的部队发生叛乱(原计划还要写同志军进城镇压叛军,赵尔丰被杀,反动政客胡景伊篡夺了四川军政大权)。新版体现了以事件为中心、因事写人的结构方法,许多时候都是事无巨细一并写来,轰轰烈烈的保路运动无形中被淹没在事件的洪流当中。正因为以事件为主,人物的面貌也变得模糊不清,林林总总写了上百来号人物,大都用力平均,几乎分辨不出主次。对此,李劼人本人也有所警觉,他说:"我犯下这些毛病,总原因在于素材太多,剪裁排比上不得其法;人物抒写,几乎分不出主从,情节发展,也有层次不明的地方;有些不该描绘之处,描绘了,有些该形象化之处,又没有形象化。"但作者随后辩解道:"这是一种有关键性的政治运动,它当然要影响到当时的社会生活和当时的人们思潮。你写政治上的变革,你能不写生活上、思想上的变革?你写生活上、思想上的脉动,你又不能不写当时政治、经济的脉动么?必须尽力写出时代的全貌,别人也才能由你的笔,了解到当时的历史的真实。"①李劼人话中有话,他明明知道不可为而为、可为而不为,这说明他的内心很矛盾,说明他的创作观念与现实发生了冲突。由生活、思想上的脉动与变革来反映政治的脉动与变革,进而体现中国社会历史的现代化进程,这是李劼人创作长篇三部曲的初衷,也是李劼人在改写长篇三部曲时候努力遵循的原则,然而这种原则却必须在现实面前让步,这就是李劼人在修改《大波》时难以言说的苦衷。我们现在见到的《大波》是李劼人前后修改了三次才付梓出版的,为了弥补自己在政治思想和文学观念上的欠缺,他在史实性上下了大量功夫,但小说并没有因此而获得更好的艺术效果,相反,修改版《大波》的可读性、文学性、艺术性与原版相去甚远。我们不禁要问:既然如此,那么李劼人为什么还要花如此精力修改《大波》呢?回答这一问题之前,首先让我们读一读作者在改写《大波》时曾经说过的一段话,他说:"一九五四年,忽然接到人民文学出版社来信,很客气,说要重印我写的《大波》,叫我改写。……我就先重写《大波》。写完了以后,寄给艾芜看。艾芜说可以。我又寄给我儿子看,可是我儿子这个外行却说不行,批评得一塌糊涂。后来我考虑一下,觉得儿子的意见对,就去掉重新写成的十几万字初稿……""《大波》现在正在写。一九五四年写的那一遍,不好,就丢掉了。一九五五年又写了第二遍,十多万字,看后觉

---

① 李劼人:《〈大波〉第二部书后》,《大波》(第二部),第366—367页。

得仍不好,也丢了。现在在写第三遍,已写了十七万字。全书写成大约有二十七万字。内容比以前增加了三分之二,篇幅却减少了五分之二","由于解放后我参加了政治学习(我对政治学习是用了功的),回头再看辛亥革命,比前二十年更清楚,更透彻了。这次写《大波》,就想深入运动的本质,因此所反映的生活面就要广阔得多,从小市民,农村各阶层到真正的革命战士,特别值得一提的,是八十二个学生军在土桥和驻防军打仗的事。这是中国历史上学生第一次的武装斗争,过去不清楚,没有写,这次清楚了,就非写不可"[①]。不难想象,像李劼人这样既做过资本家,又是来自国统区的作家,在新中国成立后,是以怎样的一种虔诚心态来进行自我批评与自我改造。他甚至不打算进入文学这个行当,原因很简单:"我过去学的文艺理论是资本主义理论,不适用了。因为怕犯错误,我就借口干行政工作。"[②]我们现在无法看到作者第一次重写《大波》的原稿,但从李劼人的言语中可以看出,它像《死水微澜》一样很简练只有十几万字,而且文学性很强,受到同行(艾芜)的肯定,之所以采纳儿子的意见,主要还是出于政治方面的考虑,是为了修改历史观,以毛泽东思想为指导对"四川保路运动"进行重新"演义",以历史的"叙述"来替换以前的历史"想象"。比如《大波》对武装斗争的强调就是毛泽东有关暴力革命、武装夺取政权等理论的文学实践;再比如,原版《大波》本来并没有关于学生军的描写,改写后加入这一内容,关键是因为毛泽东关于青年是反帝反封建的一个方面军的说法。更让作者为难的是对保路运动领导人蒲伯英等人的处理,《新民主主义论》认为辛亥革命是由资产阶级领导的,但资产阶级天生具有两面性,因此既要表现资产阶级在斗争中的领导能力和作用,又要不失时机地反映其在斗争中的软弱动摇,这是李劼人在刻画有关保路运动领导人物时必须遵循的准则,这样根据某种观念而塑造出来的人物,就难逃概念化和脸谱化的宿命。为了强调保路运动群众基础的广泛性,《大波》在改写

---

① 李劼人著:《李劼人选集》第五卷,四川文艺出版社1986年版,第542—543页。
② 李劼人著:《李劼人选集》第五卷,第542页。

的时候必须考虑到手工业者、农民、学生等各个阶层,在描写农民军时,作者还必须考虑到由于缺乏中国共产党正确思想的指导,农民斗争的无组织性和无纪律性以及战斗力不强等众多因素。总之,改写后的《大波》成了毛泽东新民主主义革命理论等的文学注释本①,也成了一个时代历史观和文学观的见证。

李劼人改写《大波》,实际上是他在新的"义"(革命现实主义)的视域下,对历史进行的一次精心"演绎",此时,衡量一部历史小说价值高低的尺度,已不再是艺术上的优劣得失,而是看它能否在革命现实主义的话语模式下,对历史进行"合理"的叙述和表达。这种现象在上世纪五六十年代太常见了,作家在创作的过程中总是缩手缩脚,难以进行自由的想象和诗意的建构,对"历史"不敢有丝毫的马虎大意,以免漏掉和混淆历史的细节,造成历史的"失真"。例如,李劼人在改写《暴风雨前》时,为江永山还是江问山这个人名,翻阅了二十多万字的材料,拜访了十几个人。在他看来,虽然"用在书中的只有一句话",但"这是是非问题,轻率不得,武断不得"②,这种创作态度,比一般史家的治史态度还要严肃认真,以至于史学家隗瀛涛在写《四川保路运动史》时,将李劼人的长篇三部曲作为参考材料。这种"为历史"的创作目的,造成了创作主体想象空间的极度萎缩,也造成创作对象主体性的缺失,小说失去了想象,艺术性自然下降。当李劼人按照目的论的做法,对辛亥革命进行由果索因的逻辑论证时,他已经不知不觉地中了逻各斯的"诡计",陷入了机械唯物主义的陷阱。历史的神话写作背后是对历史本身的疏离和写作主体的缺席与退场。在最讲究历史的年代最没有历史感,这正如尼采所云:在"历史的闺房"里"阉人"甚众的地方,艺术必然灭亡。"未受束缚的历史感已推向其逻辑边缘,根除了未来,因为它破坏了幻想,剥夺了现存事物

---

① 详情参阅毛泽东《新民主主义论》中的《中国革命是世界革命的一部分》、《新民主主义的政治》、《青年运动的方向》等章节,《毛泽东选集》(第二卷),人民出版社1991年版。
② 李劼人著:《李劼人选集》第五卷,第543页。

可能于中生存的唯一氛围。"①李劼人改写《大波》所遭遇到的难题以及所留下的缺憾值得我们深思。

## 三

李劼人两个版本的辛亥革命实际上是两种"义"（写实主义）的体现。30年代，李劼人遵从的是左拉、福楼拜式的写实主义。此时的李劼人十分注重对日常生活的精细描写，注重对社会现实各种动态的反映，努力营造风俗画般的艺术氛围，其长篇三部曲惟妙惟肖地刻画了清末民初成都一带的民俗风情、市民阶层的心理状态和生活方式，以至于郭沫若称其为"小说的华阳国志"；李劼人还接受了自然主义反英雄、反典型化的观点，长篇三部曲中充斥着大量像蔡大嫂、顾天成、罗歪嘴、尤铁民、楚用、黄太太、伍大嫂之类农民、小市民、普通知识分子、下层军官等社会各阶层人物，充斥着众多细节描写，除《大波》外，另外两部小说都没有中心性的事情，也没有贯穿小说始终的故事情节。但李劼人不赞成左拉学派纯科学生理主义的写作态度，他认为这样做"枯燥、冷酷、缺乏同情心"②。在他看来文学不能只停留在纯客观描写的层面，还应该涉及心灵的对象，如果"只是把实质的对象一丝不挂的写下来，仿佛编演了一段不加说明的活动电影"，会难以持久，必至崩溃。因此，他主张将"真实的观察"精神与合理的心理分析结合起来，这样才是"理想主义的写实"③。如旧版《大波》十分注意描写恋爱中男女的心理，其中有这样一个细节，楚用正在和黄太太偷偷亲热时，传来黄澜生的水烟袋声，他不得不懊恼地走出内室离开黄太太，小说这样写道：

---

① 转引自［美］海登·怀特著，陈永国、张万娟译：《后现代历史叙述学》，中国社会科学出版社2003年版，第39页。
② 李劼人著：《李劼人选集》第五卷，第454页。
③ 李劼人著：《李劼人选集》第五卷，第462页。

  他走到堂屋外面,着夜风一吹,稍为清楚了一点,只是头部还昏昏晕晕的。举眼一看,当前的景象似乎都有点不大像起初的样子。栀子花的香气越是扑鼻,蔽荫里的洋灯越是辉煌,而平凡以极的黄表叔的形象则狞恶得如同五殿阎罗一样。①

  这段描写,人物的主观感受和客观事实形成强烈反差,凸显了偷情者在欲望没有得到满足、好事被搅之后内心的恼怒,而扑鼻的香气和辉煌的灯光在此又有多种意味,既指黄太太的美色及其诱惑力,又暗示楚用对此的无限留恋与欲火中烧。然而沉浸在热恋中的楚用并非没有任何心理负担,他与黄太太之间的不伦之爱,即使女方主动愿意,男方也要跨越重重的心理障碍,所以小说花了许多篇幅,写楚用如何克服心中种种困惑与疑虑,最终放下包袱纵情爱河,因此,一部旧版《大波》其实就是爱情在男女主人公心中所掀起的轩然大波,楚用之爱龙二姑娘,其实就是他冲破道德、年龄、伦理等层层封锁,最后获得心理自由的过程,而这一过程一点都不比保路运动发起最终赶走赵尔丰成立成都军政府的过程简单。

  解放后,李劼人逐渐放弃了旧"义"(福楼拜式的写实主义),转而向新"义"(革命现实主义)靠拢,尽管这一过程非常艰难,但可以看到他一直在努力改变自己。透过新版《大波》,可以清楚地看到李劼人内心的矛盾以及创作的蜕变。新版中固然有不少浪漫而又富有情趣的爱情与婚姻场景描写,为故事增添了不少"文学色彩"与传奇性。如《大波》第二部写龙家幺妹未婚先孕,当大姐将此事告诉黄太太时,黄太太大惊道:"看不出来,她从哪里学来的这一手!"大姐说道:"你还认为她本分,不像你我遇事有抓拿。……嘿嘿!告诉你,风气变了,现世的成人姑娘,你默道还像十几年前你我当姑娘时候那样蠢么?现世的姑娘硬是厉害得很!"龙幺姑娘后来"按照新郎周宏道同一伙维新朋友所拟定的、带有革命性的新式结婚礼单出嫁

---

① 李劼人著:《大波》(上卷),第106—107页。

了",婚礼也由过去的夫妻拜堂变成了众人的演说,其中有人对新郎新娘说道:"恪尽你们的天职,努力制造新国民罢。"此处的细节描写,充满生活情趣,同时还写出了社会风气的变化。但充斥于小说中更多的是那些具有革命色彩和政治寓意的细节,新版《大波》再也没有旧版当中那样委婉细致富有激情的心理描写,更难以找到像前文所提到的那样富有诗意的象征与隐喻文字。作者将大量的笔墨泼洒在一些枝端末节上面,力图从中演绎出历史规律与必然性。比如第二部分第七章用了不少篇幅写陈锦江的新军被同志军误杀,第三部用了六十多页写龙泉驿兵变,用四个章节十多万字写端方入川之事,此外还连篇累牍地引用公文、布告等等,这些都是旧版所没有或者一带而过的。究其原因,李劼人解释说:"我在《大波》第一部中,用过一些取巧手法(也可以说是偷懒手法),把某种应该描写的比较有关系的事件,或情节,都借用一个人的口,将其扼要叙说一番,扼要交代过了。这手法,也是一种艺术,偶一为之,未始不可。但我多用了几次,因就引起了朋友的批评。在写《大波》第二部,我已改正了,把有些可以从一个人口中叙述的事情,改为正面描写……"①从这段话中可以看出,李劼人突出并详细描写的某些内容,其实情非所愿,而是根据当时的文学观念和文学方式力图自我改造和自我转变的创作行为,用来表明自己努力向社会主义现实主义的典型化方向迈进的决心。虽然如此,但李劼人的创作方法与当时流行的革命现实主义之间仍有较大距离,在创作谈中他反复提到中国古典长篇小说的烘托手法,认为要把千奇百怪的世相反映出来,只光光写少数几个人物的形象与活动是不可行的。更何况《大波》有一半是真人,"真人局限性大,的确不大好写。为了要写得透彻,写得全面,有时必须要创造几个人来,从旁发挥,笔在于此,而意在于彼,分而观之,是两个人或数人,合而观之,固一人也"②。这就是说李劼人在改写《大波》时并没有放弃"大河小说"的写作理念,仍然具有写出"时代全貌"的雄心。然而过于依赖于现实、故意压制想象与创

---

① 李劼人:《〈大波〉第三部书后》,《大波》(第三部),第372页。
② 李劼人:《〈大波〉第三部书后》,《大波》(第三部),第373页。

造,李劼人反而被真人真事捆住了手脚,结果顾此失彼,弄得原本可以抽象概括的内容变得臃肿庞杂,并大大压缩挤占了诗意的想象空间,因此新版《大波》所讲述的"辛亥革命"基本上体现了五六十年代的美学观念:重写实轻想象,重认识功能轻审美功能。

## 四

在李劼人的《死水微澜》和新旧版《大波》之外,还有一种演义辛亥革命的方式,它就是本世纪初李锐创作的长篇小说《银城故事》。如果说李劼人是从中国社会的现代化进程角度出发来考量辛亥革命的意义与历史功绩的话,那么李锐则是希望凭借对辛亥革命这一重大历史事件的重新演绎来书写命运的偶然与无常,并以此隐喻历史的无常与非理性,用李锐自己的话说就是"从个人出发去追问人类普遍的困境"[①]。为了适应这一主题,《银城故事》在人物塑形方式上与李劼人《死水微澜》、《大波》(新旧版)相比发生了本质变化。首先它打破了正反对立的人物设置模式,不再将人物分成好坏、敌我两大阵营,拒绝对人物作价值判断,而是着重从人物内在的心理、情感机制入手表现人物在关键时候令人难以捉摸的内心活动和行为举止。革命党人欧阳朗云、刘兰亭、刘振武,乃至于清廷鹰犬聂芹轩常常纠缠于家与国、情与理、善与恶之间,他们中间有的既是英雄也是叛徒,如欧阳朗云刺杀了清知府却不堪酷刑供出了起义的机密;有的既是革命者又是懦夫,如刘兰亭为了不拖累家人放弃起义,后因愧疚而自杀;最为反讽的是起义总指挥刘振武无意中成了镇压农民军的凶手,后来被农民军首领的儿子刺杀在流亡途中。英雄也是凡人,也有致命的缺陷;对手也是英雄,也有值得敬佩的地方。其次,《银城故事》以"没有英雄"不分主次为理念不再像新版《大波》等那样在人物布局上进行角色分工与定位。其中的革命党人

---

[①] 李锐著:《银城故事》,长江文艺出版社2002年版,第203页。

或变节，或事到临头优柔寡断、儿女情长放弃起义，或阴差阳错成了镇压农民军的刽子手。革命者的"丰功伟绩"就这样被消解得一干二净。谁是历史的主人，谁在什么时候更有力地推动了历史的进步？不是暴动的革命党人，也不是造反的农民，更不是做牛粪饼的牛屎客和守城的官兵，总之，无法判断，因为他们在历史中的分量同等重要。最后，在人物的结局和去向的安排上《银城故事》无一例外地以悲剧和失败收场。谋划中的起义因为革命者的变节或犹豫而中途流产，革命者纷纷死于非命，革命的激情就这样被无情的现实浇灭；同时爱情的幻想也因为贫穷、革命等等原因而破灭，一贫如洗的牛屎客、旺财只能眼睁睁地看着心仪的三妹嫁给别人，而日本姑娘秀山芳子最终只能与痴情追随的革命党人欧阳朗云阴阳两隔；任何人在命运面前都无能为力，深谋远虑的刘三公结果还是误算天命，无法避免两个儿子的死亡，工于心计的聂芹轩再尽心尽职也不能挽回清王朝行将灭亡的败局，一切注定要被命运和历史抛入绝境。从《死水微澜》、《大波》、《银城故事》不同的人物塑形方式中，我们可以看出李锐对辛亥革命的记忆并不在于突出其历史功绩与意义，他是从人与历史对立冲突的角度入手，故意放大历史的不足与缺憾的一面，强调其非理性与不合目的性，并突出其对个人命运的消极影响；而李劼人则是从人与历史一致性的角度出发，强调人与历史之间的积极互动作用，呈现不可阻挡的历史进程。真可谓花开两朵各表一枝。

《银城故事》的结构方式与《死水微澜》、新旧版《大波》相比同样差别很大。后者按照开端、发展、高潮的方式结构故事，预示历史的进步和社会的发展；《银城故事》则引用王之涣的《凉州词》四句诗来作为小说四章的标题引领全文，"黄河远上白云间，一片孤城万仞山。羌笛何须怨杨柳，春风不度玉门关"，这四句诗的韵律节奏与小说内在节律巧妙暗合，其中的起承转合与所发生的银城故事（起义暴动）相得益彰：高潮（暗杀成功）、准备（事前密谋）、低潮（英雄变节）、失败（壮志未酬身先死）。这种由盛到衰、由成功走向失败的结构方式，不仅写出了理想与现实的巨大差距，否定了所谓的历史进程,而且还隐喻了辛亥革命的最终失败。此外,小说每一章节中,英雄、敌手、观众(包括牛屎客等)齐头并进、分别叙述,英雄的没落变节、敌手的精明忠诚以及平民日常生活三幅场景构成了一种狂欢性的想象叙述,人、鬼、神众声喧哗,历史与现实的界限、崇高与卑鄙的分野模糊一片。李锐有意将故事浓缩在中秋前后几天这样极短小的时空中,通过情节和事件走向的急速变化和意外的不断发生,表明主人公的所有举动都是"情势所迫",其所言所行都"情非得已",其对事情的走向和未来都难以抉择。这既是对历史的不确定性与偶然性隐喻,也是对近代以来中国人的精神困境揭示,还可以看作人类自身的寓言。因此,就结构而言,《银城故事》还突出了当下小说在主题上的不确定性和多样性的特点,并暗示读者:所谓的功过是非、成败得失……一切都将成为过眼烟云,唯有个体生命最值得关注。

《银城故事》演绎的"义"与李劼人的两种"义"相比,又是一番景象。小说所叙述的宣统二年发生在银城一桩未遂的革命党人暴动事件,在李锐看来充满了偶然性和不确定性,再也没有规律可循。如果欧阳云朗不去自首,起义机密就不会泄密,他自己也不会落到变节的下场,如果刘振武不是在半途遇到农民军的阻击,或许会提前进入银城挽救同志挽救革命,每一个看似微不足道的意外事件都可能改变整个事态的发展,甚至改变历史的进程。这样《死水微澜》、新旧版《大波》煞费苦心得出的关于历史进程的结论,被《银城故事》不经意地推翻颠覆,从中可以看出将近一个世纪以来中国作家对历史的理解和把握发生了根本性的变化:"由原来着眼于主流历史的'宏大叙述'而转向更小规模的'家族'甚至个人的历史叙述;由侧重于表现外部的历史行为到侧重揭示历史主体——人的心理、人性与命运;由原来表现出极强的认识目的性——揭示某种'历史规律',到凸现非功利目的的隐喻和寓言的'模糊化'历史认知、体验与叙述。"①值得一提的是李锐在揭示了历史的荒诞和虚无之后,还对"无终的悲剧里的过客"倾注了一腔

---

① 张清华著:《中国当代先锋文学思潮论》,江苏文艺出版社1997年版,第171页。

深情。这种深情倾注的对象也包括李锐本人在内，在《银城故事·代后记》中李锐曾说："我一次次地走进自己的作品，其实是一次又一次地走进自己的精神困境。说得直接一点，这是一场我自己的精神自救。我不知道我能不能走出这个精神煎熬的深渊。"[①]这种悲天悯人，关注苍生的情怀正是《银城故事》的动人之处。尽管在《银城故事》的写作过程中，李锐也查阅了大量的历史资料，并努力做到对历史细节的真实性还原，但李锐的目的并不在于增加小说的历史性和历史色彩，"历史"对李锐而言只不过是一种道具，其作用在于为故事中的人物临时提供生存的时空背景。比如，小说有一段这样写道：

> 盛产井盐和天然气的银城一直是一座繁荣昌盛的城市。……银城人把用杉木做成的井架叫做天车，把用楠竹接出来的管道叫做视管。天车下面是盘车，牛拉着绞盘车唯唯呀呀日夜不停地转动，把挂着凿具或是提桶的竹篾绳从几十丈、几百丈深的盐井里提上送下。凿成的盐井旁大都围着几十或几百个燃烧着的天然气的熊熊火圈，火上的大铁锅里翻滚着咸浓的卤水。

这段描写为我们呈现了百年前烧制井盐的现场，但这种现场与后面即将叙述的"革命"没有多少关联，它仅属于银城的历史，而不属于革命的历史。这种"历史"的面目模糊不清，没有任何规律可循。小说虽然也借用了革命加恋爱的套路，但无论是革命还是恋爱，都与大写的历史没有关联，而只是个人存在方式和命运的一种写照，其最终目的都是为了隐喻历史的无理性与命运的偶然性与悲剧性。总之，《银城故事》既不同于《死水微澜》、旧版《大波》历史与个人并重的创作理念，也不同于《大波》一切为了历史的文学追求，它的关注焦点在"个人"，进而"从个人出发追问人类普遍的困

---

① 李锐著：《银城故事》，第205页。

境",借此对大写的历史进行后现代式的反讽与解构,这正是李锐在《银城故事》中所演绎的"义"(文学观与历史观)。学者王斑曾将与历史有关的想象与叙述称之为"记忆的工作",并认为自上世纪80年代以来"记忆工作兴起的重要原因之一,是长期政治和社会动荡造成的创伤体验。创伤体验是对个人和群体的巨大打击,冲击了文化的表义和象征体系","缺乏象征体系所维持的文化共识,就无法构成集体的历史叙事,然而,重新组合,重新表达过去直至现在的历程,却又变得更加迫切"[1]。这一观点正好被李锐《银城故事》所坐实。自鸦片战争一个半世纪以来,历史留给李锐的记忆就是中国"文化传统遭到残酷的解体和失败",以及"文革"浩劫"把中国带进更深重的失败"[2],这种失败的创伤体验如此刻骨铭心,成了李锐心中一个深重的"结",从《厚土》开始作家就一直不断地对此加以书写,也正是这种创伤体验切断了作家个人记忆与社会记忆和集体记忆之间的联系,大写的历史因此而中断。这是李锐《银城故事》在对辛亥革命进行演义时不同于李劼人《死水微澜》、《大波》(新旧版)最根本的原因。

从20世纪二三十年代鲁迅先生创作《故事新编》所倡导的"采取一点历史的因由,加以点染"的手法开始,到30年代李劼人长篇三部曲对历史的诗意想象,乃至40年代郭沫若提出"失事求似"的创作观,可以看出现代文学前30年作家的创作尽管有一种自觉的历史意识,但毕竟不是在意识形态的框定下进行的,他们有目的,但不是机械的,也不是终极的,因而可以不遵守或不严格遵守"目的"的"指使",他们可以"古今杂糅"、"借古喻今",以便讽喻现实、针砭时事,也可以根据自己的所见所闻对历史进行诗意的"演义",以便总结过去、关照现实、探索未来。20世纪五六十年代,包括李劼人在内的许多作家在革命现实主义、历史唯物主义等多重因素的规约下,演义历史的方式越来越单调划一,他们中的大部分实际上是处于言说的痛苦和失语的悲哀中。80年代后期,随着思想观念的不断解放,作家们再次

---

[1] 王斑著:《全球化阴影下的历史记忆》,南京大学出版社2006年版,第81页。
[2] 李锐著:《银城故事》,第206页。

找回失去已久的主体自由,在冲破历史神话写作樊篱之后,他们进入创作主体个人写作的领地(他们不必再像前辈那样坚持民族寓言式的历史写作)。对于李锐们来说,在指明了个人生命与历史的偶然性与不确定性后,如何寻找、发掘生命的意义与价值,如何为主体营造诗意的生存空间,如何抵抗权力和经济对文学的双重异化,如何将知识分子的人文关怀和人文精神全面渗入历史与现实的想象中,这些都是摆在他们面前必须思考选择的新课题。

(本文原载《文学评论》2011年第5期)

# 论凌叔华的自由主义文学观

冯慧敏　谢昭新

凌叔华是中国现代著名女作家，其文学成就主要体现在小说创作上，以往学界对其小说创作多有研究，而对其文学思想则不大关注。其实，凌叔华对文学有着自己独到的见解，她的文学思想呈现出鲜明的自由主义色彩。本文即探讨其自由主义文学思想的内涵，自由主义文学思想的来源及其发展轨迹。

## 一

凌叔华强调文学的独立，主张表现普遍的人性，倡导健全的文学，这是凌叔华文学思想的主要内容。1935年，凌叔华受《武汉日报》邀约，担任副刊《现代文艺》主编。在《现代文艺·发刊词》里，凌叔华集中鲜明地阐述自己的文艺思想，申明了自己的自由主义文学立场。

首先，凌叔华强调文学的独立性。新文学在经过第一个十年的自由发展之后，各种文艺思潮逐渐交锋、融合和分化，而三十年代文学创作的面貌较之第一个十年的多元发展态势有所不同，以马克思主义理论为文学创作主导观念的左翼文学风头强劲，逐渐占据文坛主流。左翼文学倡导"文学的大众化"，主张文学写无产阶级的反抗与斗争，大张旗鼓地宣扬"一切文学都是宣传"[①]。对此，凌叔华不以为然，她认为文学应该与现实政治保持一定的距离，她反复申明自己的观点，"文艺也似其他学术一样，有它绝对的，

---

[①] 李初梨：《怎样地建设革命文学》，北京大学中文系中国现代文学教研室等编：《文学运动史料选》第二册，上海教育出版社1979年版，第32页。

尊严的独立性,它不能做任何主义的工具,也与学术不能专在实用上讲一般。"她把文学的独立性视为文学的尊严所在,认为"不明白这道理,文学就失了唯一存在的条件了"①。

提倡文学的独立价值和自足品格,这是自由主义文人的共识。梁实秋说:"把文学当作'武器',这是很明白,就是说把文学当作宣传品,当作一种阶级斗争的工具。我们不反对任何利用文学达到另外的目的,这与文学本身无害,但是我们不能承认宣传式的文学便是文学。"②沈从文有感于1927年后文学与政治关系越来越紧张的态势,指出作家不能"记着'时代',忘了'艺术'!"他认为:"我赞同文艺的自由发展,正因为在目前的中国,它要从政府的裁判和另一种'一尊独占'的趋势里解放出来,它才能够向各方面滋长,繁荣。"③从维护文学的本体价值出发,他们对中国左翼文学产生的必然趋势和积极意义很难做到公正全面的评价。

出于对文学独立性的尊崇,凌叔华认为作家必须保持独立的个性、自由的人格,只有这样,才能写出具有永恒价值的文学作品,才能维护文学的独立和纯正。她自认是"一个不努力'前进'的作家","向来不曾努力追随当代名士摇旗呐喊,表示前进思想,也不曾腼颜写些媚世文章"。凌叔华颇为自得地表示自己的作品是"专为中国妇女儿童的生活思想报导,一点不受时代思想的传染"。"虽然不为当时读者群众拥护,但是它将永远会被世界文艺爱护人珍惜的。"④她劝慰后辈作家,不必为了讨读者的欢心而去写"人云亦云的物事",她强调,作家不能受命于"想凭藉人类社会的大题目,厉行文艺的统一政策"的"一尊思想"⑤,"一个真正的诗人,他应当独具只眼看世上一切的,就是当时被大家藐视也不要紧"⑥。"否则无论你怎样会跟着时

---

① 凌叔华:《〈武汉日报〉副刊〈现代文艺〉发刊词》,陈学勇编:《凌叔华文存》,四川文艺出版社1998年版,第810页。
② 梁实秋:《文学是有阶级性的吗?》,徐静波编:《梁实秋批评文集》,珠海出版社1998年版,第143页。
③ 沈从文:《一封信》,《沈从文全集》第17卷,北岳文艺出版社2002年版,第131页。
④ 凌叔华:《〈凌叔华小说集〉序》,陈学勇编:《凌叔华文存》,第791页。
⑤ 凌叔华:《〈武汉日报〉副刊〈现代文艺〉发刊词》,陈学勇编:《凌叔华文存》,第810页。
⑥ 凌叔华:《〈时间的河流〉序》,陈学勇编:《凌叔华文存》,第798页。

代跑,将来的文学史决不会有你的位置。"她从自己的创作经验出发,充分强调了作家的创作自由对维护文学独立尊严的重要意义。

其次,凌叔华主张文学表现普遍的人性。从建构文学本体出发,凌叔华认为文学应该以表现人性,表现人生为己任。"我们以为文艺的任务在于表现那永久的普遍的人性,时代潮流虽日异而月不同,文艺的本质,却不能随之变化。""你能将这不变的人性充分表现出来,你的大作自会博得不朽的声誉。"① 她在"人性"前面加上"永久""普遍"和"不变"的限定,很容易让我们想起梁实秋所言的常态人性。梁实秋一再表示:"普遍的人性是一切伟大的作品之基础。"② "文学就是表现这最基本的人性的艺术。"③ "梁实秋的常态人性有两个特征:首先,常态人性是不变的人性。其次,常态人性是跨越阶级界限的,是人人相通的。"④ 可见,他们都把永久的共通的人性看作是文学的最佳选择,认为只有表现了这种常态的人性,文学才有价值,才会永久。凌叔华显然接受了梁实秋的人性观,在凌叔华看来,无论是写无产阶级受生活压迫的痛苦还是写青年男女恋爱的悲剧,无论是写历史奋斗失败的英雄还是受命运拨弄的卑琐小人,只要这些作品能表现人性的某一方面,都有其存在的价值。

以人性观为基础,凌叔华认为传统的"言志载道之争",西洋的"艺术的艺术与人生艺术之争",三十年代的"革命文学"与"性灵派"之争都是无谓之争。她不认同革命文学以宣传为己任的功利主义文艺观,但对为艺术而艺术的文艺观也持明确的反对态度,"'为艺术而艺术',我常疑惑那是隐士们唱的高调,一个年青人是不会做隐士的"⑤。她强调"文艺与人类的关系极为密切",看重的是文学的道德伦理功能,认为好的文学应当"富有同情心、向上的志气和进取的精神",能够帮助人们"透视人生理解世相","丰富我

---

① 凌叔华:《〈武汉日报〉副刊〈现代文艺〉发刊词》,陈学勇编:《凌叔华文存》,第810页。
② 梁实秋:《文学批评辩》,徐静波编:《梁实秋批评文集》,第93页。
③ 梁实秋:《文学是有阶级性的吗?》,徐静波编:《梁实秋批评文集》,第141页。
④ 庄锡华:《常态人性与梁实秋的文学思想》,《文学评论》2008年第5期,第95页。
⑤ 凌叔华:《悼克恩慈女士》,陈学勇编:《凌叔华文存》,第663页。

们的精神与生活,使我们思想升华"①。她主张文学要用一种理性的审美的态度表现人性反映人生。因此,与左翼作家相比,她更注重文学审美品格的提炼,跟性灵派不同,她赋予文学劝导人心、重塑人格的意义。

文学要贴近人生,这就要求作家的创作要以切实的人生体验做根基。凌叔华一开始就认识到深入生活对创作的重要性。1925年,她在写给胡适的信中表示:"一个想以文艺为职业的人,什么都要尝试一下。"②成名以后,她谈到自己的创作经验,"一个人没有一个真朋友,自是很苦,一个写小说的人没有几个真朋友告诉你世事种种方面的看法,那就差不多使你不能下笔"③。可以看出,凌叔华在坚持文学的审美价值的同时,充分肯定了文学与现实人生的关联,这显示了她的理性辩证的审美眼光。但是,凌叔华的出身和生活圈子也限定了她深入现实的广度和深度,她关注的只能是大家庭中的各种女性和儿童。虽然她曾私下说过,"这两三年,我脚没有停过,我的耳目不在城里在乡下,我比我们的朋友多认识一些真的中国人,他们是平凡穷困的人"④。然而她却不能真正体味底层社会的疾苦,这也是她能同情无产阶级受压迫的痛苦,却不能认识革命文学的合理性的原因所在。

再次,凌叔华倡导健全的文学观。从建构文学本体出发,凌叔华提倡健全的文学,要求恪守艺术的完整性。她首先对所谓的"病态文学"大加挞伐。她指出,伴随着新文学的发展,"颓废的,浪漫的,神经变质的,感觉异常的,一切病态文学的势力几乎笼罩整个文坛"。她历数病态文学的种类,将"满足官能,刺激色情的,肉麻淫猥的小说","专门刺探人家隐患,攻讦人家阴私,甚至描头画脚,拿刻划当代人而来开心的身边故事","动辄以天才自居、歌德自命的以夸大独自尊狂示范青年的诗文","描写恐怖的残杀,疯狂的暴动,无理由的反抗,挑拨青年野蛮的天性,酝酿将来惨酷劫运的文字",

---

① 凌叔华:《谈看戏及伦敦最近上演的名剧》,陈学勇主编:《凌叔华文存》,第825页。
② 凌叔华:《致胡适二十六通》,陈学勇主编:《凌叔华文存》,第895页。
③ 凌叔华:《我的创作经验》,《中国儿女——凌叔华佚作·年谱》,上海书店出版社2008年版,第89页。
④ 凌叔华:《致胡适二十六通》,陈学勇主编:《凌叔华文存》,第919页。

统统列入其中。她一方面指斥由商品化而导致的文学的媚俗倾向,另一方面又含沙射影地批评革命文学作品"贻害国家民族之前途"①。这种文学态度反映了她高雅的审美情趣,也透露了她保守的政治立场,她跟胡适等自由主义文人一样,信奉的是非暴力、渐进的社会改良。

凌叔华提倡的是"健全的文学",她把"有热烈的情感同时又有冷静的头脑","观察事理能直彻到底,不为表面现象所欺蒙,论断平允不偏激,不存成见","富于同情心,向上的志气,和进取的精神"②作为健全文学的基本条件。如果说偏激、畸形是凌叔华给病态文学贴的标签,那么稳健、和谐则是她高高举起的文学旗帜。她强调的是在创作的过程中作家的感情必须受到理性的节制,同时又要求作家高扬人性的健康与尊严,她的这一观点跟新月派的美学原则遥相呼应。

与此同时,凌叔华主张"对于艺术须力求其完整"③,"新文学提倡至今十余年不惟伟大文学没有出现,艺术足称完整者也不过寥寥数部"④。从文学创作方面来说,是因为一些作家心存"贪懒"、"取巧"的侥幸,借重读者对新文学的包容心态,"粗制滥造,拼命生产,只讲量的丰富,不求质的精良"⑤。而从文学批评方面来说,则是因为"党同伐异的恶习"致使"正确的文艺标准""难以成立","低级趣味的作品因之可以鱼目混珠,充塞出版界,而真正有价值的作品反不能得读者欢迎"⑥。凌叔华认为无论是创作和批评都应该持严肃、宽容、公正的态度,遵循文学的本体价值和审美规范,以引导新文学的健康发展。

凌叔华是文学至上主义者,面对30年代的左翼文学潮流,她旗帜鲜明地表达了自己的意见:呼唤文学的独立自由,要求文学以表现人性为己任,倡导健全的文学。尽管凌叔华对左翼文学的认识带有个人的偏见,她对文

---

① ② ③ 凌叔华:《〈武汉日报〉副刊〈现代文艺〉发刊词》,陈学勇编:《凌叔华文存》,第812页。
④ 凌叔华:《〈武汉日报〉副刊〈现代文艺〉发刊词》,陈学勇编:《凌叔华文存》,第813页。
⑤ 凌叔华:《〈武汉日报〉副刊〈现代文艺〉发刊词》,陈学勇编:《凌叔华文存》,第812页。
⑥ 凌叔华:《〈武汉日报〉副刊〈现代文艺〉发刊词》,陈学勇编:《凌叔华文存》,第811页。

学的本体价值的推崇在战火纷飞的年代也多少有点不合时宜,但是拉开历史的距离,凌叔华着眼于文学自身的建设发表的这些意见,对我们今天的文学发展仍有借鉴意义。

## 二

从大家闺秀成长为现代女作家,处身于激荡的文学潮流中,凌叔华最终选择自由主义有着深刻的时代和文化原因。她的自由主义文学思想,一方面源于文人画崇尚艺术本体价值的审美观念,也与她所处的自由主义文人群体的影响密切相关。

首先,文人画的习练熏染了凌叔华高标拔俗的艺术气质,造就了她追求自由的精神品格,培养了她艺术至上的审美眼光。传统文人画要求创作主体保持心灵和精神的自由,崇尚超功利、重艺术的审美价值观,这跟自由主义要求尊重作家的创作个性、推崇文学的本体价值的文学观念,具有内在的一致性。而这正是凌叔华接受自由主义文学思想的内在动因。

凌叔华自幼表现出了出色的绘画天赋,父亲在她七岁时便延请缪素筠、王竹林、齐白石等名师教她绘画,她一面习画,一面见习老师们日常生活的一切,言谈、举止、艺术趣味等等,这不仅使她掌握了高超的绘画本领,而且也拥有了深厚的艺术修养,其绘画深得中国传统文人画的神髓。朱光潜称赞她是"一个继承元明诸大家的文人画师"[1],苏雪林说:"其画风近郭忠恕,笔墨痕迹淡远欲无,而秀韵入骨,实为文人画之正宗。"[2]

文人画重在体现文人的笔墨意趣、精神气韵和个体生命境界,"逸笔草草","聊写胸中之逸气"[3],从而达到完善人格品性和重塑自我的目的。这

---

[1] 朱光潜:《论自然画与人物画——凌叔华作〈小哥儿俩〉序》,商金林编:《朱光潜批评文集》,珠海出版社1998年版,第115页。

[2] 苏雪林:《凌叔华女士的画》,于青选编:《苏雪林作品经典·花都漫拾》,群众出版社1999年版,第192页。

[3] 凌叔华:《我们怎样看中国画》,陈学勇编:《凌叔华文存》,第860页。

就要求创作主体不为世俗所羁勒，不为名利所牵绊，主张的是一种不受束缚的自由心态。文人画家不是为了现实的功利目的作画，而是在于主体的内在情趣得以抒发。凌叔华始终牢记父亲的告诫："你若想将来当个大画家，必须记住：决不可画不想画的东西，画什么都要出乎真心，可不要以画取悦任何人，哪怕他是你爸爸。"①凌叔华对倪云林不事权贵的高洁品格甚为赞赏，认为要做一个真正的艺术家，决不能趋炎附势、迎合世俗。"他的画是完全寄托他自己，所以下笔便'气逸神全'，绝非俗子可以模拟。"②对创作主体精神自由的强调，跟自由主义文人所倡导的文学创作自由十分契合。

文人画还强调超越社会功利性的审美价值观。凌叔华在《我们怎样看中国画》中从气韵、布局、用笔用墨、画题落款等方面一一阐明中国文人画的艺术特点，可见文人画并不以"现实写真"和"宣教礼化"功能为评鉴标准，而是着眼于绘画语言和形式意味方面的探求。这种对文人画的品鉴标准同样适用于自由主义文学的批评原则，那就是强调文学的远政治超功利的本体价值。

可以说，文人画的习练使得凌叔华把创作个性和艺术品质作为评判文学艺术的准绳。立足于文学本体，凌叔华对1920年代初流行的用文学探讨社会问题、抒发精神苦闷的风气以及弥漫其中的感伤情调表示反感，她看重文学的审美特性，认为文学家应该把"感人"作为文学的第一要义，像泰戈尔的诗之所以受到人们的欢迎，根本在于其"以自然为师"，容易引起人们情感上的共鸣。她比较中西绘画，认为"真艺术品，并不贵乎做作，愈随便愈见妙笔，兴会到了的作品，实有一种不可泯灭的神力"③，强调创作过程中艺术家要不拘泥陈规，保持从容不迫、心平气和的创作心境，才能文思泉涌，创作出最佳和最具独特风格的作品。文人画培育的审美观念，使得凌叔华在初登文坛之际就有了一份坚守艺术价值的清醒，也让她有了接受自由主

---

① 凌叔华：《古韵》，陈学勇编：《凌叔华文存》，第497页。
② 凌叔华：《我们怎样看中国画》，陈学勇编：《凌叔华文存》，第860页。
③ 凌叔华：《我的理想及实现的泰戈尔先生》，陈学勇编：《凌叔华文存》，第603页。

义文学思想的心理基础。

其次,生活在新旧文化交替时期,时代风云的变幻为凌叔华接受现代思想创造了契机,现代教育开阔了她的精神视野。她的大家闺秀身份和艺术家气质也使她自然地融入了以绅士文人为主体的自由主义文学群体。自由主义文人的影响是凌叔华接受自由主义文学思想的直接原因。

"所谓中国自由主义文学,大体是指在现代中国文学史上出现的那些深受西方自由主义思想和文学观念影响的独立作家和松散组合和文学派别,他们创作的那些具有较浓厚的超政治超功利色彩,专注于人性探索和审美创造的文学作品及相关的文学现象。"[1]中国现代自由主义者大都有留学经历,他们沐浴欧风美雨,崇尚西方的学理观念,主张个性解放,企图借西方的思想来重振中国的社会和文化。凌叔华虽然没有留学西方的学历背景,但也有幸接受了现代高等教育,并受到西方文化的影响。1921年,凌叔华考入燕京大学外文系读书,凭借外文的便利,她与西方文学直接对话,切身感受到其人本思想的巨大魅力,也使她萌生了要当一名作家的愿望。1924年5月,泰戈尔访华让凌叔华得以结识陈西滢、徐志摩、胡适等自由主义文人,他们对文艺的见解引起了凌叔华的强烈共鸣,促使她自然地接受了自由主义文学思想。

陈西滢并不专事文学批评,往往是在"闲话"中涉及一些文学问题,并由此提出一些颇有意思的观点。陈西滢格外看重作家的创作态度:"一到创作的时候,真正的艺术家又忘却了一切,他只创造他心灵中最美最真实的东西,断不肯放低自己的标准,去迎合普通读者的心理。"[2]这跟凌叔华出乎真心、不媚世俗的绘画体验非常契合,相似的审美趣味让他们成为不可多得的文坛伉俪。

陈西滢强调理性在文学创作中的作用,他认为"音乐的美里涵有道义的

---

[1] 刘川鄂著:《中国自由主义文学论稿》,武汉出版社2000年版,第21页。
[2] 陈西滢:《创作的动机与态度》,《西滢闲话》,人民文学出版社2000年版,第114页。

意义","文艺美里涵有理智的光芒"①,同时,他也非常欣赏艺术的节制,"我们又在他(贾波林)的影片里时时看到艺术的节制。""他动人的地方,不在肉麻过火的表情,而在像实的,有节制的描写。"②凌叔华把这种理性节制灵活地运用在小说创作中,并取得了成功。她总是冷静理智地审视女性在爱情婚姻中暴露出的弱点,鲁迅说:"她恰和冯沅君的大胆、敢言不同,大抵很谨慎,适合而止的描写了旧家庭中婉顺的女性。"③到了三十年代,凌叔华更是要求作家在创作时"有热烈的情感同时又有冷静的头脑"④,并以此作为健全文学的条件之一。

陈西滢提倡宽容的批评原则。他有感于文坛的"党同伐异"之风,在编辑《现代评论》时主张:"投稿的人不论社内或社外,有名或无名,文坛的老将或新进的作家,甲派或乙派,都受同样的看待。"⑤这份自由主义者的宽容也直接影响了凌叔华《现代文艺》的选稿准则,她说:"无论那一种派别的作者的无论那一种性质的作品,只要它能表现人性的某一面,只要它有相当的价值,本刊无不兼容并收,乐于登载。"⑥不同的是,成为京派作家的凌叔华另外增加了一个"人性"的标准。

徐志摩则与凌叔华情谊深厚,互为知己。徐志摩把凌叔华视为"一个真能体会,真能容忍,而且真能融化的朋友"⑦,凌叔华则称"我与志摩永久是文学上的朋友"⑧,"他对我的写作非常关注,经常给予意见与鼓励"⑨。在晚年回忆起来还说:"志摩同我的感情,真是如同手足之亲,而我对文艺的心得,大半都是由

---

① 陈西滢:《罗曼罗兰》,《西滢闲话》,第159页。
② 陈西滢:《洋钱与艺术》,《西滢闲话》,第39页。
③ 鲁迅:《〈中国新文学大系〉小说二集·序》,《鲁迅全集》第6卷,人民文学出版社2005年版,第258页。
④ 凌叔华:《〈武汉日报〉副刊〈现代文艺〉发刊词》,陈学勇编:《凌叔华文存》,第812页。
⑤ 陈西滢:《"表功"》,《西滢闲话》,第136页。
⑥ 凌叔华:《〈武汉日报〉副刊〈现代文艺〉停刊之词》,陈学勇编:《凌叔华文存》,第816页。
⑦ 徐志摩:《致凌叔华信》,韩石山编:《徐志摩书信集》,天津人民出版社2006年版,第300页。
⑧ 凌叔华:《致胡适二十六通》,陈学勇编:《凌叔华文存》,第903页。
⑨ 郑丽园:《如梦如歌——英伦八访文坛耆宿凌叔华》,陈学勇编:《凌叔华文存》,第962页。

他的培植"①。他们通信频繁,据凌叔华透露,徐志摩写给她的信(多半是论文艺的) 多达七八十封②,虽然这些信件大多散佚,我们无从知晓他们谈文论艺的具体内容,但是凌叔华受到徐志摩文艺思想的影响是显而易见的。

徐志摩在《〈新月〉的态度》中一一剖析感伤派、颓废派、唯美派、功利派、训世派、攻击派、偏激派、纤巧派、淫秽派、热狂派、稗贩派、标语派、主义派的弊端,把"健康"和"尊严"标举为新月派应予遵循的两大原则。③文中虽然没有明示"健康"、"尊严"的具体要求,但徐志摩破中所立的"健康"实际上指的是"靠人性内部机制中的人性善,即理性和道德去消解人性恶的不纯正的思想,即情感和欲望的无限扩张。"而"尊严"则是指"文学独立于商业和政治之外的思想自由"④。凌叔华在《现代文艺·发刊词》中掊击病态文学,提出健全文学的主张,显然借鉴了徐志摩的观点。她明确提出健全文学的标准,概括地说也就是以理节情、引人向善,恰恰呼应了徐志摩所言的"健康"。而文学的"尊严的独立性"也是凌叔华再三声明的主张。这说明徐志摩的文学思想已经被凌叔华转化为自身的理论建构,"健康""尊严"对应着"健全""独立",两相比照,我们不难见出徐志摩与凌叔华的文学思想之间的关联。

如果说文人画养成了凌叔华艺术至上的审美观念,自由主义文人则为凌叔华的文学观念灌注了现代意识,他们是凌叔华自由主义文学思想形成的关键助推力,与他们的接触交往尤其是文学上的交流,使得凌叔华的自由主义文学思想臻于成熟。

## 三

回顾凌叔华的创作历程,我们可以清晰地描摹她自由主义文学思想的

---

① 凌叔华:《致陈从周二通》,陈学勇编:《凌叔华文存》,第931页。
② 凌叔华:《致陈从周二通》,陈学勇编:《凌叔华文存》,第931页。
③ 徐志摩:《〈新月〉的态度》,韩石山编:《徐志摩散文全编》,第1107页。
④ 廖超慧:《评〈新月〉的态度》,《华中科技大学学报(社会科学版)》2002年第6期封三。

发展轨迹。凌叔华早期的作品艺术上比较稚嫩,在创作走向成熟和自觉的同时,凌叔华逐渐获得了明确的文学观念和风格追求。凌叔华擅长小说创作,除了早期的《女儿身世太凄凉》等三篇小说之外,她将自己二三十年代的短篇小说整理成三本集子:《花之寺》、《女人》和《小哥儿俩》。这些作品见证了凌叔华自由主义文学思想的发展和成熟。

在读者的印象中,凌叔华是温婉娴静的大家闺秀,但在初登文坛之际,她也颇有几分激进女作家的风貌。1923年,凌叔华读到萧度的《纯阳性的讨论》,便愤愤不平地做了一篇文章,澄清男作家对女子的误解,提醒他们"请你们千万不要把女子看作'无心前进的,可以作诗就算好的,或与文无缘'的一路人"[1]。随后,凌叔华在给周作人的信中表达了最初的创作思想和志向,"立定主意做一个将来的女作家",原因是"中国女作家太少了,所以中国女子思想及生活从没有叫世界知道的"[2]。1924年,经周作人推荐,《女儿身世太凄凉》、《我那件事对不起他?》和《资本家之圣诞》刊载在由孙伏园主编的《晨报附刊》上的。《女儿身世太凄凉》将"叫男人当作玩物看待几千年"的女性屈辱史浓缩成封建家庭中的三位女子悲惨的身世经历,由此发出"女子不是人吗?"的感叹;《我那件事对不起他?》叙述了恪守妇道的女子无辜地被留洋归来的丈夫抛弃,以此抨击包办婚姻的罪恶;《资本家之圣诞》把笔锋直指罪恶的资本主义社会,嘲讽了资本家的虚伪嘴脸和奢侈生活,强烈的愤慨溢于言表。这三篇小说在发表后没有引起什么反响,究其原因,恐怕在于情感表达的直露和题材内容的平淡。

为凌叔华赢得"新闺秀派"[3]美名的是1928年《花之寺》的出版。《花之寺》是凌叔华的第一本小说集,由陈西滢担任编辑,选入的是凌叔华1925—1926年的作品。以"文字技术还没有怎样精炼"为由,陈西滢将《女儿身世太凄凉》等篇排斥在外,而收入其中的十二篇小说大部分都在他自己主

---

[1] 凌叔华:《读了纯阳性的讨论的感想》,陈学勇编:《凌叔华文存》,第805页。
[2] 凌叔华:《致周作人》,《中国儿女——凌叔华佚作·年谱》,上海书店出版社2008年版,第182页。
[3] 毅真:《几位当代中国女小说家》,黄人影编:《当代女作家论》,上海书店1985年版,第15页。

编的《现代评论》上发表过。他在《编者小言》中说:"这一年半的作品,虽然题材不一,作者的态度风格都可以清清楚楚的得到认识。"① 不难想见,在凌叔华风格形成的过程中,陈西滢扮演着导师的角色。如果说凌叔华早期的小说呼应着时代的激流,控诉了封建势力的罪恶;《花之寺》当中的作品则有意拉开与时代潮流的距离,专注于描摹"世态的一角,高门巨族的精魂"②。她或是表现旧家庭中婉顺的女性在时代浪潮的冲击下心理、行为和命运的微妙变化,或是描写新式女性复杂的情感体验和面对婚姻生活的尴尬与困惑,这种题材恰是热衷于时代风云的作家所不屑一顾的。同时,凌叔华舍弃了早期的战斗姿态和批判锋芒,找到了适合自己的含蓄蕴藉的叙述语调,她恰当地驾驭着自己的情感,使之隐藏在具体细致的形象画面中,使作品呈现出温婉雅淡的叙述风格。她这样来描述自己的创作心理:"平时我本来自觉血管里有普通人的热度,现在遇事无大无小都能付之浅笑,血管里装着好像都是要冻的水,无论如何加燃料都热不了多少。"③ 可见,凌叔华已经体悟了"理性节制情感"对于自己创作的重要意义,她自觉隐藏自己的情感,带着悲悯的浅笑,用冷峻的笔触去描摹世态人情。徐志摩不愧是凌叔华的知音,他称赞《花之寺》是一部"成品有格"的小说,并说:"写小说不难,难在作者对人生能运用他的智慧化出一个态度来。从这个态度我们照见人生的真际,也从这个态度我们认识作者的性情。"④

《花之寺》篇篇都是精品,这跟凌叔华对艺术美的执着追求密切相关。她的小说的艺术美不仅体现在表达的含蓄上,也得力于结构的安排、意境的营造和语言的运用。结构精巧。她善于"用最经济的文学手段来描写事实最精彩的一段或一个方面"⑤,《绣枕》仅以"绣枕"和"悼枕"两幅画面就展

---

① 陈西滢:《〈花之寺〉编者小言》,陈子善、范玉吉编:《西滢文录》,辽宁教育出版社2000年版,第228页。
② 鲁迅:《〈中国新文学大系〉小说二集·序》,《鲁迅全集》第6卷,人民文学出版社2005年版,第258页。
③ 凌叔华:《致胡适二十六通》,陈学勇编:《凌叔华文存》,第905页。
④ 徐志摩:《〈花之寺〉序》(片段),韩石山编:《徐志摩散文全编》,第1206页。
⑤ 胡适:《论短篇小说》,欧阳哲生编:《胡适文集》第2卷,北京大学出版社1998年版,第104页。

现出大小姐无可奈何花落去的悲剧命运。施蛰存评价凌叔华是"一个稀有的短篇小说家","她是一个懂得短篇小说作法的人。她的小说,给予人的第一个好感就是篇幅剪裁的适度"[①]。意境隽永。淡泊幽远的意境使她的小说平淡中见韵味,《酒后》客厅的微醺,《中秋晚》忽明忽暗的月色,《花之寺》中西山的雾岚,《吃茶》中鸟雀的啼歌,它们在点染着主人公的心绪的同时也推动着情节的发展。"作者写小说像她写画一样,轻描淡写,着墨不多,而传出来的意味很隽永。"[②]语言质朴而又不失清丽。叙述时,"她的语言,简约平实背后充满张力,不求酣畅淋漓,总是点到即可,收意味深长之效"[③]。写景的笔致则"讲究写意传神,于诗情画意相交融中,扑散着萧然物外的情趣"[④]。

在这一时期,凌叔华虽然没有直接地表达自己的文学主张,但她有意识地远离时尚的题材,自觉地按照自由主义文人崇尚的理性原则进行创作,重视文学作品的艺术品格,从而取得了文学上的成功。

1926年以后,凌叔华小说创作的主题发生了微妙的变化。编辑《花之寺》时陈西滢做过这样的说明:"在《春天》之后,作者也已经发表过好几篇文字,可是我又觉得她的风格渐渐有转变的倾向,只好留着等将来另行收集了。"[⑤]这种"转变的倾向"就是她的小说由立志于剖露"中国女子思想及生活"转而表现那"永久的普遍的人性"。而这些文字便是后来收集在《女人》(1930)和《小哥儿俩》(1935)中的篇什。《花之寺》时期,凌叔华关注的是新旧交替时期的女性的精神困境,着重表现她们与时代的格格不入。在《女人》和《小哥儿俩》中,凌叔华则致力于人性的批判与重建:她自觉地审视女性的弱点,笔锋直指女人的平庸、狭隘和市井习气;她从儿童身上

---

① 施蛰存:《一人一书》,《文艺百话》,华东师范大学出版社1994年版,第170页。
② 朱光潜:《论自然画与人物画——凌叔华作〈小哥儿俩〉序》,商金林编:《朱光潜批评文集》,珠海出版社1998年版,第118页。
③ 陈学勇:《论凌叔华小说创作》,《中国文化研究》2000年春之卷,第127页。
④ 杨义:《中国现代小说史》(第一卷),人民文学出版社1986年版,第288页。
⑤ 陈西滢:《〈花之寺〉编者小言》,陈子善、范玉吉编:《西滢文录》,第228页。

寻找未被社会异化的人性,以对抗现实社会的污浊和混乱。

《女人》集中凌叔华向我们展现了传统文化与都市文明畸形结合背景下的道德丧失与人性沦落。《小刘》写的是一个受过新式教育的新女性的沉沦,少女时代的军师小刘在琐碎的婚姻生活完全丧失了自我,最终沦落为憔悴不堪的母亲和妻子。《送车》中的旧太太们在时髦的现代交际中暴露了她们的虚荣心和寄生心理,她们从对新式婚姻的贬损中来获得一种阿Q式的心理平衡。凌叔华不加掩饰地"表现了她们的丑态和不堪的内里,以及她们的枯燥的灵魂"[①]。对成人世界的不满使得凌叔华把目光转向稚拙的儿童世界,她兴致勃勃地表现儿童的天真素朴,从他们身上寻求心灵的慰藉,也寄寓着未来新生的希望。《小哥儿俩》叙述了大乖、小乖两兄弟由仇猫到爱猫的故事,显示了儿童稚气可爱、善良淳朴的本性。《搬家》细致刻画了枝儿与四婆之间的真挚感情,塑造了一个感情细腻、纯真烂漫的小女孩形象。《疯了的诗人》中的觉生和双成以疯癫的形式回归童心世界,他们沉浸在与花月猫狗为伴的童话王国,以此来否定社会对人的异化。在这些作品中凌叔华表达了自己渴慕人性自由舒展的美好愿望。

在阶级斗争十分激烈的30年代,左翼文学强调表现时代社会的变革。凌叔华的创作自觉地保持了与时代主潮的距离,"凌叔华像同为京派的沈从文一样,无意使小说成为政治批判、社会批判的武器,用以进行的是文化批判、道德批判,着眼于人性的建设"[②]。她潜心于表现与历史似乎毫无关系的人性之"常",重视文学艺术促使人性向善的作用,其用心营造的童年人生图景最真切地表达了她的人生与文学追求。创作主题上的这种变化反映了凌叔华对文学的价值与功能的新的认识,那就是自觉地以人性抗拒阶级性,以注重艺术审美来抵御功利性的文学倾向。

这一时期她不仅用自己的创作来实践着自由主义的文学理想,而且还通过编辑活动来高扬自己的文学主张。1935年,凌叔华主编《现代文艺》,

---

① 钱杏邨:《关于凌叔华创作的考察》,黄人影编:《当代女作家论》,上海书店1985年版,第260页。
② 陈学勇:《论凌叔华小说创作》,《中国文化研究》2000年春之卷,第123页。

副刊第一期她开宗明义地阐明自己的文学观念,她呼吁文学的自由精神,为了维护文学的纯正,把表现人性和艺术美作为遴选佳作的核心标准。凌叔华充分施展自己的编辑才干,把副刊办得颇有声色。《现代文艺》不仅为与之文学倾向相近的同人作家提供了创作园地,也不时刊载一些左翼作家和民主主义作家的作品。左联青年一代作家如李辉英、王西彦、徐转蓬等都有小说在《现代文艺》发表。这种兼收并蓄,恰恰体现出自由主义文人一贯推崇的宽容平和的批评态度。标举文学的独立自主,执着文学的本体价值,推崇文学的审美品格,使这本刊物得到了同人作家的认可,凌叔华不无得意地宣称:"他们常把这一个华中小小的刊物,与沪津大公报的'文艺'相提并举,认为是国内日报刊中对于文艺有相当贡献的两个刊物。"[①]"它被萧乾誉为京派重镇。"[②]这足以见出《现代文艺》在当时的影响。我们可以看出,此时的凌叔华已经把徐志摩等人的文学主张转化为自身的理论建构,融化为自我的精神内质,并以刊物为载体来阐扬自己的文学理想。可以说,主编《现代文艺》标志着凌叔华的自由主义文学思想的成熟。

(本文原载《中国现代文学研究丛刊》2012年第9期)

---

① 凌叔华:《〈武汉日报〉副刊〈现代文艺〉停刊之词》,陈学勇编:《凌叔华文存》,第816页。
② 陈学勇:《高门巨族的兰花——凌叔华的一生》,人民文学出版社2010年版,第173页。

# 张艺谋电影的人物世界

安刚强

迄今为止，张艺谋向观众推出了他执导的《红高粱》(1988年)、《菊豆》(1990年)、《大红灯笼高高挂》(1991年)、《秋菊打官司》(1992年)、《活着》(1994年)、《摇啊摇，摇到外婆桥》(1995年)等影片。[①]这些影片都烙有张艺谋独有的精神标记和艺术标记，它们形成了一个饶有意味的"张艺谋电影世界"。本文将对其中的人物世界作一个粗略的扫描。应该指出，人物在张艺谋的影片中并非一开始就处在中心地位，而是服从于其电影造型、文化理念的需要。不过张艺谋在自己的导演生涯中已体认到，电影最能吸引观众的还是写人，技法只是配合这点来做，他曾向记者表示要把对人的关注、对人的塑造摆在第一位。正如本文在后面所述及的，张艺谋在塑造人物方面颇为简劲，他不喜欢用大量的情节、繁多的细节在复杂的人际关系线上来塑造性格饱满的立体人物，而是偏爱在一种突出生存处境的精简环境中，以未必尽相连属的情节与有时匪夷所思的细节，从精神象征这个角度来刻画人物。有趣的是，张艺谋影片中的人物系列按其年龄大小及其片中的角色地位可分为女人、汉子、老人与小孩。

## 红色的女人

张艺谋电影的人物世界中最有光彩的形象当推由巩俐饰演的片中女主角。对此张艺谋曾解释说，"我的影片都以女性为主角，这并不是我专门的

---

[①] 《代号"美洲豹"》(1989年)是张艺谋为朋友帮忙而执导，属另一种类型的影片，故本文不拟列论。

走向,首先是小说家们在表现女性方面写得不错"①,"中国文学里的主角,还是以女性为主,刻划最好的也是以女性为主。……我们选这些,主要考虑两方面,一方面主要为了巩俐,为了这个演员选一些角色,另一方面是中国文学里的女性比男性复杂一点,创作的都知道把人物放在一个复杂、障碍比较多的环境,要刻划情节就比较容易"②。不管怎么说,张艺谋的一系列影片造就了明星巩俐,反过来巩俐的表演给张艺谋片中的女主角赋予了独有的魅力。

　　张艺谋片中的女主角虽然出身低微,却都不曾为衣食温饱而犯愁。九儿出嫁之后不久,患麻疯病的李大头就死了,她一下子成了说话算数的酒坊老板娘(《红高粱》)。菊豆在杨家虽无地位,但好歹也算一个内当家,杨金山死后染房理所当然地传给了她(《菊豆》)。颂莲在父亲死后让后母为自己挑个有钱人,这就成了陈佐千老爷最年轻的四太太,可谓是饭来张口衣来伸手(《大红灯笼高高挂》)。大上海逍遥城的歌舞皇后小金宝被黑社会老大唐老爷所包占,过的自然是吃喝玩乐的日子(《摇啊摇,摇到外婆桥》)。家珍一度是一个没落公子之妻,后虽坠落为普通平民,甚至在让小儿子吃饺子时自己只在一旁吃玉米馍馍,但这是"和全国人民一道受苦",一双儿女的家累尚难称沉重,因此在当时也算不得怎样特别艰辛(《活着》)。只有秋菊身为农家女,进城打官司还得一车车地现卖辣子做盘缠,但她家毕竟是一个"专业户",出门虽然处处省着花,还能在市里为自己和家人买几件时新衣服,孩子的满月宴席在村中办得也算丰盛(《秋菊打官司》)。实际上,张艺谋侧重表现的不是女性的"生活现象"而是"生命现象",着眼的不是女性的"生活体验"而是"生命体验"。影片的叙事焦点,女主角的内心情结,常常是有关生存状态、生命感觉的东西。在《红高粱》中是狂放的生命力与阻碍这生命力的势力的冲突,《菊豆》中是奔突的人性同压抑这人性的宗法文化的斗争,《大红灯笼高高挂》中是女性因恐惧被冷落而走向"窝里斗"与设特权、别亲疏的一夫多妻制的关系,《活着》中是主人公(家珍的丈夫福

---

① 见记者李尔葳对张艺谋的访谈,《文艺争鸣》1993年1月"张艺谋现象专号"增刊。
② 《张艺谋的黑色喜剧——〈秋菊打官司〉》,《中外电视》1993年第1期。

贵)那"好死不如赖活着"的混沌生存状态与接连不断的命运劫难之间的关联,《秋菊打官司》中是争取官方的"说法"以求得在乡间的"活法"的问题,《摇啊摇,摇到外婆桥》中是人性中情感与物欲、良知与堕落在一个人心中交战的问题。

在姿容上,除了秋菊以一个农村孕妇的笨拙形象出现,张艺谋影片中的女主角都清新秀丽。在个性上,这些女性常常充满激情,敢想敢干,多有不同凡俗的惊人之举,表现出一种与命运抗争的勇气。强烈的红色,既是张艺谋影像图谱的特点,也是其片中女主角性格的表征。张艺谋往往在电影一开始就引人注目地表现女主人公的这种独特性。《红高粱》中第一个镜头是九儿端坐于轿内头罩红盖头的特写,同时出现一个警告意味的女性画外音:"盖头布不能掀,盖头布一掀即生事端"。紧接着的下一个镜头为九儿在轿内愤而扯下红盖头。这一对言犹在耳的警告置若罔闻的举动鲜明地表现出了九儿叛逆的性格。《大红灯笼高高挂》的第一个镜头是颂莲在回答后母"要选个什么样的人家"的大特写,颂莲那自抛自弃的态度与平淡得近乎无所谓的口吻连同脸上无声滑落的泪珠,表明她一开始就清醒地意识到了自己婚姻的悲剧性。以下的镜头就是颂莲提着一个藤箱徒步出发,于途中遇到了陈家来的迎亲队伍。她对那远去的轿子看了一会就毅然和它背道而驰,吹乐伴着的红轿与白衣黑裙的颂莲显得那样格格不入。影片以此表现出读过一年大学的颂莲对传统婚姻形式的嘲弄与背弃,从而与进入陈家大院后的精神变异形成对照。《秋菊打官司》的第一个镜头是怀有身孕的秋菊和妹子一起拉着受伤的庆来由远而近走向观众。熙熙攘攘的人流中秋菊那不风不火的冷静态度流露出"一条道走到头"的倔强执着。由此可见,张艺谋对影片的开头是颇为讲究的,他确曾表白过自己"很重视电影开场的十分钟,它确定影片的基调、人物性格特征和总体走向"[①]。

张艺谋片中的女主角多有令人刮目相看的闪光之处,这闪光之处有时

---

[①] 王斌:《〈活着〉参与者手记》,本书编委会编:《今日先锋》第2辑,生活·读书·新知三联书店1994年版。

足愧须眉。《红高粱》中九儿喝令酒坊众伙计把醉酒后耍大男子威风的余占鳌扔进酒缸,在罗汉被剥皮之后又成为促使一群汉子向日寇复仇的鼓动者。九儿是在健步如飞地往战场送饭时被日本人的机枪击中的,她的死是另一种形式的生。为了活得自由自在,死又何惜!《菊豆》中的菊豆在追求自己幸福的过程中曾表现得那样果决,竟对犹豫的天青说出了"毁了他个老不死的(指杨金山)!"的话。在目睹亲子弑夫的惨局后,她终以焚毁染房表达了自己对这残酷人间的悲愤。《大红灯笼高高挂》中的颂莲没能成为出淤泥而不染的莲花,但她向梅珊说出了这样颇有悟性的话:"人在这院里像个什么东西?像狗,像猫,像耗子,什么都像,就是不像人!"她终于在死气沉沉的陈家大院喊出了"你们杀人!"的清醒的声音。《秋菊打官司》中的秋菊,当着赔钱不赔理的村长的面,把丈夫庆来拿回的赔偿费抛撒在地上——这个动作与上一回村长撒钱的动作如出一辙,然后扔下目瞪口呆的村长转身而去,充分表现了她的志气与自尊。在片尾孩子的满月宴席上,秋菊独自奋力追赶带走村长的警车,那样急促的脚步为她在整个片中所仅有,令人感到她愧对大恩公、无颜见乡亲的内心波动。《活着》中的家珍,在力劝丈夫戒赌不成之后离开了家,但当丈夫流落街头、痛悔不已的时候,她又自动回到了这个回头浪子的身边,这说明家珍一开始并不是抛弃自己的丈夫,而是要让他经受一次苦难,以此来拯救他迷失的灵魂。她对被打成右派而不想活下去的春生喊出了:"春生,你要好好地活着!记着,你还欠咱家一条命!"这句话里包含着家珍对春生的车子压死儿子有庆曾怀有过的怨怼,此时此刻对春生的原宥以及对活着的生命的倍加珍惜,特别令人感动。《摇啊摇,摇到外婆桥》中的小金宝,当唐老爷让手下人活埋她时,她表现出少有的平静从容并出人意料地说:"最后我求你一件事,你别动翠花嫂和阿娇。"表现出她人性中的温情与善良。

  张艺谋片中的女主角堪称"九死一生",九儿牺牲在争自由的战场上,小金宝被活埋了,颂莲发疯了,菊豆对无爱的人间已心如死灰,健康地活着的秋菊一脸茫然地面对她在乡村生活的未来,健在的家珍以淡泊的心境度着她的风烛残年。这些女人的归宿，足令人兴"死生之事亦大矣"之概，亦足见张艺谋对经由女性探索生命的热情与兴趣。

## 灰 色 的 男 人

就总的印象来看，张艺谋片中与女主角年龄相当的男人是活动在女人的阴影之中，他们的性格懦弱，行动犹疑，其形象是灰色的。《红高粱》中的余占鳌似乎是唯一的例外，他是张片中最有生命力的形象。在九儿出嫁的路上，是他勇猛地扑倒了劫匪；在九儿回娘家的途中，又是他把她劫到了高粱地深处并与之进行了那狂野而又圣洁的野合。在牛肉店，他单枪匹马地与曾抢走九儿的匪首三炮斗勇斗狠；在酒坊，他以无可置疑的姿态成为女掌柜的男人。甚至他的尿也使高粱酒变成了远近闻名的"十八里红"——酒性之烈见出人性之烈。在出征仪式上，是他带头喝酒颂酒，在战场上，又是他带头冲锋陷阵。在他身上，即使是人性中的兽性，也是如此的稚拙、纯朴，如玉在璞。这是一个与九儿交相辉映的光彩形象，但即便如此，也并不存在什么占统治地位的夫权，九儿始终是实际的家主，也是众人的主心骨。

《菊豆》中的杨天青，年轻力壮，对美丽的婶婶怀有欲望，但他的本能冲动一直处于被压抑的状态，最大胆的行为也不过是对婶婶的性窥视。只是经过菊豆的多次挑逗、再三激将，他才得在叔叔外出时与她第一次偷情。可以说他从来就不是无所顾忌的，总怀着对叔叔的一份负疚感。在杨金山因坠崖而半身不遂及后来行凶纵火败露之时，天青都没有听从菊豆的意见加害于他。这与《红高粱》中余占鳌那样一种舒放的强梁之气已相去甚远，在《红》片中余占鳌是神不知鬼不觉地干掉了患麻风病的李大头的。杨金山死后，面对儿子监视的目光，他变得更加畏怯，只是在野外和地窖里与菊豆偶尔偷欢，不敢附和菊豆公开真相的主意，怕那会要了天白的命，最终却让亲生儿子要了自己的命。天青的形象表现了封建的宗法文化对人的压抑之深。

《大红灯笼高高挂》中陈府的大公子陈飞浦，与颂莲年龄相当，见过世面,接受过新知,一度成为颂莲灰暗的生活中一缕温暖的阳光。影片为他安排了两次出场与退场。第一次是飞浦在园中吹笛,颂莲循声而至。片中仅此一见的温暖阳光自园门斜射进来,二人在乐声中如有所会。飞浦友好地说,"你是新来的颂莲吧?"他没有按辈分称呼颂莲,这当然使颂莲顿生一种亲切感。但没容二人多说,大太太派人来把飞浦叫走了。这是"老规矩"对他们的一个无言的警告:在大公子与四太太之间是男女授受不亲的。第二次是颂莲被封灯之后的一个晚上,飞浦前来劝慰借酒浇愁的颂莲。面对颂莲的借酒示爱,他却说道,"我该走了。"然后木然而略带慌乱地转身离去了。他的逃遁未必是心里没有爱意,而是认为"该"走了。一个"该"字道出了他灵魂深处对父权的畏惧与驯从,对正统规范的认同和遵循。陈飞浦对陈家大院的态度由本能的不满终于走向了不自觉的维护,影片由此强调的不是陈飞浦的性格弱点或是生理原因而是封建文化对人的整合的作用,陈飞浦的最终逃遁暗示了这一文化的承接与延续,也清楚地表明高墙内的温情终不可得,因而颂莲的绝望和发疯就不足为怪了。

《秋菊打官司》中秋菊的丈夫万庆来是个挺窝囊的男人,行动畏畏怯怯,说话嗫嗫嚅嚅,连村长都说,"你个男人家咋作不了女人的主!"在秋菊打官司的过程中,他始终抱着息事宁人的态度,老是说"休息几天就没事了"的话。甚至有一次还赌气地关上家门,扔出一句话来:"你去了就别回来!"如果没有秋菊,这只是一个自愿接受不平的人,缺少男性的刚性与活力。他在妻子面前只有感到惭愧。

《活着》用从解放前夕到"文革"晚期这么长的历史跨度来表现福贵悲欢离合的命运,以此浓缩近半个世纪中简单地持有"活着"信念的普通中国人的生存状态。在世事纷纭与政治风浪中,福贵并无主见与定力,他只是一株随风俯仰的小草和一只任浪颠簸的舢板。片中福贵在历经赌输家产、爹娘去世、被抓壮丁、子女夭亡的种种坎坷之时,他都在说"要好好地活着",而缺乏深刻的情感体验与必要的理性反思。他只是随波逐流地活着。如"破四旧"时,他胆小怕事地要烧掉当初赖以生存的皮影戏具,倒是他的妻子家珍坚持着珍藏起来。

《摇啊摇,摇到外婆桥》中始终与小金宝偷情的宋二爷是一个偷鸡摸狗的脚色,他一直梦想当老大,不过是把小金宝当作报复唐老大的一张床。在小岛的芦苇丛中,当小金宝表示要和他一起离开上海堂堂正正地生活在一起时,宋二爷根本就没当一回事,反要小金宝到唐老爷那里探听消息,并在第二天让人干掉小金宝。阴谋当众揭破后,二爷顿如僵尸,不敢正视小金宝寒冷砭骨的目光,在被唐老爷活埋时又狂呼救命,与小金宝的平静安详适成对照。这是一个有野心、有情欲却没骨气、没魄力、不敢负责的男人。

纵观张艺谋片中的男性形象,可以发现他们的生命力呈现出由盛而衰的退化趋势。实际上,这里有着小说作家和电影艺术家对现实生活中阴盛阳衰现象的文化忧思,张艺谋就曾表示过,"现今大家常谈关于文化的各类学问,我想,作学问的目的,还是要使人越活越精神。中国人原本皮色就黄,伙食又一般,遇事又爱琢磨,待一脑门子的官司走顺了,则举止圆熟,言语低回,便少了许多做人的热情,半天打不出一个屁"[①]。

## 黑 色 的 老 人

张艺谋每部片中都有老头子的角色。《红高粱》中患麻风病的李大头始终不曾露面,但从九儿在新婚之夜发出的一声尖叫和出嫁时她怀着的一把剪刀来看,他给人的感觉是恐怖的,最后被代表摧枯拉朽的青春力量的"我爷爷"神不知鬼不觉地结果了。九儿的生父也算是一个老头子的形象,这是一个对女儿的幸福漠不关心的顽固老人,面对女儿回娘家之后的怨愤,他的回答是:"想不认我这个爹,没那么容易!我和你娘弄出你来,容易吗?"这是两个被精力弥满的新生代所抛弃的衰朽者。《菊豆》中的老头子是染坊主杨金山和那个为杨天白取名字的族长。族长们并不直接介入菊豆们的生

---

① 张艺谋:《我拍〈红高粱〉》,《电影艺术》1988年第4期。

活，杨金山半身不遂后也退出了发号施令的位置。但他们对僭越者的威慑力并不因此而减弱，相反却更形沉重，甚至在杨金山死后，其惩罚最终由更年轻强悍的子一代来完成。《大红灯笼高高挂》中，上至陈老爷下至仆人几乎都是老人，其服色为象征权力和死亡的黑色。陈老爷在片中没有一个近镜头更别说是特写镜头了，影片是想借此表明，陈老爷不过是按老规矩行事的一个傀儡，从而使观众的注意力不要拘泥于某个具体的个人而指向支持这种个人的制度。片中的陈老爷语气平淡，行动安闲，看不到什么激情。与颂莲的初夜他在床顶上挂大红灯笼也不过是照老规矩行事。就是在处死红杏出墙的梅珊时也不见他勃然大怒，仍然是照老规矩行事。片中上了年纪的管家口中最常说的还是"老规矩"；头发花白的管灯老头每日里送灯、点灯、灭灯，虽有板有眼，却面无表情，只是机械地动作着。这真是一个老朽的世界。《秋菊打官司》中，秋菊的公公代表了乡村意识的一部分。市里那位开旅社的大爷，虽然热情善良，却又有点"愚而好自用"，他对秋菊官司胜负的预言也没能兑现。他虽然身居都市，精神世界其实却是"都市里的村庄"，与秋菊无甚差别，其思想意识颇能反映乡土中国一般百姓的普遍特点，因此，这个形象进一步明确了秋菊所处的精神环境。《活着》中，福贵的父亲徐老爷子也是一个戏份不多的正统家长形象，面对嗜赌成性的浪子，他唯有徒劳地斥骂，最后气得撒手而去。《摇啊摇，摇到外婆桥》中的老头子是黑帮的唐老大。这个人永远戴着墨镜，一副高深莫测的样子，阴险毒辣而不动声色，心性冷酷而假作多情。在活埋小金宝时，唐老大凑近她耳边说："我会用五万朵鲜花在逍遥城为你出殡，你的那些脏事也没人会知道的。"在黑吃黑的黑帮社会，唯有最黑者才能成为教主，唐老大就正是这样的一个黑帮教主。

  由上可知，张艺谋片中的老人形象多为文化学意义上的负面人物或社会学意识上的反动人物，他们在大多数情况下成为影片主人公的对立面。这不能不使人感到，这在某种意义上是对中国"老人政治"的有感而发。在人物刻画的技巧上，张艺谋用一种类似国画中"意到而笔不到"的方法，避免正面着力太多，这是不是意味着对一个敏感话题的忌避？

## 多彩的孩子

张艺谋电影的人物谱系中还存在着一个孩子系列。《红高粱》中的豆官是一个生龙活虎的孩子。正如片中的话外音所说的"一亩高粱九担半,十个野种九个混蛋",这个在高粱地里孕育、在酿酒作坊里长大的野小子理所当然地接受了其生父生母的精神传承,天真活泼,无拘无束,年纪虽小,却也被母亲鼓励着参加到出征的队伍中,在紧张的战前还能以高粱叶子夹在鼻子下面玩耍。尤其是向充作炸弹的酒坑撒尿,成为其父在酒坊中往酒缸里撒尿的对应,这一行为的重复进一步强化了其象征强悍人性的意义。硝烟过去之后的战场上,伫立着的是泥塑般的"我爷爷"和紧挨其旁的"我爹爹"豆官。这时画外音传出豆官那无悲无喜的纯净的童谣声,这个孩子是在宣告新生,宣告日全食之后一轮新的太阳的将要出现吗?

《菊豆》中的孩子天白,从血缘上说他是杨天青的儿子;从文化传承与心理意识上说,他是杨金山的儿子。他虽然到三岁还不会说话,但他在襁褓中就以两次哭声从杨金山的手中救了自己的命;而在童年和少年时则以两次笑声使两个人死于非命——第一次天真的发笑是因为看到被带入染池中的金山在拼命地挣扎;第二次发出快意的冷笑是因为看到天青被自己扔进染池中而陷入没顶之灾,这孩子平时对于身边发生的一切,在言语表情上几无喜怒哀乐的流露,俨然成了一种象征,一种无情感内蕴的行为工具。他作为杨金山的孝子,高坐在金山的棺椁上,手捧金山的牌位,无动于衷地俯视着亲生父母的"挡棺"表演;他高踞楼上冷视父母私会并向父母投出愤怒的石头。他提着砍刀追杀二癞子时那阴鸷的目光、闪亮的光头,一纵一跳的步伐,这一切都在表明这位少年已经以超常的智力担负起了封建卫道士的使命,他捍卫的不仅是母亲的名誉,更有杨家的祖系、封建伦理的尊严。他最终亲手杀死了自己的生父,从而打破了生母希望与天青同生死的梦想,将她置于生不如死的严酷的现实环境之中。杨金山授予他的宗法秩序与尊卑观念在他的头脑中已如磐石般不可动摇，他不成熟的身体中流淌着陈腐的血液。他虽然是天青所生，可他确确实实是金山的儿子，所以他已衰朽。杨天白年轻的生命和古老的使命之间的对比，令人触目惊心。

《大红灯笼高高挂》中的孩子是在片中仅出现一次的梅珊的儿子。在这个镜头中，梅珊的儿子用童音机械地念着"月落乌啼霜满天，江枫渔火对愁眠。姑苏城外寒山寺，夜半钟声到客船"的诗句。他的衣着严严实实，颜色偏暗，俨然一个小大人。这似乎注定也是一个"出窝儿老"的少年。如果说陈公子陈飞浦不足以继承乃父的事业，那么梅珊的儿子则可能是陈老爷的后继者。这是否意味着由所而生的"窝里斗"还将延续下去？

《秋菊打官司》中的孩子为村长的四个女孩和秋菊后来生下的男孩。从某种意义上说，孩子成为双方冲突的起因。万庆来要在承包地上盖辣子楼，村长不让，庆来则借题发挥说让村长回家养一窝母鸡去。庆来的话属人身攻击，在村长看来这是戳自己羞与人言的短处，是阴损自己。于是他就针锋相对地踢了对方赖以传宗接代的"要命处"。直到秋菊上门论理，村长还是这样对秋菊说："想想他是为啥挨的踢！"而秋菊这样拧着劲儿地上告的原因，在她与丈夫的谈话中，也已透露："这肚里还不知是男是女，要是个女孩这可就提前给咱计划生育了"。原来打人的和被打的、被告和原告认的是同一个理儿，都是在为自己能不能生男孩而较劲。而当村长帮忙抬秋菊上医院生下一个大胖小子之后，后顾无忧之外再加上一份感恩之心，秋菊一家自然觉得已与村长扯平，不好再告了。在儿子的满月宴席举行之时，庆来先去请村长，秋菊随后抱着儿子去请，直至说出"别人可以不去，村长不能不来"的话。而村长觉得赚回了面子之外，又不禁悲从中来地说："还是人家秋菊命好，想要儿子就生儿子。（指自己的老婆）不像你，一劈腿一个女子，一劈腿一个女子，一劈腿还一个女子，真是气死我了！"显而易见，孩子不只是剧中人普通的家庭成员，还是剧中人物精神的聚焦点。

《活着》中有三个孩子：福贵和家珍的女儿凤霞、儿子有庆与小外孙。凤霞和有庆天真活泼、聪颖可爱，姐弟俩的存在使这个屡受打击的家庭感到一种温暖的慰藉。有庆有着突出的个性与自尊,他保护姐姐也是出于孩子气的正义抗争。但这个可爱的孩子却在"大炼钢铁"时期一次意外的车祸中丧生。凤霞因一次高烧而失聪,她温柔体贴、与世无争,也成了一个家,算来应该能够平安地生活下去,终因产后大出血却无医生抢救而成了一场不必要的政治运动的牺牲品。可怜的小外孙于是成为福贵和家珍唯一的情感寄托。无辜孩子的不幸命运传达出一种"造化弄人"的悲剧底蕴。

《摇啊摇,摇到外婆桥》中的孩子有两个:一个是伺候歌舞皇后小金宝的少年水生,一个是寡妇翠花嫂的女儿阿娇。水生是唐老大的乡下远亲,他从乡村初来大上海,一开始自然是满眼新奇,满心惶惑。但时间一长,目睹阴谋仇杀、蝇营狗苟之事,初则心惊肉跳,继而有些见惯不惊了。在带他来上海的六叔被仇家所杀之后,水生被唐老大灌输了一种客观上为其卖命的复仇意识。直到上了小岛之后,小金宝与水生像姐弟一样聊起来,小金宝劝水生挣够了钱就回乡下去,水生说:"我要为六叔报仇,老爷说六叔的眼睛还没有闭上哪。"小金宝为之勃然大怒:"老爷喜欢猪你就去做一条猪。你就死在上海滩上好了。滚!"这是水生反思自己生活道路的一个契机。后来水生目睹了唐老大和宋二爷的冷酷无情,终于体会到了小金宝话中的意义。在活埋小金宝的雨夜,他终于像一头豹子那样扑向唐老爷。纵观水生的成长轨迹,他经历了由单纯到迷惑再回归单纯的过程。他虽然也是一个早熟的少年,但值得庆幸的是,他没有像早熟的杨天白那样倒向冷酷黑暗的怀抱。时方九岁、有一双清澈的眼睛的阿娇还完全是一个懵懂的小女孩,对大上海充满着好奇与向往,这像当年的水生一样,也像当年的小金宝一样,她终于也被唐老爷带上开往大上海的乌篷船,又一个小金宝的命运在等着她。阿娇的单纯与天真适反衬出黑帮的阴险与卑污。

以上我们对张艺谋电影中的人物逐次作了论述。这些人物谱系按其长幼之序来排列则是:老人——女人、男人——小孩。这是一个典型的中国式的三世同堂的家庭。张艺谋的几乎每一部片子都有这样一个家庭或给人这样一种家庭感。这个家庭的主体是承上启下的男人和女人,影片以最多的戏份、最高的热情来表现他们。老人则常常或作为一个昙花一现的背景而存在，或始终是神龙见首不见尾，让人高深莫测。孩子往往成为片中人物的生活或生存处境的进一步注解。三代人中，老人与其子辈之间最为隔膜。老人几乎从来未向其子辈的男人和女人问寒问暖，作为子辈的男人与女人也几乎从来不向其父辈表示真挚动人的孝心，两代人之间仿佛只存在统治与被统治、压迫与被压迫的内在心理关系。

张艺谋影片的人物组成之所以给我们一种"一家子"的感觉，首先诚然同影片据以改编的文学原作有关，情况确如张艺谋的一篇短文的标题所示是"文学驮着电影走"。但不可忽视的是，张艺谋在选择文学作品的时候是相当自由的，因而他的一系列选择必然表现出他内在的取舍标准，或者说他内在的取舍标准必然导致他的一系列选择，并最终影响到他对其电影人物之间的关系以及场面调度的处理。张艺谋曾多次谈到他的一个观点，"在中国传统文化中，人与人之间的关系归根到底还是一种家庭式的伦理关系。我们完全可以用一个家庭的感觉来看中国，而且在我们的生活中也常常可以看到'祖国是我们的母亲，我们是祖国的儿子'，这样的词。中国人之间的这种家庭感，在哪里都有"[1]，"中国这个社会，再如何形而上学的哲学，都要把它搞到家庭关系上去，像国家号召人民，一定会说你是国家的儿子，党是你的母亲，农村的问题就喜欢用家庭伦理来看问题"[2]。张艺谋正是以这种观念来处理其电影人物的。行文至此，我不禁这样想：中国文学表现家庭与家族的作品很多也很有成就，不少表现家庭与家族的戏剧、电影也获得了很大成功，我们希望张艺谋这位当代电影导演队伍中的佼佼者，能在不远的将来拍出一部深刻地表现中国家庭关系和文化观念的经典影作。

(本文原载《安庆师范学院学报(社会科学版)》1996年第3期，
人大复印资料《电影电视艺术研究》1996年第6期全文转载)

---

[1] 见记者李尔葳对张艺谋的访谈，《文艺争鸣》1993年1月"张艺谋现象专号"增刊。
[2] 《张艺谋的黑色喜剧——〈秋菊打官司〉》，《中外电视》1993年第1期。

# 《耶路撒冷》：重建精神信仰的"冒犯"之书

江 飞

《耶路撒冷》是徐则臣蓄谋六年之久写就的一部怀有巨大"雄心"和"良心"的长篇小说。其"雄心"表现在它力求以一己之经验和思考接通"70后"这代人的生命体验和精神历程，继而以此揭示一个时代的心灵困境和精神疑难，并试图在一个信仰普遍缺失的社会中重建精神信仰；其"良心"表现在它努力超越传统小说的边界和故事的黄昏，竭力避免按照线性逻辑来解释和呈现一个完美却闭合的"世界"，而代之以一种新的"故事"来勘探和充分展现一个无比辽阔、复杂、偶然、真实的"世界"。或许正是因为这种敢于对重大精神问题发言、勇于突破小说文体和故事形态的惯性，甚至"不惜冒犯我们常规的审美与接受习惯"的创造性写作，《耶路撒冷》自面世以来便赢得了学界和媒体的双重关注和肯定，不仅荣获2014年度《亚洲周刊》十大小说、新浪中国好书榜年度好书、老舍文学奖等多项大奖，更是入围2015年第九届茅盾文学奖提名小说十强，徐则臣也成为"老舍文学奖"历史上最年轻的长篇小说奖获奖者和本届茅奖最年轻的提名者：这似乎意味着主流意识形态对"70后"作家的高度认可与适度激励，自然也蕴含着对重建精神信仰的坚定信心与热切期待。

## 一、"每个人心中都有一个耶路撒冷"： 从"宗教信仰"到"日常信念"

纵观今日之中国文学，诚如批评家谢有顺所言："文学正在从精神领域退场，正在丧失面向心灵世界发声的自觉。从过去那种政治化的文学，过渡到今天这种私人化的文学,尽管面貌各异,但从精神的底子上看,其实都是一种无声的文学。"①换言之,这种"无声的文学"是心灵缺席、精神失语的文学,而要召唤文学再次入场,作家就必须反抗"无声的文学",重建对重大精神问题的发言能力,立足于当下现实来回答有关活着的意义、生命的自由、人性的真相、生死的喜悲、人类的命运与出路等重大问题,从而建构一种有别于"政治化的文学"和"私人化的文学"的真正面向人类心灵世界发言的"有声的文学"。在这样的语境中,《耶路撒冷》针对精神困顿、信仰缺失的现代境遇而发出呐喊,对"精神失语"之作大胆冒犯,无疑是一种可喜的讯号,值得仔细倾听和辨析。

"耶路撒冷"——小说以这样一个带有浓郁以色列风情的音译外来词作为标题,显然意味深长。它表面上指向的是一座世界闻名的古城,一处犹太教、基督教和伊斯兰教三大宗教发源的圣地,但实际上指向的却是一个"精神的圣地"。正如作者借"初平阳"之口所表明的:

> 我知道这个以色列最贫困的大城市事实上并不太平。但对我来说:她更是一个抽象的、有着高度象征意味的精神寓所;这个城市里没有犹太人和阿拉伯人的争斗;穆斯林、基督徒和犹太教徒,以及世俗犹太人、正宗犹太人和超级正宗犹太人,还有东方犹太人和欧洲犹太人,他们对我来说没有区别;甚至没有宗教和派别;有的只是信仰,精神的出路和人之初的心安。②

作者有意识地祛除了"耶路撒冷"本身所蕴含的宗教、派别、种族等特定涵,而将其转换为一个纯粹的精神信仰的象征,"上帝或许不在,但上帝的眼必定在"(封面宣传语),换言之,这不是一部关于宗教或宗教信仰的小说,而是关于信仰或寻找精神信仰(上帝之眼)的寓言。

---

① 谢有顺:《重建对重大精神问题的发言能力》,《文艺报》,2015年11月23日。
② 徐则臣著:《耶路撒冷》,北京十月文艺出版社2014年版,第502—503页。

在小说中，五位主人公都是具有相当高的精神追求和道德自律的年轻人，他们因为儿时伙伴景天赐的自杀而罹患病症各异的"精神病"，为此他们上下求索，努力寻找让自己心安的"精神寓所"，以各种方式努力实现自我救赎：秦福小亲眼目睹弟弟景天赐割腕自杀，在恐惧和犹豫中眼睁睁地看着他最后因失血过多而死去。随后，背负自责与愤恨离家出走，十几年里漂泊全国各地、干过无数匪夷所思的工作，还领养了极像天赐的孤儿并取名景天送，最终不再逃避而回到故乡花街，照顾父母，为天送能天天看运河而买下大和堂；杨杰为了自己的一点虚荣而送给天赐那把割腕的手术刀，为此一直心怀愧疚，虽然在商海中获得了一定的成功，却越来越质疑虚假和意义，从制作大件水晶工艺品转向利用水晶废料批量生产小挂件，并改进设备为雕刻师的健康负责，逐渐走向简单和真诚，求得内心笃定；易长安因为撺掇天赐和朋友比赛游泳而使其被闪电吓傻以至走向自杀，此后他一边在制造假证的邪路上越走越远，一边在生理快感中获得报复父亲的快感，又在身体受虐中替父亲赎罪，最终陷入身体与精神的囚牢；而对于北京大学社会学博士初平阳而言，"耶路撒冷"是其神往的具象与抽象合二为一的所在，这种"神往"不仅仅来自儿时记忆中这四个汉字所呈现出的韵味和美感，更根源于一种深刻自省的忏悔意识，因为他无法抹掉或隐瞒他本可以救天赐的十分钟，最终也正因为"还有忏悔、赎罪、感恩和反思的能力"而得到以色列大学教授塞缪尔的赞赏和欢迎。总之，他们因为景天赐的死背上了永远无法洗净的"原罪"，留下了永远无法绕开的心理阴影，这阴影逼迫他们不得不一点一点地掘进自己的身体和灵魂深处，不得不经历"逃亡—忏悔—自赎"的精神炼狱之旅。小说最后，为了不让教堂被政府拆掉，四人共同集资成立"兄弟·花街斜教堂修缮基金"，这既是为天赐，更是为自己，因为从某种意义上说，和天赐、秦奶奶密不可分的"斜教堂"成为他们最后依赖的实在的"精神支柱"，修缮教堂也就意味着使自己的"罪恶"得以缓释，使自己的精神得以修复，使自己的信仰得以持存。

西谚有云，"上帝让你背负沉重的十字架，是因为你背得动"。"秦环"

无疑是一个真正背负十字架的受难者,是整部小说中最独特甚至最精彩的一个形象。从妓女到信徒,从目不识丁到通读《圣经》,秦环是花街上唯一信奉上帝的人。她每天独自坐在斜教堂里,坚持以一种"中国式的敬神方式"礼拜、祷告和诵经,请木匠打造了一个十字架以及穿解放鞋的受难耶稣,又最终背负这十字架死在一个雷电交加的雨夜,表情安详。与其说她信仰基督教,不如说她忠诚于传教的沙教士;她没有信仰或宗教的概念,只是把"信仰"本身当作一种远离世俗的精神寄托,当作活着的意义所在。如作者所言,"她一个人的宗教在花街人看来,也许就是一个人与整个世界的战争,但她毫无喧嚣的敌意,只有沉默与虔诚。她侍奉自己的主。她的所有信仰仅仅源于一种忠诚和淡出生活的信念,归于平常,归于平静"①。这"一个人的宗教"是一种朴素却笃定的日常信念,与祈求生子、升官、生财的"中国式宗教信仰"截然不同,这使她迥异于花街人,并格外受人(尤其"我")敬重。

　　徐则臣之所以对"宗教信仰"抱有警惕,是因为他从个体、生命和自由出发,认为"信仰制度化以后才成为宗教。信仰可以是私人的选择,而宗教具有集体性和公共性。我只相信一个人可以自由选择的那部分"②。"也许宗教的仪式需要庄严正大,安宁清净得可以随时聆听到神意,但我以为更需要将信仰给日常化,像水溶于水,进入到最平常的悲欢与享乐中"③,也正是在信仰的个体性、日常性、自由性的意义上,作者说"信仰是一个泛化的、日常的、个人化的东西。小说里的几个主人公都没有去过耶路撒冷,但不妨碍他们每个人的内心里都有一座耶路撒冷。它可能是一个地方,也可能是一个想法或者面对世界的方式,或者是实现某种目标的一个途径。总之它让你心怀笃定,获得了生活于世的平衡"。④因此,作者有意将集体化的"宗教信

---

① 徐则臣著:《耶路撒冷》,第227页。
② 徐则臣著:《耶路撒冷》,第502页。
③ 徐则臣著:《耶路撒冷》,第191页。
④ 参见"中国网文化":《专访徐则臣:每个人心里都有一座耶路撒冷》(http://culture.china.com/zt/yunwei/xuzechen/).

仰"转变为其所推崇的一种个人化的"日常信念",一种存乎自我内心又发乎外在世界的,关爱他人的责任感与安身立命的善良心,这无疑暗合了"道在人伦日用间""致良知"等中国儒家传统的要义、规约与道德要求。由此出发,小说中的次要人物也几乎都被塑造为没有"宗教信仰"却普遍具有"日常信念"及忏悔能力的人,比如,易培卿"抱着填补中国文学和娼妓文化研究的空白的巨大愿望"潜心写作《群芳谱》；官场女强人齐苏红试图买下大和堂作为离婚的歉疚送给精神病丈夫吕冬；吕冬则始终对自己十多年前的背叛以及背叛导致福小辗转十余年而自责忏悔；如此等等。然而,我们又不得不追问:没有宗教信仰只有日常信念的个人真的"可以自由选择"吗？那么,究竟是什么在动摇甚至试图摧毁"我们"心中的"耶路撒冷",让"我们"精神摇晃、难以心安？

## 二、"到世界去"：在"他乡"与"故乡"之间

本雅明曾说："所谓写小说,就意味着在表征人类存在时,把其中不可通约的一面推向极致。处身于生活的繁复之中,且试图对这种丰富性进行表征,小说所揭示的却是生活的深刻的困惑。"① 换言之,小说(文学)的意义不在于给人类如何生活提供标准答案,而在于揭示生活尤其是精神生活的困惑与疑难。在《耶路撒冷》中,徐则臣延续了对"谜团"的热爱,以"精神疑难"为核,将一个轮廓清晰的"赎罪"故事嵌套在一个方向暧昧的"寻找"故事之中,由此,在道德伦理的纠结之外开拓出社会伦理的关切,在"他乡"与"故乡"之间生发出"无处还乡"的怀旧与乡愁,以"到世界去"这一理想主义与悲观主义交织的宣言以及"异乡人"这类典型形象,来揭示当下中国丰富繁复的生活及其"深刻的困惑"。

首先,"世界"在哪里？相对于"花街",花街之外就是"世界";相对

---

① [德]本雅明著,李茂增、苏仲乐译：《写作与救赎——本雅明文选》,东方出版中心2009年版,第84页。

于中国,国外就是更大的世界,因此在小说中,所谓"世界"也就是指"外面的世界"。"到世界去",既是一种身体在空间中的位移,更是一种身份在"故乡"与"他乡"之间的转换,这一观念和行动本身显然隐含了"生活在别处"的诗意想象和哲学意味。具体到亿万进城打工者和海外漂泊者来说,世界"意味着机会、财富,意味着响当当的后半生和孩子的未来,也意味着开阔和自由"[1],于是"中国的年轻人如今像中子一样,在全世界无规则地快速运动"[2]。"到世界去"成为中国年轻人的生活常态和最基本的社会现实。

但问题是,这个"世界"会好吗?"到世界去"是医治精神苦闷、缓解身份焦虑的一剂良药吗?事实上,关于"世界"的诗意想象从来都无法掩盖在"世界"中生存所遭遇的物质与精神、身体与灵魂的双重困境。早在市场化改革和出国大潮涌动的前夜(1980年代末),那些想"到世界去"的年轻人就被提前告知"外面的世界很精彩,外面的世界很无奈";1990年代以来与中国现代化进程同步的"打工潮",使他(她)们"从故乡来到异乡,从乡村和小城镇来到大都市,从前现代来到后现代,从漫长的乡村文明来到猝不及防的城市文明",成为"闯入者、边缘人""某种意义上的局外人"[3],或者说"城市异乡人"。而"正是对这些'城市异乡者'的刻画,使徐则臣的小说具有了超越底层叙事的别一种人生境界和叙事形态,也使当代文学视野之中出现了新的生命形态和精神异质"[4]。其此前广受好评的"京漂系列"(《跑步穿过中关村》、《啊,北京!》、《天上人间》等)正是这样的小说。

而在《耶路撒冷》中,徐则臣更进一步地写出了精神疑难的两个方面:一方面,那些离开故乡进入城市工作的青年们因无法与故乡一刀两断

---

[1] 徐则臣著:《耶路撒冷》,第29页。
[2] 徐则臣著:《耶路撒冷》,第28页。
[3] 李徽昭:《文学、世界与我们的未来——徐则臣访谈录》,《创作与评论》2012年第1期。
[4] 江飞:《扎根、悬浮与飞翔:城市异乡者的精神寓言——论徐则臣〈新北京I:天上人间〉》,《艺术广角》2009年第5期。

而背负深重的"出身原罪"。比如小说中"我"的师兄,是农村出身的典型的"凤凰男",因为与城市出身的两位"孔雀女"在世界观与价值观上存在着严重差异而最终离婚;同时,城市世界的"不安定",又极易摧毁原本生活就很艰难的年轻人对理想和未来的信心,比如小说中初平阳与舒袖的分手正是因为彼此"都缺少对某种看不见的、空虚的、虚无之物的想象和坚持","缺少对现有生活坚定的持守和深入;既不能很好地务虚,也不能很好地务实"①。在"他乡"与"故乡"的撕扯之下,有多少"爱情"的甚至人生的悲剧?

  另一方面,那些当初为了满足自己的物质和精神需要("开阔和自由")而"到世界去"的"城市异乡人"们,为了寻找让自己心安的精神归宿又纷纷"还乡",然而,故乡已经"回不去"了。因为故乡不再是静止的仿佛"世界"之外的精神出发点和落脚点,"事实上完全静止的社会是不存在的,乡土社会不过比现代社会变得慢而已"②,它最终也在现代官场逻辑和商业逻辑的合谋篡改下变成一种"非故亦非乡"的胡乱混搭、不伦不类的过渡性存在。为此,作者别有意味地描写了故乡花街上的对立两派:以民间文人易培卿、渔民老何为代表的尊重历史的"旧派",和以文化局鲁局长、商人周至诚为代表的消解历史的"新派"。易培卿无法容忍文化局拆自己的房去为传说中的妓女翠宝宝建后花园,然而,他既无法阻止翠宝宝纪念馆开馆以及"翠宝宝研究会成立大会暨首届中国侠文化研讨会"召开,又无力出版自己精心撰写的《群芳谱》;撑船渔民老何也无法忍受到沿河风光带"御马头船坞"穿身"太监服"当船夫,正如受周至诚之邀参加"运河文化节·水晶之夜"酬宾答谢酒会的初平阳无法接受一座有着五百多年历史的寺庙被改造成灯火酒绿的会所,面对这"匪夷所思的混搭",初平阳不禁感到"荒唐""清寒""悲苦""悲哀",而老何莫名其妙的死亡则更渲染了这种"混搭"和"不伦不类"的荒谬性与悲剧性。于是,"初平阳们"被迫沦为了"故

---

① 徐则臣著:《耶路撒冷》,第57页。
② 费孝通著:《乡土中国》,人民出版社2008年版,第95页。

土异乡人"。

值得注意的是,作者并非保守主义者,也并非否定创新发展的合理性,而是批判不合历史规律和逻辑的畸形发展与变化,如其所言,"变化我不怕。不变化只有死路一条,这我懂。但我不能容忍我的故乡被篡改,被弄得面目全非。不仅是水晶在跟地底下断了联系,我们也在跟这个地方断了联系,这个城市本身也在跟她的过去失去联系",而"健康的发展变化应该有它内在的逻辑,但是他所见到的更多的是强扭的瓜,是鸡同鸭讲,是嫁接、转基因和石榴树上结樱桃"[①]。这是小说中"我们"的心声,更是徐则臣的心声。在散文中谈及故乡时,徐则臣曾说道:"我在一天天远离那里,熟悉的人陌生了,旧时的田园和地貌不见了,像生在我身上的血管一样的后河都被填平了。故乡仿佛进入了另一种陌生的生活轨道。我回去,如入异地;料想很多人看我,也是不识的异乡人。"[②]故乡成为异地,故乡的"城市化"进程成为"陌生化"进程。"异乡人"("城市异乡人"与"故土异乡人")不仅是"初平阳"或徐则臣等"70后"一代人的身份标签,更是新旧价值更迭的"过渡时代"[③]中的大众不得不承受的精神认同和身份认同[④]:《耶路撒冷》的社会批判性和人文忧患意识由此可见一斑。

"异乡人"摆脱身份认同危机的关键原本在于"心安",正所谓"此心安处是吾乡"。初平阳义无反顾地卖掉故乡的"大和堂"而奔赴异国他乡,为的是去往让自己心安的"世界"——耶路撒冷,正如塞缪尔教授在父母遭遇苦难与幸福的中国上海获得心安。换言之,每个人心中的"耶路撒冷"应当

---

① 徐则臣著:《耶路撒冷》,北京十月文艺出版社2014年版,第487页。
② 徐则臣:《别用假嗓子说话》,河南文艺出版社2015年版,第68页。
③ 梁启超在《过渡时代论》(1901)一文中认为,"过渡时代"是一个"希望时代""恐怖时代""实千古英雄豪杰之大舞台也"。(参见梁启超著:《饮冰室合集·文集(6)》,中华书局1989年版,第28页)本文借"过渡时代"意指当下中国所处的社会经济结构、社会机制、文化形态、价值观念发生深刻变化的转型时期。
④ 在《耶路撒冷》中,作者实际上展现了三代人关于"身份"的不同程度的焦虑和不同形式的认同,祖辈一代的妓女秦环寄托于"一个人的宗教",获得身份与尊严;父辈一代的知青杨老师扎根棉花庄,用一生坚定地维护自己的"北京人"身份;"70后"一代的"我们"成为奔走于故乡与他乡之间的"异乡人"。

就是精神故乡、应许之地。然而,这只是一种虚构的想象的真实,另一种真实却是残酷而悖谬的,如作者所言,"我可能在哪儿都难有生根发芽之感。这可能是常态,在哪里你都无法落实。惟其如此,此心不安处,非吾乡者亦吾乡。只能如此"[①]。用小说中"舒袖"的话来说就是,"心安处是吾乡,心不安处更是吾乡,心安与不安,同系一处"[②]。"心安不安系一处,直把他乡作故乡",这种悖论揭示的正是现代人无根漂泊、精神寻找的普遍心态。尽管我们不会像格里高尔·萨姆沙那样突然变成大甲虫,但我们一定会常常"从不安的睡梦中醒来"[③],独自承受现实与理想断裂的隐秘苦痛,在怀旧与乡愁里默默咀嚼"此心不安处是吾乡"的焦虑与无奈。由此也不难看出:作者在为寻求"心安"的人们指明方向的同时,似乎又在残酷地揭示这一方向的所在不过是一个虚妄,由此间接地消解了"到世界去"这一观念和行动的神圣性。我们应当记得,这句话在小说中是由傻子铜钱第一次说出的,这似乎更强化了"到世界去"的荒诞与虚妄。而为了让自己和读者不至于堕入虚妄的深渊,作者又故作宽慰之语,努力为无处还乡的"异乡人"寻找精神出路,试图化解身份认同危机,其用心可谓良苦,其用情可谓深挚,而这显然又与作者本人在故乡与他乡之间游走的人生经验与精神际遇有着密不可分的同构关系。

如果说从"花街系列"(如《夜火车》、《午夜之门》、《水边书》等)到"京漂系列",是徐则臣小说精神境界的第一次飞跃的话,那么,从"京漂系列"到《耶路撒冷》无疑是其第二次飞跃。在前者,他各个击破,尤其是着力书写了从故乡"出走"进入城市的"异乡人"的精神彷徨与困顿,故乡是进可攻退可守的"精神原乡";而在后者,他实现了"花街"与"京漂"两个系列的胜利会师,深刻揭示出从城市"回归"故土的"异乡人"在"故乡变他乡、他乡变吾乡"的残酷现实中的精神漂泊与无奈。相较于前者,后

---

[①] 徐则臣著:《别用假嗓子说话》,第68页。
[②] 徐则臣著:《耶路撒冷》,第138页。
[③] [奥]卡夫卡著,李文俊、米尚志译:《变形记》,上海译文出版社2010年版,第1页。

者显然在精神向度和社会广度上有了进一步的掘进,更深地介入到中国城乡结构转变与社会结构调整的整体进程中,更同步也更准确地切入到一代人的心灵深处和幽微处,写出了由单向的精神苦痛到双向的精神两难的复杂性,即不仅要"记得住乡愁",更要"受得住城愁","异乡人"只能在故乡与他乡之间身心分离、精神往返,这才是真实的"存在"。从这个意义上说,徐则臣可称之为"存在的勘探者",他把"花街"当作"中国"甚至整个"世界"来写,所关心的又根本不是客观世界,而是人与"城"(世界)的关系,或者说他的"醉翁之意"在于深入勘探"存在"的意义,把客观规定的"世界"还原为后期海德格尔意义上的"世界",即"'世界'在存在论上绝非那种在本质上并不是此在的存在者的规定,而是此在本身的一种性质"①。按昆德拉的解释就是,"人与世界连在一起,就像蜗牛与它的壳;世界是人的一部分,世界是人的状态"②。而按李泽厚的解释就是,"每个人都各自拥有一个属于自己的世界,这个世界既是本体存在,又是个人心理"③。换言之,"到世界去"也就是"到人('此在')那里去";而所谓"日常信念""心安不安系一处"其实也就是每只"蜗牛"都背着它的"壳"("在世界之中存在"):这恐怕是这部小说隐在的"存在主义"精神哲学所在。

## 三、"复调"结构:超越"故事的黄昏"

尽管徐则臣认为"小说不仅是故事,更是故事之外你真正想表达的东西,这个才决定一部作品的优劣"④,但毋庸置疑,小说家只有讲好一个故

---

① [德]海德格尔著,陈嘉映、王庆节合译:《存在与时间(修订译本)》,生活·读书·新知三联书店2010年版,第76页。
② [法]昆德拉著,董强译:《小说的艺术》,上海译文出版2008年版,第45页。
③ 李泽厚:《关于"美育代宗教"的杂谈答问》,见刘再复:《李泽厚美学概论·附录》,生活·读书·新知三联书店2009年版,第210页。
④ 徐则臣著:《通往乌托邦的旅程》,昆仑出版社2013年版,第68页。

事,才有可能表达好"故事之外你真正想表达的东西"。在并不缺乏故事的今天,"讲故事的人"要讲好一个故事远比讲一个好故事难度更大,后者要求作家具备丰富的生活经验、想象能力与思想深度,而前者则要求作家必须具备相当的文体意识、结构能力与叙事技巧。当然,二者对于一部好小说来说缺一不可。为了讲好这个由赎罪故事与寻找故事里应外合而形成的一个同心圆式的好故事,徐则臣在叙事和文体上也相应地下了一番"暗功夫"。

一方面,变单线叙事为双线叙事。徐则臣对长篇、中篇、短篇有非常自觉的文体意识,在他看来,短篇是游击战或攻坚战,中篇是阵地战,长篇则是持久战。而事实上,单线叙事正是游击战或阵地战的保证,此前他的中短篇小说(如《苍声》、《人间烟火》、《伞兵与卖油郎》等)几乎都是如此;而长篇小说要达到其所理想的"宽阔复杂,意蕴丰厚"的境地,则有赖于叙事结构的拓展,在这一点上,此前的长篇《夜火车》、《午夜之门》无疑显得相对保守。这次《耶路撒冷》大胆采取了双线叙事结构:主线基本遵循传统故事的惯例,按时间顺序纵向展开情节序列,但在各个事件的安排上又以"景天赐"及其自杀为焦点,围绕此焦点分述以五位主人公为核心的次要事件,从而在情节链上形成焦点凸出、前后对称又彼此咬合的"齿轮"结构;副线则以初平阳为《京华晚报》撰写的"我们这一代"十篇专栏为主体,使情节又如蜘蛛网般蔓延开来。相较于主线无法避免的"故事时间"的线性、故事空间的单一性、故事人物的集中性,副线试图横向地呈现出"叙事时间"的灵活性、叙事空间的开阔性、叙事人物的多样性;二者彼此呼应,邻近交叉,一纵一横,一实一虚,一明一暗,一唱一和,共同揭示"70后"一代人的精神史。

另一方面,变单一文体为杂糅文体。如作者所言,"为了把故事与专栏区分开,我在文体上下了点功夫。奇数章的故事里直接引语我按传统的方式用引号,偶数章则用破折号,这也是乔伊斯的方式。偶数章的形式变化也多,有演讲稿、随笔、短篇小说等。专栏的设置,我想让它和主体故事有联系,但又不能过于紧密,要若即若离,有张力才好。"①以这种杂糅文体全方位展示"70后"一代集体关注的诸如"世界""爱情""回忆""故乡""文学""生活""出身""恐惧""时间""命运"等重大问题,集中呈现"我们"无法摆脱的纷杂幽微的精神疑难,显然达到了相得益彰、事半功倍的效果。而对于那些满足于接受单一小说文体,"满足于接受故事的主线,然后用自己通过日常生活和艺术体验所获得的知识去填补那些间隙"②的读者而言,这种双线叙事和杂糅文体无疑是对其审美与接受习惯以及文体期待的冒犯,而这种冒犯自然又可能带来"陌生化"的审美效果。

  客观来说,徐则臣的这种文体创新不能完全算是独创,而是对陀思妥耶夫斯基式复调和布洛赫式复调的综合与融通。陀思妥耶夫斯基复调的特点正如巴赫金所言:"有着众多的各自独立而不相融合的声音和意识,由具有充分价值的不同声音组成真正的复调","众多的地位平等的意识连同它们各自的世界,结合在某个统一的事件之中,而互相间不发生融合"③。而布洛赫则早在其《梦游者》第三部小说中就尝试了将小说、短篇小说、报道、诗歌和随笔等五个不同"声部"融为一体,但各自在小说中又占据并不平等的分量,这正如昆德拉所评价的,"在小说复调中引入非小说文学种类的做法是布洛赫革命性的创新"④。当然,布洛赫只是通过一个或几个主题而将五条线统一起来,同时发展但互不相遇,而"陀思妥耶夫斯基创造的是一种'多声部性'的、'全面对话'的复调小说,主人公作为'自由的人',具有各自独立、平等而不相融合的声音和意识,他不仅是作者观察世界的客体,也是独立的具有自我意识的主体"⑤。通过融合二者,徐则臣实现了自己的文体创新:在主线中,他将五个主人公各自独立、地位平等的五种声音和意识连

---

① 孙小宁:《70后返乡或到世界去》,《北京晚报》,2014年7月12日。
② [美]西摩·查特曼:《故事和叙事》,闫嘉主编:《文学理论精粹读本》,中国人民大学出版社2010年版,第12页。
③ [俄]巴赫金著,白春仁、顾亚玲译:《陀思妥耶夫斯基诗学问题》,生活·读书·新知三联书店1988年版,第29页。
④ [法]昆德拉著,董强译:《小说的艺术》,上海译文出版2008年版,第94页。
⑤ 江飞:《巴赫金"自由的人"诗学思想论》,《安徽大学学报(社会科学版)》2013年第3期。

同他们的世界,结合在景天赐自杀事件之中,互不融合,但彼此对话;在副线中,又引入非小说文学种类(演讲稿、随笔、短篇小说等专栏),通过"我们这一代"这一主题将其统一起来,各"声部"占据平等的分量,同时发展但互不相遇。通过情节安排的嵌套、结构并置与间隔穿插等技巧,既"花开两朵",让两枝花彼此映照,又"各表一枝",让每枝花上的花瓣都片片绽放,最终形成了一个花团锦簇的整体,呈现出一种"众声喧哗"却又充满生机与张力的复调结构。

徐则臣之所以选择这种变形的、非常态的"复调"结构,原因显然并不在这结构本身,而在于其对小说"故事"的现代认知,换言之,在于超越传统的故事形态和小说边界的需要。徐则臣在大学学习和任教大学期间"为写作而阅读"了大量现代外国文学作品(诸如卡夫卡、乔伊斯、萨拉马戈、卡尔维诺等),外国文学不仅为其写作"提供了极为重要的源头活水"和"压倒性的营养"[1],更使其在对小说、故事、世界、现代性等关键问题上找到了"在世界文学的坐标中写作"[2]的自觉与自信,建立起自己的"经典"标准;而正因为有了"世界文学"的坐标,徐则臣有了超越中国文学传统的"故事(小说)观"的现代性诉求,有了创造具有"世界意义"的文学作品的强烈意愿和实践。在他看来,"传统的故事的黄昏也许应该来临",因为传统意义上的小说的"故事"是小说家按照线性逻辑解释世界的产物,"有着起承转合的完整结构,有着无懈可击的强硬的逻辑线条,因果井然",但事实上,这种故事整一性的传统小说"用显见的、可知的逻辑呈现世界的同时,也是在简化和遮蔽世界与人心的复杂性",因此他呼唤一种新的"故事","它必定要能容纳更多的暧昧与偶然性,它必定有一个无法光滑、明亮的带毛边的外表;它要不畏变形与非常态,它努力抵达的应该是世界的真相,并为此不惜冒犯我们常规的审美与接受习惯,而非只求一个精致、完美、'合阐释'的'故事'外壳,将自己打磨干净削足以适履。它要尽力还原为一个接近世界真

---

[1] 徐则臣著:《别用假嗓子说话》,第247、244页。
[2] 徐则臣著:《别用假嗓子说话》,第68页。

相的样貌"①。显然,对当下世界的深刻认知促使徐则臣力求超越小说边界与故事黄昏,而这种注重偶然性、去逻辑化、反秩序、去整一性的认知显然饱含"后现代"意味。

由此,小说也存在着两方面问题:(一)借助后现代理论能否认清或接近"世界的真相"?美国学者凯尔纳和贝斯特认为:"后现代理论揭示了社会趋向片断化和异质化的过程,这是它的贡献之一。然而,毋庸置疑,当前社会也同时趋向于越来越中心化,出现了新的总体化趋势和新的社会组织形式。……科层化和全面管制仍然是当代社会的重要趋势。然而,后现代理论却倾向于掩盖我们日常生活和社会经验中的这些基本方面。"②从这个意义上说,如果作者仅仅以"后现代"的眼光来认识世界和解释世界,既不采取批判的辩证法,不对中国文学传统采取现代性转化,也不联系中国目前"前现代"、"现代"与"后现代"混杂的日常生活和社会经验,那么,由此获得的"人性真相"或"世界真相"或"世界意义"也是十分可疑的;(二)尽管作者有意缝合主线与副线、故事与专栏之间的裂隙,努力寻求"若即若离"的"张力",但副线(专栏)"互不相遇"的文体、先行的宏大命题与形而上的思想指向、部分游离于故事之外的人物与事件(比如"时间简史")等,使其与主线(故事)之间并不能形成一个和谐融洽的有机整体,仿佛裹在糖葫芦外面的糖衣,有味却并非原生态的"山楂味":这或许是其所言的"一个无法光滑、明亮的带毛边的外表",但更可能是其不得不承担的"越界"或"冒犯"的风险。当然,徐则臣似乎已做好承担这一风险的心理准备,如其所言,"相对于墨守成规成就的所谓'完美'之作,我更愿意看见那些听从内心、敢于破釜沉舟的'残缺''冒犯'之作"③:这也可视为《耶路撒冷》敢于"冒犯"的缘由所在。

---

① 徐则臣著:《别用假嗓子说话》,第235页。
② [美]道格拉斯·凯尔纳、斯蒂文·贝斯特著,张志斌译:《后现代理论——批判性的质疑》,中央编译出版社2011年版,第246页。
③ 徐则臣著:《别用假嗓子说话》,第237页。

## 四、结　语

在今天，文学的难度不仅在于如何表现纷繁复杂的世界，更在于如何"怀抱深重的疑难""迎难而上，决意以艺术的方式对自我追究到底"①。相较于"60后"的历史归属感与"80后"的现代自由感，"70后"最大的问题或许就是精神上的摇摆与彷徨，亟须信仰却找不到信仰，这是历史和现实共同造成的一种尴尬，对作家而言却又是一种可以翻转的独特的创作优势，正如徐则臣意识到的，"精神上的问题越大，文学上的可能性也就越大"②。《耶路撒冷》自觉挑战"难度写作"，不仅冒犯"精神失语"的"无声文学"，也冒犯常规的小说边界、故事形态以及读者的审美与接受习惯，以我观物，以实写虚，实现了这种文学可能性，是一部虚实相生的"有我"的小说。从某种程度上来说，他对自己深重的精神疑难的凝视、反思与复调书写，也就是对"过渡时代"的"时代精神"的发现、理解与揭示。

进而言之，与其说作者是在为其笔下的"异乡人"寻找精神支柱，不如说他是在以文学的方式追究现实中"我们这一代"乃至所有中国人普遍的精神疑难，并试图寻找某种精神出路。在小说中，作者曾借塞缪尔教授之口说道，"城市精神与这个城市的人的精神，无法分离"③，这个城市可以是二战时曾经接纳和厚待过犹太人的上海，也可以是耶路撒冷，由此，我们是否也可以说，"中国精神与中国的人的精神，无法分离"？如果说《耶路撒冷》是在为中国人寻找精神出路的话，那么，它实际上也就是在为中国寻找重建精神信仰的可能。"掉在地上的都要捡起来"，小说最后是这样一句朴素却意味深长的话，捡起人之为人的信念和素质，接续曾被丢弃现在依然被浪费

---

① 宋琳琳：《徐则臣访谈录》，《时代文学》2013年第5期。
② 徐则臣著：《通往乌托邦的旅程》，昆仑出版社2013年版，第79页。
③ 徐则臣著：《耶路撒冷》，第202页。

的文化传统和历史底蕴,建设美好的自然环境①,这既是"一个悲观的理想主义者"逆流而动的"撤退"之道,又可能是我们重建精神信仰、重返精神家园的前进之路!

(本文原载《文学评论》2016年第3期)

---

① 徐则臣在一次访谈曾说:"我看重一个城市对她独特的历史和文化的保存、唤醒与活学活用的能力,看重这个城市如何有效地将她的历史转化成为当代史。淮安的历史和文化底蕴毋庸置疑,但这些年浪费得也不算少,在'务虚'时有意无意用的大多也是'务实'的标准。所以,比较这些城市,我倒希望用反方向的标准,看谁慢。其实放远了看,最后比的不是谁快,而是谁慢。当大家都急着往前跑,一路丢掉都是将来最重要的,历史、文化、底蕴、自然、环境、素质,跑到头了,无路可走了,掉过头回去一样样捡起来,你会看到,最慢的那个一转身,走在了最前面。"(参见李徽昭:《花街:徐则臣的文学故乡》,《淮海晚报》,2015年3月9日)

# 论莫言新历史小说的民间叙事

陈 卓 王永兵

2012年莫言以"将魔幻现实主义与民间故事、历史与当代社会融合在一起"的鲜明文学个性荣获诺贝尔文学奖,成为首位获得诺贝尔文学奖的中国籍作家。其实,莫言在20世纪80年代就是中国文坛的领军人之一,他是当代文坛寻根文学、新历史小说、先锋小说创作潮流中涌现出的出类拔萃的大作家。尤其是他以《红高粱家族》《丰乳肥臀》《檀香刑》《生死疲劳》等为代表的新历史小说别具一格、影响深远。

新历史小说是一种产生于20世纪80年代中后期,以新历史主义为主要历史观的文学形式。传统的历史主义在承认历史事实存在的前提下,认为历史学家可以通过研究考察,完成对历史场景的真实还原。新历史主义的理论家虽然也承认客观历史的存在,却认为历史书写不可能真正地达到还原历史真相的目的。在他们看来,历史并不是对史实单纯的纪录,历史学家总是站在一定的情感价值立场书写历史,尽管他们的确想尽可能客观地将历史真相呈现出来,可是不同的情感价值立场的存在本身明显地阻碍了这种目标的实现。新历史小说家在这种历史观的指导下对传统历史小说、革命历史小说进行颠覆和重写,他们笔下的历史不再是所谓客观真实的"信史",而只是借助过去的历史背景与历史氛围抒发自己的生命体验,历史在新历史小说家笔下只是一次次的精心构思和巧妙阐释而已。

莫言与同时代作家相比,他的新历史小说的独特性在于具有鲜明的民间化叙事特征。出生于山东高密县的莫言自认是农民作家、乡土作家,十几年的农村生活使他与民间有着割不断的天然联系,成年后步入城市在城乡的对照反差中又进一步加强了他对农村、对民间的感情。莫言说自己虽然身在异乡,但精神其实已经回到了故乡,"我的肉体生活在北京,我的灵魂生活在对于故乡的记忆里"①。他还说:"对于生你养你、埋葬着你祖先灵骨的那块土地,你可以爱它,也可以恨它,但你无法摆脱它。"②早年农村生活在留给莫言刻骨铭心的民间记忆的同时,也黏合了他与民间千丝万缕的情感联系,最终形成了难以化解的民间情结。在民间情结的烛照下他的新历史小说无论是在叙事立场、叙事内容,还是在叙事话语方面都打上了鲜明的民间烙印。

## 叙事立场:"作为老百姓的写作"

新历史小说与革命历史小说站在阶级的立场上,用鲜明的政治权利意识书写历史截然不同。莫言的新历史小说最显著特征就是远离阶级政治立场而站在民间立场进行写作。他从文学创作伊始,就形成了以民间为本位的叙事立场,即使是书写历史的小说也凸显的是底层人民的生活和情感。莫言强调自己的写作不是"为老百姓的写作",而是"作为老百姓的写作"③。知识分子的民间价值立场使莫言始终将自己作为老百姓的一份子去审视历史,从民间资源中汲取营养,用民间社会、民间人物书写历史。

知识分子的民间价值立场决定了莫言的新历史小说以大众作为描写对象,名不见经传的普通人成了他小说中的主体,土匪、响马、地主、戏子、妓女等社会边缘人物成了他重点描写的对象,而传统历史小说中的英雄豪杰、才子佳人退出了主角位置。这种"反英雄"的写作策略将以往众多历史题材小说中完美的英雄形象还原为生活中有血有肉的普通人。这使他笔下的人物很难简单地归结为"好"或"坏""善"或"恶",因为他们既伟大又狭隘,

---

①② 莫言:《我的故乡与我的小说》,孔范今、施战军主编:《莫言研究资料》,山东文艺出版社2006年版,第25页。
③ 莫言:《文学创作的民间资源——在苏州大学"小说家讲坛"上的讲演》,孔范今、施战军主编:《莫言研究资料》,第37页。

既崇高又卑琐,是一群"最美丽最丑陋、最超脱最世俗、最圣洁最龌龊、最英雄好汉最王八蛋"[①]的活脱脱的存在。我们只能说他(她)们是一个个复杂体,而恰恰是这些"复杂体"还原了历史的真实,道出了最真实的人性。从这个角度上看,莫言的新历史小说将文学关注点下移,聚焦于普通人,重新体现了"文学即人学"的重大命题。

《红高粱家族》和《檀香刑》都是书写民间抗战反侵略的故事,小说中的主人公是一些流落乡间或市井的普通人。《红高粱家族》里描写了一个民间抗战英雄——余占鳌,他领导了一场由土匪和村民自觉发动的抗日战争。这支队伍连聋带哑连瘸带拐不过四十人,枪支是七长八短、土炮、鸟枪,还有老汉阳、铁齿耙,本来设计好的埋伏战在混乱中成了一场遭遇战,结果是乡民和日本兵两败俱伤,虽然射杀了日本士兵几十人,但几百名村民也被打死在了高粱地里。《檀香刑》写的是清朝末年"高密东北乡"发生的一场抗德斗争,小说中的"英雄"——孙丙乃是民间演出地方小戏——猫腔的艺人,他因妻子遭受德国人的侮辱而义愤填膺地加入了义和团,最终经历了骇人听闻的血腥酷刑——檀香刑,倒在血泊里。莫言的新历史小说打破了以往人们心目中英雄"高、大、全"的形象,取而代之的是一群地地道道的民间本色英雄,在他们身上表现出的是一种普通人的民间日常化的形态。莫言从普通人的人生故事中发现了永恒的人性,尤其是边缘人物被历史身份所遮掩的正常人性,用普通人的生活向我们展示了历史的另一面。莫言正是通过这种民间化的书写表明了向民间回归的叙事立场。

莫言的民间叙事立场还突出表现在他把叙述的元点置放在民间最本质的物质层面——生命形态的启动发轫上,他的小说充满了民间社会所特有的自由个性和蓬勃生命力。陈思和说莫言"一向强调原始生命力的浑然冲动和来自民间大地的自然主义美学。"[②]民间生命形态里往往充满着原始的

---

① 莫言著:《红高粱家族》,上海文艺出版社2012年版,第2页。
② 陈思和:《莫言近年小说创作的民间叙述》,孔范今、施战军主编:《莫言研究资料》,第275页。

生命力意识，体现出一种自然、悲壮、强悍的生命美学。《红高粱家族》展现了"我"的祖先在高密东北乡上演的一幕幕轰轰烈烈、英勇悲壮的故事。小说以一种充沛饱满自由自在的民间情感作为作品内在的精神支撑，全力张扬了中华民族原始粗暴狂野的生命力，凸显出充满生命活力的民间世界的理想状态。主人公"我爷爷"（余占鳌）虽是土匪出身，他杀人越货、抢亲野合，但精忠报国的精神、越轨的爱情、剽悍的性情无不是生命强力的喷薄。"我奶奶"（戴凤莲）同样有着不羁的灵魂，不拘礼法、蔑视陈规，"什么事都敢干，只要她愿意"[①]，犹如一株扎根于黑土的倔强的红高粱。她"不仅仅是抗日的英雄，也是个性解放的先驱，妇女自立的典范"[②]。莫言由衷地赞美这些红高粱地里不屈的精魂，虽然他们并不是伟大的历史人物，但他们英勇无畏、敢爱敢恨、狂放不羁，这些先辈身上郁勃的生命力和自在自为的生命形态具有民间独有的样式。《檀香刑》中，一生演戏三十余载的戏子孙丙成为民间生命形态的承载主体，他是高密东北乡民间艺术形式——猫腔的代言人和集大成者。他的来自东北乡泥土深处饱含个性与活力的原始激情正是民间生命意识的精华之所在。

"作为老百姓的写作"的民间叙事立场使莫言始终以一种悲天悯人的情怀去关注民间，用一种平等的心态对待小说中的人物，写出了普通人的真实生命状态。

## 叙事内容："野史"化的民间历史

新历史主义者认为，历史是偶然的巧合，甚至是由人的本能欲望写成的。新历史小说家在这种历史观的影响下放弃了对"正史"、"信史"的追求，而着力表现具有"野史"意味的历史，即民间化的历史。这是经过作家思想过滤和心灵折射的历史印象，是一种带有浓厚主观色彩的创作活动。

---

①② 莫言著：《红高粱家族》，上海文艺出版社2012年版，第11页。

洪子诚说:"这些小说处理的'历史'并不是重大的历史事件,而是在'正史'的背景下,书写个人或家族的命运。"①新历史小说家摈弃了革命历史题材小说二元对立的叙事模式,用全新的解构视角,重新审视过去的历史事件。莫言认为"小说家笔下的历史是来自民间的传奇化了的历史",这其实不是真实的历史而是象征的历史,是打上了作家个性烙印的历史,因为他认为"这样的历史才更加逼近历史的真实"②。的确,在莫言的新历史小说中,历史被莫言塑造成了他自己想要的模样。

在莫言的新历史小说中,他抛弃了传统历史小说那种由重大历史事件和英雄人物拼合而成的宏伟叙事模式,将视线从宏大的战争场景和江山的改朝换代投注到那些并不起眼的家族和小村落的书写上。莫言将他的视线很自然地落到了以他的故乡为底本的"高密东北乡"这块神奇的土地上,书写"野史"化的民间历史。于是,家族故事、民间传说、奇人异事、妖魔鬼怪接踵而来纷纷走进了他的小说。

《红高粱家族》表面上看写的是有关抗日战争的历史,叙述的是一个宏大的主题。但实质上,小说并没有描写正面战场上敌我之间惊心动魄的生死较量,再现人民战争的壮丽画卷,而是写了一段政治势力之外的民间的"家族抗战史",浓墨重彩地讲述了"我爷爷"和"我奶奶"惊世骇俗的爱情传奇。于是,红高粱地里一半是土匪强盗一半是江湖好汉的余占鳌成了真正的主角,而江小脚率领的抗日正规部队"胶高大队"被挤出历史的中心。以往革命历史小说中的抗日主题就这样被瓦解了,宏伟的"国家历史"和"民族史诗"被民间化的历史场景、"野史化"的家族叙事所取代,现代中国原有的历史叙事规则在此被颠覆。对此莫言解释道:"写战争不必非要写真实的战争过程","我想达到的目的是反映人类的某种生存状态"③。同样,《檀香刑》展现了20世纪初叶民间自发的一场抗辱卫家的抗德斗争史。小

---

① 洪子诚著:《中国当代文学史》,北京大学出版社1999年版,第390页。
② 莫言著:《莫言讲演新篇》,文化艺术出版社2010年版,第86页。
③ 莫言、陈薇、温金海:《与莫言一席谈》,孔范今、施战军主编:《莫言研究资料》,第21页。

说重点写的是戏子孙丙慷慨赴死接受檀香刑,演绎了一出撼天动地的生命悲剧,以及民间女子眉娘敢爱敢恨的传奇人生。由此可见,在莫言的新历史小说中,民间社会和民间生活由原来的边缘位置上升到了叙事的中心地位,民间边缘化的人物在不经意间成了"历史的主体"。莫言的新历史小说名副其实地成为一种非官方的"野史杂说"。

民间神话故事的演绎也是莫言新历史小说叙事的重要组成部分,一些小说的情节取材于神话和民间故事,这使小说笼罩上了一层原始的气息和神秘的色彩。莫言早年身处乡土社会,山东源远流长的齐鲁文化对他影响深远,尤其是民间故事传说对他影响巨大。他说自己的家乡高密离蒲松龄的家乡不远,当地口头流传着许多关于鬼狐的故事,"跟《聊斋志异》中的故事大同小异"[①]。《红高粱家族》中的民间传奇化色彩就很浓郁,如小说几次写到二奶奶恋儿与黄鼠狼的神秘关联,还写到了倩儿图财害命,遭到天打雷轰的故事。《丰乳肥臀》中写鸟仙三姐的设坛占卜,司马大牙发动的人粪尿战争,鸟儿韩的山洞穴居等都充满了神奇荒诞的民间色彩。《生死疲劳》也充溢着神话怪诞的成分,小说的叙述者是一个土改时被枪毙的地主,但他自认虽小有财富却并无大的罪恶,因此在阴间为自己喊冤。于是,他不断投胎转世,经历了六道轮回,为驴、为牛、为猪、为狗、为猴,最终转生为一个带着先天性不可治愈疾病的大头婴儿。生命的六道轮回想象,借"动物之眼"观察农民命运和乡村变迁,小说极大地挖掘了东方民族丰富奇特的民间想象力。

总之,莫言的新历史小说书写的是"野史"化的民间历史,他描写了一出出发生在山东高密东北乡的"传奇"。莫言只是想借历史故事的演绎表达自己心中的历史感受,他所要确立的是一种带有强烈主观色彩的所谓"事实"。因此,他小说中的许多因素都与民间文化形态紧密关联,构成了一副色彩斑斓的民族生活和民族生存的民俗画卷。

---

① 莫言:《我的故乡与我的小说》,孔范今、施战军主编:《莫言研究资料》,第26页。

## 叙事话语：朴素的民间话语

历史在新历史小说家眼里，已不再是教科书中的刻板模样，他们在找寻属于自己的话语，要运用个人话语先使意识形态解码，然后再对解码后的历史重新编码。莫言就是一位尝试用民间话语进行叙事的先行者，他有意识地摒弃了主流的官方话语，而选择了朴素的民间话语书写新历史小说。"莫言艺术最根本也是最有生命力的特征，正是他得天独厚地把自己的艺术语言深深扎根于高密东北乡的民族土壤里，吸收的是民间文化的生命元气，才得以天马行空般地充沛着淋漓的大精神大气象。"[①]

民间话语的选用对莫言来说绝非偶然，这也与他的早年生活密不可分。莫言的童年在农村度过，少年辍学，没有接受过严格的学校语言训练，那些正统规范的书面语与他格格不入。但正是这种农村生活经历使他的创作能用非常自然朴实的民间话语来叙写故事，使他的小说弥漫着迷人的乡土气息，他是描绘自然的能手。如《红高粱家族》中写"无边无际红成洸洋的血海"[②]的高粱地，写"一会儿排成个'一'字，一会儿排成个'人'字"[③]的往南飞的大雁，写成群结队的、马蹄大小，"在夜间爬上河滩，到草丛中觅食"[④]的秋天的螃蟹。《丰乳肥臀》中写"湛蓝的秋天的天空"，"明媚的秋天的阳光"[⑤]，还有宁静的村庄、满天的五彩缤纷的云霞……莫言对乡村景物的逼真描写唤醒了我们的乡土记忆，还原了我们早已失去，但久久不能忘怀的传统乡村特有的生机勃勃的自然图景。

鲜活的民间口语是莫言叙事话语的主体。莫言曾坦言说他的语言与民间艺术家的口头传说是一脉相承的。"第一，这种语言是夸张的流畅的滔滔

---

① 陈思和：《莫言近年小说创作的民间叙述》，孔范今、施战军主编：《莫言研究资料》，第275页。
② 莫言：《红高粱家族》，第2页。
③④ 莫言：《红高粱家族》，第5页。
⑤ 莫言：《丰乳肥臀》，上海文艺出版社2012年版，第64页。

不绝的;第二,这种语言是生动的有乡土气息的。"①《红高粱家族》中"我奶奶"说话就民间味儿十足,她说:"不看僧面看佛面,不看鱼面看水面","没有上不去的山,没有过不去的河","没有弯弯肚子别吞镰钩刀子",等等。这些朗朗上口顺畅明白的大白话,有着浓郁的山东地方风味,它们是几千年民间语言智慧的积淀。

民间话语在莫言的新历史小说中不仅用来绘景记人写事,更发挥了褒贬人事的特殊作用,民间话语常常发出了与书本上记载的历史不一样的声音。莫言说:"我们心目中的历史,我们所了解的历史,或者说历史的民间状态是与'红色经典'中所描写的历史差别非常大的。"②在《红高粱家族》中,莫言就用乡间九旬老太的山东快板诉说民众心目中英雄的形象:"女中魁首戴凤莲,花容月貌巧机关,调来铁耙摆连环,挡住鬼子不能前。"③老太的话语明显透露出民众的价值取向,民众以自己的情感为出发点,用自己的语言为心目中的英雄唱赞歌。这种民间话语保存了老百姓非常朴实的观念意识,流淌着对弱小者的悲悯,对强权者的仇视,正是这种朴实的民间话语的存在,使得老百姓保持着对历史最本真的记忆。莫言就成功地运用了这种朴素的民间话语真实再现了民众心目中历史的本来面目。正是在还原历史真实面目的过程中,莫言的小说显示出震撼读者灵魂的强大冲击力。

莫言采用了与主流话语相去甚远的民间话语叙述故事和塑造人物,用民间话语再现了历史的本来面目,这无疑是一种成功、明智的叙事策略。品读莫言的新历史小说,我们会惊叹他用民间话语诉说普通人的历史——真实的民间历史,从中我们也能深刻地体会到莫言的人本主义立场——他时刻关注着民族的生存状态。这样朴素又另类的民间话语不仅成就了莫言别具一格的个人叙事风格,也开创了一条新历史小说全新的创作道路。

---

① 莫言、刘颋:《我写农村是一种命定——莫言访谈录》,孔范今、施战军主编:《莫言研究资料》,第83页。
② 莫言、王尧:《从〈红高粱〉到〈檀香刑〉》,孔范今、施战军主编:《莫言研究资料》,第44页。
③ 莫言:《红高粱家族》,第10页。

毋庸置疑，莫言是当代文坛一位非常有才华的接地气的作家，他始终认为一个作家应该"到民间、从民族文化里吸取营养，创作出有中国气派的作品"①。于是，"他把自己整个灵魂沉浸到'高密东北乡'里边，不厌其烦地描写这个封闭、原始、落后却又充满传奇的'小地方'"②。他的新历史小说就是站在知识分子的民间价值立场、用饱含深情的民间话语书写出的一部部普通人的真实历史。民间化成为他新历史小说的标志性特征。莫言的民间化写作方式无疑在中国当代文学本土化、民族化道路上做出了有目共睹的突出成就。

（本文原载《当代文坛》2016年第2期）

---

① 莫言、王尧：《从〈红高粱〉到〈檀香刑〉》，孔范今、施战军主编：《莫言研究资料》，第53页。
② 温儒敏：《莫言历史叙事的"野史化"与"重口味"——兼谈莫言获诺奖的七大原因》，《中国现代文学研究丛刊》2013年第4期，第22—28页。

# 论苏雪林的文学批评观

陈 卓

苏雪林既是我国现代著名作家,又是重要的文学批评家,批评家与女作家的双重身份,使苏雪林成为一个独特的存在。但由于时代环境、政治立场以及性别特征等方面的原因,苏雪林对现代文学批评的理论贡献及其学术地位没有得到应有的重视,在已经出版的颇有分量的中国现代文学批评史中对其文学批评或是简单的点评,或是粗略的概括,少有专门的论述,更没有深入挖掘其文学批评的价值和意义。苏雪林作为我国现代为数不多的女性批评家,其文学批评表现了现代女性知识分子的文化参与意识及其在文学理论方面的建构能力。纵观苏雪林的文学批评,可以看出以下特点:一是视野开阔、思想开放,呈现出多元的价值观;二是跨文化视角、女性批评视角和印象主义批评方法,使苏雪林的文学批评个性鲜明。以上特点的形成有时代的原因,也有个人的原因,其中夹杂着众多因素。这些独树一帜的文学见解和文学批评方式是苏雪林在文学创作之外的重要收获,也使她在中国现代文学史上显得矫矫不群。

## 一、价 值 标 准

苏雪林认为作品的思想艺术价值是第一位的,坚持将作品的思想艺术成就作为评价作家作品的首要标准。但苏雪林的"道德洁癖"又使她不自觉地用传统伦理规范与价值尺度去衡量一个作家的艺术才情与文学史价值,"艺术标准和道德标准之间的纠结"[①],使她的文学批评不可避免地出现

---

① 丁增武:《论苏雪林的批评个性》,《长江学术》2013年第2期,第1页。

了一些偏见。

　　作品的思想艺术价值是苏雪林文学批评的首要关注点。苏雪林推崇冰心,认为冰心的诗歌在思想艺术上俱佳。冰心的诗歌思想内容纯正,多抒写母爱童真自然,形式上冰心"圆如明珠,莹如仙露"①的小诗、"恬淡自然,无一毫矫揉造作之处"、"清丽润秀,表现女作家特色"②。苏雪林还进一步分析说,冰心文字的澄澈与思想的澄澈相关,"冰心思想则如一道日光直射海底,朗然照彻一切真相"③,"读冰心文字,每觉其尊严庄重的人格,映显字里行间,如一位仪态万方的闺秀,虽谈笑风流而神情肃穆,自然使你生敬重心。"④苏雪林喜欢徐志摩的诗风,评价徐志摩诗歌在精神方面表现出"人生美的追求""真诗人人格的表现"的特点;在形式方面则具有"体质的讲求""辞藻的繁富""气势的雄厚""音节的变化"的特点。即使苏雪林不喜欢邵洵美的颓荡文风,但她仍然评价邵洵美的作品文笔无不优美,"像《蛇》《女人》、《季候》、《神光》,都是好诗。而长诗《洵美的梦》,更显出他惊人的是诗才。"⑤苏雪林政治思想保守,排斥左翼作家,但也还能从思想艺术标准出发,给予左翼作家应得的评价,如她肯定茅盾的作品"能够充分表现时代性"⑥、"有计划的作为社会现象的解剖"⑦;赞扬叶绍钧"作风极其精炼纯粹""有真实的情感";田汉则被她誉为中国新式话剧的支柱,是"戏剧界十项全能"⑧。

　　但是,苏雪林的文学批评又呈现出道德批评的色彩,"她的批评标准中掺杂了道德审判"⑨。一方面,苏雪林给予胡适和冰心极高的评价。苏雪林最

---

① 苏雪林:《中国二三十年代作家》,台湾纯文学出版社1983年版,第77页。
② 苏雪林:《中国二三十年代作家》,第85页。
③ 苏雪林:《中国二三十年代作家》,第78页。
④ 苏雪林:《中国二三十年代作家》,第80页。
⑤ 苏雪林:《中国二三十年代作家》,第160页。
⑥ 苏雪林:《中国二三十年代作家》,第401页。
⑦ 苏雪林:《中国二三十年代作家》,第405页。
⑧ 苏雪林:《中国二三十年代作家》,第508页。
⑨ 罗丹:《浅论苏雪林文学批评的价值尺度》,《长沙铁道学院学报(社会科学版)》2007年第4期。

敬重胡适，称胡适是"现代圣人"①、"一代完人"②。这是因为"提倡新文化"又"实践旧德行"的胡适与苏雪林在精神上有诸多相通之处，他们在道德上都是矛盾的、双重的。这种敬重反映到文学批评中就是苏雪林对胡适人品和文品无与伦比的欣赏。苏雪林推崇冰心与冰心符合她的道德观也紧密相连。苏雪林的女作家批评给了冰心最多的篇幅和最高的赞誉。冰心个性淑婉，被称为"新思想与旧道德兼备的完人"，倡导女性要做"新贤妻良母"，这些都贴合苏雪林的道德观念与审美标准。而另一方面，苏雪林基于传统伦理道德观念，则对郁达夫、鲁迅作出了截然相反的评价。苏雪林从郁达夫的作品里看到的作家郁达夫是一位"赤裸裸描写色情与性的烦闷"，"一生元气已被酒色斫尽的作家"。苏雪林对郁达夫的贬抑明显是以传统伦理道德为出发点对作家进行人格的评判。在苏雪林的逻辑中，作品的不道德必然是作家人格有问题，作家人格不健全也会折射为作品的不道德。只是她忽略了，她所强调坚持的道德是一种极其保守的传统伦理道德。苏雪林保守的道德观，令她无法接受郁达夫那种与传统士大夫迥异、敢于赤裸裸袒露自我的真诚人格。众所皆知，苏雪林一生"反鲁"，她与鲁迅虽有些私人恩怨，但主要原因还是她一口咬定鲁迅人品有问题，在她激烈的"反鲁"论调中，主要指责鲁迅性格病态、人格矛盾、个性阴贼巉刻、多疑善妒、气量褊狭，而且复仇心强烈、领袖欲旺盛。殊不知，偏执保守的苏雪林哪能理解鲁迅的深刻犀利。苏雪林将文学与伦理道德紧密相连，人格成为苏雪林进行文学批评的一个关键词。由此可以看出，苏雪林文学批评的价值标尺是："只要批评对象（包括作家和作品）不引起她的道德反感，她就更着重于从艺术特点上认定其文学价值；一旦她认定了对方道德上的偏差，其批评的尺规就会越过艺术的边界成为道德的审判。"③苏雪林文学批评的价值标准虽小有瑕疵，但总体上她的文学批评是客观持重的，"虽未能全凭客观的标准，倒也

---

① 苏雪林撰：《苏雪林自传》，江苏文艺出版社1996年版，第41页。
② 苏雪林：《苏雪林自传》，第317页。
③ 刘旭东著：《从启蒙主义到古典主义：苏雪林文学思想论》，中国社会科学出版社2015年版，第78页。

不失其大致的公平"①,基本上做到了爱而知其深,恶而知其美。

## 二、视角方法

在苏雪林的文学批评中,独特的批评视角和批评方法尤其引人注目。具体而言:重影响研究,时时以跨文化的视角审读文本,对中西文学进行比较研究;独有的女性批评视角,不仅构筑了我国现代女性文学史的雏形,而且对男性中心话语进行了有力的质疑和批判;借鉴西方印象主义批评方法,将其与中国古典文学批评相融合,建构以主观体验为特征的文学批评话语模式。

苏雪林的文学批评重影响研究,深受法国学派的影响。以影响研究为主要特征的法国学派"主要是采用实证的方法,研究和考证两国之间作家与作家、作家与作品、作品与作品之间的关系"②。苏雪林以跨文化的视角,运用影响研究的方法考察西欧文学对我国现代文学产生的深远影响。苏雪林将凌叔华比作"中国的曼殊斐尔",认为凌叔华与英国女作家曼殊斐尔一样"富于女性的笔致,细腻而干净"③。她将我国象征派诗人李金发与法国象征派诗人魏仑、颓废派诗人波特莱尔进行比较,指出李金发的诗歌与西洋象征派诗歌具有相同的特质。苏雪林又考察了我国现代文学与东欧邻国俄罗斯文学之间的接受影响关系。由于社会、历史、地缘等因素,20世纪俄罗斯文学对我国作家影响甚巨,我国很多作家的作品中都留下了俄罗斯文学的印记。苏雪林认为"十九世纪与托尔斯泰、柴霍甫,鼎足而三之杜思妥也夫斯基小说,尤为当时青年所欢迎"④,"叶圣陶可算中国第一个成功的杜氏私淑者"⑤;王统照的小说《黄昏》"似乎有些受俄国屠格涅夫《父与子》的影

---

① 沈晖编:《苏雪林文集》第二卷,安徽文艺出版社1996年版,第89页。
② 杨乃乔著:《比较文学概论(第三版)》,北京大学出版社2006年版,第175页。
③ 苏雪林著:《中国二三十年代作家》,第362页。
④ 苏雪林著:《中国二三十年代作家》,第299页。
⑤ 苏雪林著:《中国二三十年代作家》,第300页。

响"①；王鲁彦的小说《菊英的出嫁》"似乎从俄国梭罗古勃《未生者之爱》蜕化而出"②；等等。

苏雪林以女性视角进行文学批评，突出表现在她高度关注我国现代女性文学的发展并构筑了我国现代女性文学史的雏形。我国古典时代的女性文学受男权社会压抑发展缓慢，呈时有时无的间歇状态。直到"五四"以后，我国女性文学才有了突破性进展，文坛涌现出一大批才华横溢的女作家，女性文学的崛起成为20世纪中国文学一道光华灿烂的风景。但是，男性书写的文学史却有意无意地疏漏女作家的创作业绩，即便偶尔涉及也是轻描淡写，一笔带过。女作家出身的苏雪林在从事文学批评伊始，就给予女作家特别的关注。当时的文学批评界，没有谁像苏雪林这样对女作家投入这么多的目光和笔墨，并给予充分的肯定和赞美。苏雪林的女性批评视角还表现在苏雪林对男作家笔下虚假的女性形象进行了质疑与批判，揭示了男性中心文化对于女性形象的扭曲。苏雪林反感郁达夫，其中一个重要原因是郁达夫对女性形象的歪曲。她认为郁达夫"书中女主角之汲汲于性的满足，不惟没有心理的过程，更不合病理学的原理"③，是心理病态的郁达夫对女性肆意地猥亵和践踏。张资平同样因对女性形象的歪曲遭到苏雪林的否定。现代女性意识使苏雪林清醒地意识到男作家笔下淫荡的"妖妇"只是出于父权文化下男性对女性的淫邪欲望，而非现实生活中女性的真实生命形态。苏雪林的现代女性意识，解构了男作家笔下虚假的女性形象，揭示了这些被篡改的女性形象背后隐藏的男作家严重的性别歧视。但是，在传统与现代语境的撞击下，苏雪林是个"思想很新，行为则旧"④，背负旧传统的"五四"人，带有悲剧性的"半吊子新学家"。她对旧礼教、旧传统的态度极其暧昧和矛盾，始终持一种半新半旧的女性意识。这种新旧杂糅的思想

---

① 苏雪林著：《中国二三十年代作家》，第309页。
② 苏雪林著：《中国二三十年代作家》，第342页。
③ 苏雪林著：《中国二三十年代作家》，第321页。
④ 苏雪林撰：《苏雪林自传》，江苏文艺出版社1996年版，第43页。

观念和女性意识决定了苏雪林的文学活动具有明显的过渡色彩,其女性批评视角是不彻底的、有限度的。

苏雪林借鉴西方印象主义批评方法,她的批评话语由大量的阅读印象构成。如苏雪林谈穆时英的作品说:"《南北极》的故事虽然不足为训,文字却有射穿七札,气吞全牛之概。"[①]读徐志摩的作品,感到其《雪花的快乐》"音节之轻快,真有雪花随风回舞的感觉"[②],《落叶小唱》"每使人联想及白人甫的《梧桐雨》和长生殿《夜雨》一折"[③]。苏雪林用直觉体悟代替内容判断,她的阅读印象不仅是她批评的出发点,也往往是其批评的结论。因为我国传统文学批评在强调批评的主体意识、推崇情感体验和内心直觉方面,与西方印象主义批评不期而合。所以,中西学皆精通的苏雪林在借鉴西方印象主义批评方法的同时,又将西方印象主义批评与中国古典文学批评相融合,建构起以主观体验为特征的文学批评话语模式。难能可贵的是,苏雪林的文学批评在采用直觉体悟思维方式的同时,又适当地对感性的阅读印象进行理性升华,让印象感悟与理性评判互相渗透。

## 三、生成因由

探寻苏雪林文学批评观的生成,发现她文学批评中呈现的跨文化视角、女性视角和主观体验式批评的形成,既有时代环境的原因,也有其个人经历、性格气质的因素。

"五四"时期,王纲解纽、西学东进,中西文化的大交融与大碰撞,使中国文化、文学乃至整个民族心理都发生了巨大的裂变,外来文化的强烈刺激也带来中国人的文化视野的空前开拓。因此在我国现代文学批评发生伊始,苏雪林就能够站在世界文学的高度,自觉地运用跨文化比较的方法,对

---

① 苏雪林著:《中国二三十年代作家》,第441页。
② 苏雪林著:《中国二三十年代作家》,第104页。
③ 苏雪林著:《中国二三十年代作家》,第105页。

中西文学进行比较研究。在她看来,"世界文化同出一源,中国文化也是世界文化的一支"①,东西方诗学不分高低贵贱,应该以兼容并蓄的心态加以融会贯通。鉴于中国现代文学直接受到西方文学的影响而发生和发展起来的文化背景及"五四"新文学与西方文学之间事实上存在的密切关联,苏雪林的文学批评在跨文化的视角下,使用了法国学派的影响研究法。苏雪林早年留学法国,对法国影响学派相当熟悉并深受感染,为其展开跨文化比较研究奠定了基础。

苏雪林的女性视角,有着明显过渡色彩的现代女性意识。这种特殊女性意识的生成与她出身于封建旧式家庭和受其家乡新安理学潜移默化的影响有着密切关系。19世纪末苏雪林出生在皖南山区的一个封建官僚家庭,她说自己虽深受礼教之害,"但幼年耳濡目染的力量太强,思想究竟是保守的"②。尤其是她的母亲杜浣青对她影响甚大,恪守传统妇德的母亲成为苏雪林一生塑造自我的参照。苏雪林保守的女性意识与她的家乡皖南地区新安理学的渗透也分不开。伦理纲常是新安理学的核心,传统的儒家教化,森严的宗法制度是新安理学的显著特征。新安理学在徽州大行其道几百年,对徽州人影响极为深远。"尤其是徽州女性,在理学思想的潜移默化和理学所强化的礼教的束缚下,生存状态、价值观念以及道德品质等都凸现了鲜明的理学色彩,形成了独特的风尚。"③身为徽州女性的苏雪林早年的成长环境,导致她终身背负着过重的传统负担。但身处"五四"狂飙突进时代的苏雪林,毕竟经历了新文化的洗礼,又曾留学海外。这些因素纠结缠绕,最终形成了苏雪林新旧杂糅的女性意识。表现在文学批评中,一方面,清醒的现代女性意识使她关注我国女性文学的发展并以女性视角审视文学作品,反抗男性中心主义的文学史和美学观。另一方面,传统价值观念又使她在追求个性解放的时代大潮中时时不忘传统伦理道德规范,表现出"反主潮"退缩

---

① 沈晖编:《苏雪林文集》第四卷,第187页。
② 苏雪林撰:《苏雪林自传》,江苏文艺出版社1996年版,第37页。
③ 周晓光著:《新安理学》,安徽人民出版社2005年版,第266页。

的一面,她的女性批评也因此呈现出新旧斑驳的过渡色彩。

苏雪林从主观体验出发,重印象与体验,以直观的、感性的方式进入作品的艺术世界,作"灵魂在杰作间的奇遇"或"灵魂的探险"式的批评。她的主观体验式批评的形成:其一,与苏雪林"旧学"根底深厚有着直接关系。苏雪林有很高的古典文学修养,承继我国传统批评中直觉体悟的思维方式,以"妙悟"、"神会"式的直觉思维去感悟作品。她的文学批评既形象直观,又意蕴隽永;既传达出对批评对象的整体审美感悟,又灵动活泼,生气贯注。其二,与法国印象主义批评有着关联。苏雪林两次留法,特别是20世纪20年代第一次留法,正是印象主义批评在法国方兴未艾之时,印象主义批评方法自然影响到她的文学批评。其三,敏锐的文学感悟力是从事主观体验式批评的基本素养,写作主观体验式批评的人往往就是诗人或作家。苏雪林身兼作家和批评家的双重身份,使苏雪林长于用直观感性的诗性思维去追寻批评对象的创作心理与艺术特色。此外,苏雪林主观体验式批评还与她的文学批评鲜明的讲稿性质有关。苏雪林的文学批评大多数是20世纪30年代她在武汉大学讲授新文学史课程的讲稿,具有"结合教学写文学评论"的特点。文学作品内涵丰富,如果纯粹用逻辑性、分析性的话语进行评价,可能言不尽意,还有可能肢解了对作品的整体感悟。主观体验式批评话语恰好能帮助解决这个难题,明确的教学目的促使她用直观印象式的批评话语与学生进行文学交流和沟通。

## 四、影响意义

苏雪林不仅以古典文学研究著称,在现代文学批评方面同样杰出,她的文学批评具有重要的价值和意义,必将影响深远。

苏雪林是我国最早进行中西文学比较研究的批评家之一,是这个领域里筚路蓝缕的拓荒者。她以比较思维建构起的文学批评跨越了语言和民族的界限,关注国与国之间文学作品在渊源、题材、思想、情感、艺术手法等方面的关联,高屋建瓴地将我国现代作家作品放在世界文学的大视域中进行考察,特别重视外来文学对新文学的影响,着力探寻两者之间的内在联系,不仅为现代文学正本清源,而且为其推波助澜。苏雪林的跨文化比较,可以说从一开始就顺应了中国文学与世界文学交融的大趋势,也为后来者探索了一条如何在世界文学一体化的大潮中进行文学批评的新路径。

苏雪林以女性视角审视文学作品,彰显了女性的身份批评。首先,作为30年代屈指可数的女批评家,苏雪林在男性占统治地位的现代文学批评界,她的文学批评"表现出的'女性观察'至少起到了一种补白的作用"①,这是苏雪林文学批评的重要价值之一。苏雪林对现代女作家创作的系统收集和梳理,在当时是绝无仅有的,对全面认识新文学发生发展实有补遗之益。其次,苏雪林凭借女作家的细腻敏感,敏锐地把握作品的思想艺术特色,也是男性批评家难以企及的,弥补了男性批评家长于宏观概括疏于感知体悟的不足。苏雪林"以行云流水般的印象感悟式批评,传达出不一样的文学批评诉求"②。

而且,苏雪林还有意识地将西方的印象主义批评与本土的传统批评相融合。"我国传统批评多采用的诗话、词话、小说评点等松散自由的形式,偏重直觉与经验,习惯于作印象式或妙悟式的鉴赏"③,存在零乱琐碎、不成系统的缺点。鉴于此,苏雪林的文学批评,在中西结合中创化出了一套既具有民族文论底蕴,又含纳了现代意识的中国式印象批评话语,成功地实现了传统批评的现代转型。黄修己评苏雪林的文学批评说:"以流畅而恣肆的笔法,纵情发挥,议论风生,可以上涉古典,旁述西洋,纵横评点,显得风流倜傥。"④从中国文学批评史的角度来看,苏雪林创造的兼具中西批评特点的现

---

① 蒋炜炜作:《为了不被忘却——论苏雪林的文学批评与文学创作》,山东大学2007年硕士学位论文,第38页。
② 蔡建伟作:《苏雪林新文学批评心理研究》,华中师范大学2011年硕士学位论文,第40页。
③ 温儒敏著:《中国现代文学批评史》,北京大学出版社1993年版,第3页。
④ 黄修己:《谈苏雪林的〈中国二三十年代作家〉》,陈国恩主编:《苏雪林面面观——2010年海峡两岸苏雪林学术研讨会论文集》,黑龙江人民出版社2011年版,第5页。

代批评话语,是继王国维之后再次中西文学批评"合璧"的成功范例。从中国文学批评发展的前景来看,苏雪林从事的这种中西"合流"的文学批评探索,对当代文学批评也有着重要的指导与启发意义。

综上所述,苏雪林在我国现代文学批评发轫期,不仅以宏大的批评视野,对众多现代作家作品进行了深入独到的评析,用发展的眼光考察新文学,梳理其流变轨迹。更重要的是,她以独特的批评视角和批评话语,在当时主流文学批评范式之外另辟蹊径,开创了属于自己的文学批评范式,对后来的文学批评史的书写具有相当高的比照和借鉴价值。苏雪林在现代文学批评史上所做出的突出贡献,理应使她位居中国现代文学批评名家之列。

(本文原载《江淮论坛》2017年第4期)

# 宏大叙事与个人叙事的纠缠
## ——论鲁彦周的长篇小说

陈宗俊

作为新中国成长起来的第一代作家,鲁彦周前后共创作五部长篇小说:《彩虹坪》(1983)、《古塔上的风铃》(1988)、《阴阳关的阴阳梦》(1992)、《双凤楼》(1997)和《梨花似雪》(2005)。这些小说都写于新时期,是作家在新的历史语境中对人生与现实的思考记录。这其中既有对雷鸣般时代之音的回应与共鸣,也有叙述主体个人呢喃,"宏大叙事"与"个人叙事"缠绕纠结,斩不断、理还乱,并使鲁彦周成为新时期文学中一个独特的存在。

一

鲁彦周的这些长篇小说规模和时空博大,隐含着时代进程中的历史演变,属于宏大叙事一类。《彩虹坪》和《古塔上的风铃》可以说是姊妹篇,都可归为"改革文学"行列。前者写经济体制改革,后者写政治体制改革。《双凤楼》折射出从解放初到"文革"这一段中国特殊历史,尤其是历次路线斗争历史。晚年力作《梨花似雪》,则以75万言煌煌巨幅,叙写了1930年代初到1970年代末近50年的中国历史,是第七届"茅盾文学奖"入围作品之一,"有着非常有价值的审美意义和认识意义"[①]。这四部作品的主题很明显。写作于1988至1990年间的《阴阳关的阴阳梦》,曾让人认为是非现实主义作品,表面上看,这部小说在写作技巧上采用了西方现代派的某些手

---

① 唐先田:《彦周先生是一座山》,安徽省文联、安徽省评论家协会主编:《1949—2009:安徽作家报告》(上),安徽文艺出版社2009年版,第109页。

法,内容充斥着梦幻、意识流、荒诞等,似乎离宏大叙事很远。但透过这些梦幻与荒诞,故事本身如该书封面介绍的"为我们描绘了一幅资产阶级民主革命遭受挫伤的悲凉图景",那么小说主题依然是宏大叙事。因此,鲁彦周这些长篇小说,《阴阳关的阴阳梦》属于"前革命"记忆外,其他四部小说都是有关共产党的"革命"和"后革命"的宏大叙事。

这种宏大叙事对人物刻画引人注目。我们看到,作家笔下"正面人物"的男性,大都如作家《天云山传奇》中"罗群式"英雄:他们身材高大魁梧,声如雷暴,善于思考与学习,大都有著作或手稿记录其光辉思想;同时是天生的演说家,而且喜欢"站在岩石上"滔滔不绝。如《古塔上的风铃》中省委书记从戎"在一块突出到水里的岩石上立定"指导工作,《梨花似雪》中师政委方青击毙土豪时"站在林里一块大石上,一枪就把他撂倒了"……人物的这种在精神上"神异化"、行为上"全能化"、相貌上"英武化"、道德上"圣洁化"[1]刻画,与"十七年""红色经典"或者"文革"小说中"无产阶级英雄"人物塑造颇为相似。

与之呼应的女性其塑造手法相当。同时这些女性大都有一个很好的"出身",或是革命子女,或是农民子弟,"根正苗红"。另外,还有一类民间女子也是作家着力正面刻画的对象。有意味的是,作家笔下的这些女性大都是"孤女"!如《彩虹坪》中邓云姑、吕芹、耿秋英,《古塔上的风铃》中的冯娟,《双凤楼》中的况蓉、曾季素,《梨花似雪》中的卫灵,《阴阳关的阴阳梦》中三奶奶寒冰与卜柏英等。似乎只有孤女更能反映出人物性格的顽强与完美,也方能体现出革命对她们的洗礼与炼狱。某种程度上说,这些人物的塑造是作家宏大叙事的内在诉求与必然结果。

学者祖国颂曾说:"当我们着意寻求隐藏在文本中的作家的思想意义、价值取向、善恶美丑、审美标准和艺术表现时,其实我们是在寻找叙事的本质。"[2]以此观之,鲁彦周长篇小说叙事本质就是在新的历史语境中对国家民

---

[1] 董健、丁帆、王彬彬主编:《中国当代文学史新稿》(修订版),人民文学出版社2005年版,第291页。
[2] 祖国颂著:《叙事的诗学》,安徽大学出版社2003年版,第3页。

族命运以及历史进程的想象。体现在个人叙事上就是对"革命"和"人民"的充分认同。①作家曾说,作为一个党员作家,应该肩负起历史的使命和责任:"我讲的责任感是指站在对党、对人民、对社会主义建设事业高度负责的立场上歌颂其应当歌颂的,批判其应当批判的,忠于生活、忠于真理、忠于人民向一切阻碍社会前进的各种不良现象作无情的解剖和猛烈的冲击。"②

《彩虹坪》中,邓云姑与吴立中离婚时,这位身世坎坷的村姑只讲了三句话,其中第二句是"但愿你能全心全意为党工作";《古塔上的风铃》中姐姐的恋人让琢如姐弟俩"永远不要忘记了人民!人民才是神圣的,我们的人生就是为人民服务";《双凤楼》中燕彭对儿子小载说:"将来长大了,不管做什么事,都不要忘记人民,一切都要从维护人民的利益出发";等等。在鲁彦周这里,"革命"和"人民"是完全同一的,因为"革命"为的是"人民","人民"是"革命人民"。这样,作家的"革命"认同和"人民"认同就达到了完美的统一。

## 二

现在的问题是,个人叙事如何较好地来展现宏大叙事?二者间是否完美契合?学者邵燕君曾指出当下宏大叙事的三个困境,即"价值虚无的消极性"、"'退守民间'的规避性"与"'形式突围'的逃逸和'精神借力'的乏力"③。同样,在鲁彦周的创作中也多少存在上述某些问题,体现着个人叙事与宏大叙事间的纠缠。

一是"革命"动机的可疑与置换。按照马克思主义关于"革命"的理解,建设共产主义社会,实现全人类解放是"革命"的唯一归宿,共产党人其

---

① 何言宏教授在其《中国书写——当代知识分子写作与现代性问题》(中央编译出版社2002年版)一书第三章中,对此问题有精彩的分析,本文写作从中获益良多,特此致谢。
② 鲁彦周著:《鲁彦周小说散文选集》,安徽人民出版社1980年版,第446页。
③ 邵燕君:《"宏大叙事"解体后如何进行"宏大的叙事"》,《南方文坛》2006年第6期。

及政党没有任何个人的私利可言。但是,在鲁彦周的这几部长篇小说中,我们看到,在实现这一美好征途中,一些党员(如钟波、寒光、方青、黄承等等)身上除了大公无私、舍生取义等品格外,很多时候是与之相违背的。这样,"革命"的美好蓝图就被"异化"了,置换成为一些人私欲的口实。《双凤楼》中宫为安、杨秀燕载母子自不必说,就连正面人物燕彭的言行上有时也是"分裂"的,典型体现在为了已故女友而去强暴另一无辜女性曾季素这一行为上,不是说这种情况没有可能,但发生在解放前就久经考验、现为地委副书记的身上,并以此来推动故事的发展来说,这一行动的本身逻辑是欠考虑的,"缺少充分的艺术真实性和说服力"[①]。《古塔上的风铃》中,如果说年轻时的李永珍还有一丝革命理想的话,在她成为烈士的遗孀之后,革命便成为她守住名节的"古塔"的幻影,可以说其革命道路在她嫁给寒光之后完全是被动的。"革命"在"异化"后将如何书写?它又将是谁的"革命"?等等。那么革命在此变得犹疑起来。

二是对于"人民"内涵的模糊。中外学者对该词有诸多不同解释[②],但其中有一点是共识的,即在现代社会,"人民"往往是一个政治概念,而非一个自然概念。但在文学上,"人民"概念与内涵往往是暧昧不清的,可以是普通百姓,也可以是一些反动势力欺压人民时的招牌。在鲁彦周小说中,"人民"主体通常是"普通民众"这一层面上讲的。但同时,在作家的这些小说中,"人民"的构成往往是变化的,也是不平等的,最底层的普通民众时时遭到来自另一"人民"的压制。如《彩虹坪》中耿秋英的被捕,《古塔上的风铃》中娟红的死,《双凤楼》中曾季素的死,《梨花似雪》中罗南民的种种不幸等,这些"人民"却遭受来自另一"人民"即当权者的压制。另外,

---

① 苏中:《人性的视角——〈双凤楼〉管见》,《淮南师专学报》1999年第3期。
② 如美国政治学家乔·萨托利认为,政治意义上的"人民"的含义就至少可归纳为六种:"1.人民字面上的含义是每一个人。2.人民意味着一个不确定的大部分人,一个庞大的许多人。3.人民意味着较低的阶层。4.人民是一个不可分割的整体,一个有机整体。5.人民是绝对多数原则所指的大多数人。6.人民是有限多数原则的大多数人。"见[美]乔·萨托利著,冯克利、阎克文译:《民主新论》,东方出版社1998年版,第25页。

为"人民服务"的事情的解决,不是来自底层"人民"的呼声,而是来自权利的力量,如《彩虹坪》中耿秋英的释放、小说结尾支持土地承包制社论的播出,《双凤楼》中季小纯最后的活着,《梨花似雪》中周丽"文革"从县看守所"莫名其妙"被释放等,都来自权利及其运作,而非人民的正义呼声,更非法制。于是在这里,"人民"认同在一定程度上就变成"权利"认同了。对此作家似乎缺乏必要的警醒、批判与反思。

作为一贯坚守现实主义的作家,如果说《彩虹坪》、《古塔上的风铃》还有图解政策等不足的话,那么到了《阴阳关的阴阳梦》这部小说,作家在此进行了一些有益的尝试,无论是主题,还是写作手法,创作都较前期有了一个突破。如小说在纪实与虚幻中表达一些严肃的话题,诸如资产阶级革命为何难以走远?现代性的"启蒙"在中国何时完成(以方郁林、肖思等被杀,"我"的出逃为标志)?等等。但是不久,作家又回到了他熟悉的有关"革命"的宏大叙事上来了。《双凤楼》与《梨花似雪》虽然在人性探索上、叙事手法上(如元小说、意识流等)较前几部都有所深入,但其追求"史诗"的意图很明显,力图揭示诸如"时代与命运"、"欲望与苦难"等重大命题。于是,作家又回到写作《天云山传奇》时的某种状态,这不能不说是一种遗憾。

## 三

在叙事技巧层面,鲁彦周的这些小说具有明显的模式化倾向。首先是情节设置上的模式化。一是开头与结尾。这几部小说中,开头大都是困难或者矛盾为起始,开始了有关"革命"或者"后革命时期"的记忆。其中《阴阳关的阴阳梦》稍不同,小说以青年学生杨星仪随丈夫徐明清回老家阴阳关而开始了噩梦人生为由,描写了清末民初资产阶级民主革命的一段历史。但历史已经证明,资产阶级不能完成新民主主义胜利的,背后的潜台词不言而喻。这样看来,这也是一部有关"前革命"记忆的小说。黄子平先生曾指出,"革命历史小说"的开篇"不仅仅是小说的'话头',从根本意义上说更是革命的起点、历史的起点"①,用于鲁彦周这些长篇小说开端是相通的。当然,小说的故事情节发展都是历尽曲折,最终结局正义力量"一律是反败为胜、从水深火热走向革命人民的盛大节日、从胜利走向更大的胜利"②。

二是小说中心情节上的"路线斗争模式"。这里的"路线",除了敌我两条斗争路线外,主要是党的内部斗争路线。围绕此大都形成了截然对立的两派。这其中对待"文革路线"是"路线斗争模式"的极端,如《双凤楼》里,坚持真理一方(如燕彭、况蓉、季朝英为代表)与坚持极左一方(宫为安、杨秀燕载母子为代表)进行了你死我活的斗争;在《梨花似雪》中也暗含有这一"文革"残酷斗争路线间的较量,但阵容不如《双凤楼》里明显。

这种情节设置,是作家内在思想感情的一种自然流露,在很大程度上也反映了时代和社会的某种必然趋势。但其缺陷亦明显——极易导致文本叙事的公式化倾向,同时使现实主义的真实性受到损害,最终削弱作品的思想深度。

其次是人物塑造上的"扁平化"。鲁彦周这些小说大都设计了类似于"正/反"为中心的二元对立人物模式(如"改革/保守"、"进步/落后"、"革命/反动""正面人物/反面人物"或者"正面人物/中面人物")。人物性格往往缺乏变化,属于"一根筋"式、"脸谱化"的较多。如耿秋英(《彩虹坪》)在小说一出场,年纪轻轻,就属于那种为真理而奋斗终生式的人物。从一定意义上说,这个人物有点虚假,还不如中间人物吴立中、吴仲曦父子来得真实。另外,作家在塑造正面形象女性时,大都暗含有一个"落难/拯救"的思维模式。这些女性对"落难"者的"拯救"又有几种情况:或是对"落难干部"的拯救,如邓云姑之于吴立中(《彩虹坪》),曾季素、况蓉之于燕彭(《双凤楼》);或是对"落难知识分子"的拯救,如耿秋英之于吴仲曦(《彩虹坪》)、宫珍之于季小纯(《双凤楼》)、李洁如之于"他"(《古塔上的

---

① 黄子平著:《"灰阑"中的叙述》,上海文艺出版社2001年版,第25页。
② 黄子平著:《"灰阑"中的叙述》,第226页。

风铃》);或是民间女子对"资产阶级革命者"的拯救,如杨星仪之于徐明清,冰云之于方郁林(《阴阳关的阴阳梦》)等等。当然,这些被拯救的对象有时身份是重叠的,但他们大都是知识分子。"拯救"不仅仅是现实生活层面的(其中包括"性"),更是精神意义上的。这里,"落难/拯救"模式类似于旧小说和民间叙事中的"民间女子"拯救"落难公子"模式。

作家曾说:"形形色色的人物,高尚者与卑鄙者,他们都产生于某一特定年代。这个时代赋予他们以个性和独特的处世哲学。作者的职责就在于,怀着热爱和憎恨,用蘸满感情的笔忠实地描绘他们。"[①]这种人物模式的塑造,作家也许不是刻意为之的,但是创作的初衷在文本中有时会走向失真,并非总是"忠实地描绘他们",其缺陷如詹姆斯·费伦所言的"作为观念的人物"[②]而存在。因此这些人物在一定程度上就很难再成为一个个独立的个体,而成为一群负载着特殊使命的形象符号。

<h2 style="text-align:center">四</h2>

造成鲁彦周长篇小说这种叙事矛盾的原因很多,其中作家心态的矛盾是首要的。刘小枫曾将20世纪的中国现代知识分子分为四组:"五四"一代、"解放一代"、"四五"一代和"游戏的一代"。其中"解放一代",他指的是出生于20世纪的三四十年代、五六十年代进入"社会文化角色"一代,是中国"第二代"现代知识分子。如此来看,鲁彦周出生于1928年,结合作家的成长经历来看,当属"解放一代",是"新时期"的"归来者"。这代人"首要的特点是知识类型及其价值意向的意识形态同一、整合化"、"一开始就被有效地组织入意识形态的话语织体和组织机制之中"[③]。也就是说,站在共产党及其诤友的立场上,对国家和民族进行激情书写是他们这代人自觉

---

① 鲁彦周:《真实·朴素·自然》,《钟山》1983年第6期。
② [美]詹姆斯·费伦著,陈永国译:《作为修辞的叙事》,北京大学出版社2002年版,第4页。
③ 刘小枫著:《这一代人的怕和爱》(增订本),华夏出版社2007年版,第239页。

行动。虽然他们在建国后的历次运动中受到冲击,有的甚至以生命为代价,但他们依然无怨无悔(如"娘打儿子论")。另外,20世纪的中国特殊历史、中国知识分子忧患传统等等,都使得这一代知识分子过分关心政治、对家国报以特殊感情。从"文学革命"到"革命文学",从"延安文学"到"十七年"文学,都是如此。即便是到了"新时期","文艺观念虽然大为开放,但关心政治,仍然是许多中国作家的基本心态"①。

这种创作心态在鲁彦周身上也有明显反映,就是为革命、为国家、为人民心甘情愿付出一切,甚至生命。典型如上述的"革命"认同和"人民"认同。作家曾说:"我是党培养多年的作家,我知道什么是对党有利的、什么是不利的"②,"忠于党,忠于人民,用人民给我的笔,为祖国的四化建设,为振兴中华的光荣事业而奋斗到底,生命不息,战斗不止,这就是我的誓言"③。鲁彦周也的确在创作上践行着自己的"誓言"。这也印证了作家为何热衷于宏大叙事,来构建他对"某一特定年代"的"热爱和憎恨"的理想。

除了作家主体因素外,意识形态的影响也是一个重要方面。在美国心理学家埃里克·H.埃里克森眼里,"同一性和意识形态乃是同一过程的两个方面。二者都为个人的进一步成熟提供了必要的条件"④。意识形态通过体制和政权的力量,必然会制约和规范着作家"写什么"和"怎么写"。在整个20世纪,知识分子大都难以摆脱政治的这种影响,从马丁·海德格尔到卡尔·施米特,从米歇尔·福柯到雅克·德里达等等。同样,生活在体制内的中国作家们,当个体生命周期与历史的某一片段相遇时,他们就自觉或不自觉的对政治做出选择,那么持"革命"认同和"人民"认同的作家们写作中必然会出现鲜明的对于革命,对于人民的"代言意识"、"颂赞意识"和"感恩意识"。鲁彦周也难能幸免。所以杰姆逊说"第三世界的文本,甚至

---

① 杨守森著:《二十世纪中国作家心态史》,中央编译出版社1998年版,第14页。
② 鲁彦周:《关于〈天云山传奇〉》,《电影艺术》1981年第1期。
③ 鲁彦周:《我与文学》,《飞天》1982年第1期。
④ [美]埃里克·H.埃里克森著,孙名之译:《同一性:青少年与危机》,浙江教育出版社1998年版,第175页。

那些看起来好像是关于个人命运和利比多趋力的本文,总是以民族寓言的形式来投射一种政治:关于个人命运的故事包含着第三世界的大众文化和社会受到冲击的寓言。"① 也正如此,"有必要对他们的言行及为什么如此言行进行反思"②。

通过对鲁彦周长篇小说个案分析,我们可以清楚地看到一代作家在当代写作的缩影,也折射出一代人这种宏大叙事与个人叙事间纠缠的尴尬。

(本文原载《江西社会科学》2010年第5期)

---

① [美]弗·杰姆逊:《处于跨国资本主义时代的第三世界文学》,张京媛主编:《新历史主义与文学批评》,北京大学出版社1993年版,第235页。
② [美]马克·里拉著,邓晓菁、王笑红译:《当知识分子遇到政治》,新星出版社2005年版,第3页。

# 朱光潜基础教育思想及其当代意义

黄晶晶

作为教育家的朱光潜,其教育思想不仅来自香港大学教育学专业五年的理论学习,更来自贯穿其一生的小学、中学和大学教育实践。理论与实践的融合、中西教育和文化的比较与融通,造就了朱光潜教育思想批判性与建设性、前瞻性与实践性相统一的独特风貌。长期以来,学界只专注于对朱光潜的美学思想、美感教育或文学教育思想等进行研究,忽视了对其基础教育和高等教育思想的开掘。而作为"一个做过中小学教师的朋友",他认为,"改变人的质料必须从头做起。……中小学教育是基层教育,要有健全的中小学,才能有健全的高等教育。中小学教师对于树人大业所负的责任,比大学教授所负的还大得多"[①]。从这个意义上来说,基础教育对于"改变人的质料"即人格的培育、高等教育的健全乃至国家民族的未来有着重要影响和作用。本文主要从批判体制积弊、揭示学制之咎、探索教学之法、倡导人格教育等四个方面,阐释朱光潜的基础教育思想及其对我国当代基础教育乃至整个教育的启示意义。

## 一、批判体制积弊:官僚化、商业化和不公平

曾在桐城北峡小学、上海中国公学、浙江春晖中学任教的朱光潜,深刻认识到北洋军阀混战时期的中国教育(尤其是中小学基础教育)存在的严重问题,教育界已沦为一个藏垢纳污之地,其原因正在于根本错误的学校制

---

[①] 朱光潜:《有志青年要当中小学教师》,《朱光潜全集》第9卷,安徽教育出版社1993年版,第133—134页。

度和风气。按其所言:"教育所养成的人民,人民所产生的政府,不应该像现在这般模样。……如果按照现状维持下去,漫说三十年,就是三百年后恐怕教育也绝不会有多大起色。因为原有的学校制度和风气,都是根本错误的,不能收到好果的。"[①]政府由人民产生,人民由教育培养,有什么样的教育,就有什么样的人民,也就有什么样的政府;要使教育"起死回生",就必须改革原有错误的学校制度,改变学风。而学校制度和风气的败坏又根源于深重的教育体制积弊,这具体表现在三个方面:官僚化、商业化和不公平。

所谓"官僚化"是指学校的"制"与"官"紧密相联,作为主体的官办教育因此而存在着经费和用人问题:在当时军阀混战、经济状况十分糟糕的情形下,教育经费经常亏缺,而一旦战争爆发,教育经费又立即被挪作军费,教职员既不能从公,校舍又变作兵房马厩,教育只能陷入停顿;官办教育的用人机制更是贻害无穷,因为校长是由官僚政府任命,一般只有那些阿谀奉承、虚与委蛇的政客才能攫取到校长之位,而甘心与这种校长合作的教员,必然也要欺骗良心以媚社会才能维持位置,这些不以教育为责任、丧失人格之人根本不能从事教育工作,却偏偏支配着教育,其影响之恶劣比病毒更甚。

所谓"商业化"是指在当时的教育体制下,教师与学校、学生与学校之间的关系完全是一种商业关系。就教师论,多数并不抱有为教育而教育的决心,而只有以教育事业为饭碗的念头,教师与学校并不根据志同道合整顿教育原理而集合在一起,因此,同事非同志,貌合而神离,只把学校当作食堂和宿舍。无论是无志之士还是有志之士,都熔化于如此混乱的、"无目的"的教育体制之中而无所作为;就学生论,学生进学校只是交钱拿文凭,只顾及费用多少、考试难易,绝难顾及学校的风气和教师的人格,更何况他们的家庭对教育也没有什么信仰;学生和教师之间由于毫无感情,更无人格感化,因而彼此隔膜,导致误会不断,风潮频闹。

---

① 朱光潜:《私人创校计划》,《朱光潜全集》第8卷,第111页。

所谓"不公平"是指高昂的学费剥夺了大多数的贫民受教育的机会，教育日渐变成资本阶级的独享利益。朱光潜认为，这种资本阶级专享教育的不公平是极大的社会不公，会造成诸多危险：从政治角度说，只有富家子弟享受教育，其结果必然导致只有富人能操纵一切社会事业，造成民主成为空谈，阶级悬殊增大，社会不稳；而更大的危机在于，富者无须努力便坐享其成，贫者虽努力却无能为力，于是民族生气因此而萎靡颓丧；从教育角度说，富家子弟虽然也能利用机会发奋有为，但大半有恃无恐，骄惰成性，做学问也不能登峰造极，而贫家子弟受环境压迫特别大，所以奋斗进取的精神也特别强烈，比较易于培养人格和学问精神。可见，教育不公不仅使贫困子弟之优秀者被埋没，使社会丧失有力分子，更容易导致贫富差距增大、阶级矛盾激化、民族生气衰颓以及社会动荡。

总之，在朱光潜看来，积弊深重的教育体制必然培养悲观烦闷、不思进取的青年，必然使教育和青年都笼罩着"一种阴沉暗淡的气象"，这使他不由地在中国和亡国的高丽之间发生了联想。

## 二、揭示学制之咎：按年配程、分班授课和平均发展

朱光潜没有停留于对教育体制的宏观批判，而是更进一步对这一体制在运行过程中的具体表现（即学制）及其问题进行了微观揭示和批评，主要表现在以下三个方面：

其一，对学制现状的批判。当时中小学学校的学制有三个特点：一是"按年配程"，即学校硬性规定入学和毕业的年限；二是"分班授课"，即将按时入校而程度不同的学生编排进同一班级、接受相同的教育；三是"平均发展"，即在前两者的基础上，所有学生接受同样的学科教育。朱光潜认为，这三点原本都各有其长，但在实践过程中却精神逐渐丧失，弊病日积日深：只顾资格而不顾实际水平的"按年配程"，既无法培养出天才，也无法培养出对社会有用的人才；看似公平合理的"分班授课"，使聪明的和迟钝的

学生都走向同一条道路,即丧失学习兴趣和自信,无法在学习中伸张自我;"平均发展"只能在一定限度内有效,超过了这一限度就要注重发展天才,培养天才,而当时的学制不仅完全没有顾及到要发展天才培养特长,反而阻碍了这部分天才学生的个性自由和能力发展。总之,在朱光潜来看,这种看似公平合理的学制既没有对学生因材施教,也没有以学生的个性自由发展、成人成才为目标,甚至与此目标南辕北辙,是无效的,甚至是十分有害的,无怪乎他痛心疾首地说"在目前中国状况之下,学校就根本不应有所谓制度"①。

其二,对有效学制的探索。朱光潜并非反对"制度",在他看来,"制度"确实是必不可少的"固本之物",可以免除混乱,统一步调,保障事情的顺利进行。问题的关键在于如何产生制度。他认为:"制度之产生,必须顺着社会进化的自然次第,而略加以人力支配。假使没有实地仔细研究社会情形,只就个人理想,书籍记载,邻家榜眼做标准,关着门户在屋里造出一个制度来,以为可以范围社会,使社会上种种事业都厘然就绪,顺风大吉,这就是梦想!"②但实际的情况是:当时恰恰有一批脑筋平庸却耽于做梦的教育家,他们既"没有实地仔细研究社会情形",也不考虑各个学校的实际,而是旁征欧美、独出心裁地拼凑出所谓"制度",又糊里糊涂地通过,在全国学校推行,从而造成了这种"有条有理的乌七八糟"的学制。可见,他所反对的有两点:一是不从学校自身抽绎适应的制度,而是以某些教育家制定的学制来规范学校;二是不根据中国社会实际情形,完全效仿西方或者日本的学制模式。前者的弊端在于忽视不同类型学校的独特性和差异性,以少数人的任意妄为代替学校和学生的实际需要,导致学校同质化、不能升入大学的中学毕业生难以谋生等问题;后者的弊端在于不顾中国特有的文化、国情、社会状况,忽视了在引入欧美学制时所伴随的各种各样的实际问题,导致旧的混乱没有解决,反倒增添了新的混乱。因此,在朱光潜看来,与其要"有

---

①② 朱光潜:《私人创校计划》,《朱光潜全集》第8卷,第105页。

条有理的乌七八糟"的无效学制,不如要"乌七八糟的有条有理"的有效学制,前者易于养成人性压抑的庸才甚至畸形人,而后者则有利于培育个性自由发展、人格健全的人才。

其三,对学制与教育的深入分析。教育何为?"学制之咎"如何解决?对此,朱光潜明确提出:"教育不是一篇印板文章,处处可以推行无碍;但全靠教育家灵心妙运,随境变通。现在一般学校都谨遵部令,跟着一个死制度走。制度之长处,展转流传,渐失真相,不多时便仅存形骸。制度之坏处,以讹传讹,变本加厉,必置于积重难返,愈久远就愈普遍,愈牢固。换句话说,在现行学制之下,各学校都无特长而有通弊。要想免去通弊,必根本脱去'制'的圈套。"① 可见,教育的特性不在于"从一而终",而在于"随境变通";"制度"如果不顾及各个学校的特殊性,而追求"一刀切",那么这样的制度只能是"死制度";当制度的长处已然不存、坏处却愈演愈烈的时候,教育也必然只有死路一条。对于"谨遵部令,跟着一个死制度走"的各个学校而言,因为没有特长、只有通弊,不免成为制度的牺牲品。而老师和学生也难免成为试验品或牺牲品。因此,只有从根本上摆脱"制"的圈套,才能去除学校通弊,才能获得教育的自由、人的自由。

## 三、探索教学之法:主张"个别自由发展",深入推进学制改革

揭示教育体制、学制病症所在,只是开始;如何改革学制、体制,"治病救人",才是根本。作为教师,朱光潜并没有满足于纸上谈兵,而是结合自己的英文教学实践对"道尔顿制"(美国柏克赫司特女士创始)进行研究和改良,对教学法进行具体细致的探索,从而深入推进了学制改革。

"个别自由发展"是贯穿"道尔顿制"的基本原理,指"使个别儿童各

---

① 朱光潜:《私人创校计划》,《朱光潜全集》第8卷,第106页。

量天资,乘兴趣,去自由发育"①。"个别"意味着废除班级制和年级制而代之以个别教学,充分尊重资质禀赋、兴趣的个别差异,"自由"则表现为学生自由地安排学习科目和内容,自由地制定学习计划、支配学习时间,自由地选择学习方法完成作业,自由地与老师、同学合作解决问题等。在传统教育中,年级制和班级制使学生之间的差异被抹平,学生只能被动地接受教师传授而平均发展:这正是上述朱光潜所揭示的"学制之咎"。与之相比,主张"个别自由发展"的"道尔顿制"则尤为重视学生的个体性与主体性,强调自由和互助精神,以实现个性与群性自由发展为终极目标,这正是其现代性价值的体现,也是其之所以具有世界影响的原因所在。

主张"个别自由发展"的"道尔顿制"也深深影响了朱光潜。早在1922年香港大学就读期间,他就专门研究了在道尔顿制中如何应用设计教学法的问题;1923年,他又成为最早开始道尔顿制实验的中国公学中学部的英语教师,这为其进一步探索教学之法、实现"道尔顿制"的中国化创造了条件。需要说明的是,以教学法改革推进学制改革是朱光潜有意识的却也是不得已而为之的策略:要想摆脱"学制之咎",实现学制改革,宏观上就要改革教育体制,微观上则必然要改革教学法。改革教育体制可谓国家工程,无论是在当时还是在今天,都非易事,而教学法改革则是限于学校和教师的实验行为,其灵活性和可操作性使其成为学制改革的重要内容和必由之路。换言之,相对于复杂而缓慢的"自上而下式"改革(教育体制改革→学制改革),"自下而上式"改革(教学法改革→学制改革)无疑更具有简便性和时效性。更重要的是,从以人为本的现代教育理念出发,两者的目标是根本一致的,即都是为了实现学生的"个性自由发展",这既是教学法改革的价值所在,也是学制改革的"人性"意义所在。因此,朱光潜在中学任教期间全力投入教学法的实践探索和理论总结,具体说来:

---

① 朱光潜:《在"道尔顿制"中怎样应用设计教学法》,《朱光潜全集》第8卷,第70页。

一方面,他指出"柏氏道制"的不足,也指出"中公道制"的缺点,并提出自己的解决办法。他认为,在道尔顿制的教学法中,课堂生活和书本生活依然占有很重要的地位,容易造成学生只为知识而求知识,知行分离,为此他提出一种"兼容并收"的计划,即在道尔顿制中应用设计教学法,设计教学法的主旨正在于打破这两种生活,把学校功课与人生实际需要统一起来。而针对道尔顿制中应用设计教学法所存在的两大困难,即怎样可以尊重儿童的心理要求,同时又能保存若干教材的理论线索,怎样可以维持个别的自由,同时又能保存公同生活的优点,他又提出一种随机应变的"通融办法",即保存教材顺序而不保存教材原状,采用设计而不以设计为课程单位;每年级学生以天资兴趣为准,自由分组,每组以四五人为限。由此解决了柏氏道制没有解决的"怎样应用设计法"这个重要问题。而对于"中公道制",他认为缺点在于因为保存班级为教学单位,学生不能依照自己的速率按月自由升降,为此他主张,在教师指定作业范围和指导作业时应予以弥补,顾及个别学生的能力差异,指定不一样的作业范围,以确保"每个学生虽不能依个人的速率而伸缩进行的程序,却能依个别的速率而伸缩分量的多寡和习题的难易"[①];在指导作业时,对质疑问难的学生详细答问,对没有疑问者个别教授;此外,他还提出将指导作业与课堂讲课相统一的总体原则,即课堂讲课旨在讲授适宜全体学生了解和掌握的一般教材知识,而指导作业则旨在针对各个学生进行辅助性的答疑解惑。这些办法无疑有利于学生群性和个性的共同发展,可以有效避免上述按年配程、分班授课、平均发展的某些弊病。

另一方面,他始终"顾及学生的程度深浅和天资钝锐",以学生兴趣为中心,改革教学法。在阐述和应用上述中公道制和设计教学法的过程中,朱光潜就坚持把学生兴趣放在首位。而在立达中学任教时,他更是以学生兴趣为中心,针对当时流行英文教学法的缺点,改良英文教材,亲自拟出一个

---

① 朱光潜:《在"道尔顿制"中怎样应用设计教学法》,《朱光潜全集》第8卷,第71页。

合乎当时中学生英语实际水平的"中学英文课程大纲",还提出十分具体的"实物教授"、"实用文法"和"演述故事"这三项教学法主张,并对其实施的程序、细节做了详细说明。①

综观朱光潜的教学法探索,可以发现这样两个特点:

其一,以"精神"领悟转化外来思想。朱光潜不像那些脑筋平庸的"教育家",满足于效仿和借用西方教育理论的外在"形式",而是深入领悟和把握其内在"精神"。正如其所言,"如果采用的道尔顿制有名无实,或有形式而无精神,不但外国文,任何学科也不能收效"②,因此,他对道尔顿制的采用和改造既抓住其形式精华——指导作业,更紧扣其"精神"实质——"个体自由发展",可谓既得其"形",更得其"神",真正实现了西方教育理论的中国化。从这个意义上说,朱光潜不是一个唯名论者,而是一个唯实论者,不是一个"形式主义"者,而是一个"精神主义"者。如果说这种以"精神"领悟转化外来思想的手段对教学法改革收效显著的话,那么,它同样可以成为学制改革乃至体制改革的合理路径:这显然是朱光潜"精神"论的题中应有之义。

其二,以实践检验和实现真理。与其说朱光潜信赖教育理论(无论中外),不如说他更相信自己实实在在的教育实践,相信"实践是检验真理的唯一标准"。比如,他原本以为道尔顿制所根据的"个别自由发展"原理不适宜于外国语教学,因为在他看来,听、讲、读、作四层功夫在学习语言文字过程中同等重要,而道尔顿制所主张的"废除课堂制"无疑取消了学生听、讲乃至用的机会,由此不免把活的语言变成死的文字。但通过自己的教学实践,他不仅推翻了原先的成见,还认为"最适用道尔顿制的学科,就是外国语"③。而为了使这一真理在中国教育语境中得以成真,他又紧紧抓住"如何实现个别自由发展"这一关键问题,将学制改革落实在教学法改革上,又将教学法改革落实在像课堂讲课、指定作业范围、指导作业等更加具

---

① 朱光潜:《中学校英文教学法示例》,《朱光潜全集》第8卷,第119—133页。
②③ 朱光潜:《道尔顿制下的英文教学法》,《朱光潜全集》第8卷,第96页。

体的实践环节中。通过层层细化，个别自由发展得以实现，教学法改革得到具体深入的呈现，学制改革变得切实可行。

## 四、倡导人格教育：创设立达学园，培养领袖人物

朱光潜深知，这种教学法改革只是在现行教育体制框架内非常有限的调整，而在当时的时代环境中，要彻底改革或颠覆教育体制是不切实际的，只有脱开旧体制的圈套而另辟新境，才有可能真正实现自己的教育理想，乃至"教育救国"的目标。因此，在离开中国公学、春晖中学之后，他与一批志同道合的朋友一起于1925年在上海创办了私立中学"立达学园"，旨在摆脱教育体制、学制的各种弊病，倡导人格教育，培养一批能改造社会的领袖人物。

由于"人格"概念在现代不同学科领域中有不同的意义，这导致了"人格教育"概念至今含混。在《现代汉语词典》中，"人格"词条下注明了三种意义：一是指人的性格、气质、能力等特征的总和；二是指人的道德品质；三是指人的能够作为权利、义务的主体资格。[①]这意味着，汉语"人格"具有心理人格、道德人格和法律人格三重意义[②]，因此"人格教育"就是一种旨在培养受教育者具有健全完善的心理人格、道德人格和法律人格的教育，其中，心理人格和道德人格的教育是人格教育的重心所在。19世纪末，人格教育学说在欧美盛行，在此影响下，中国20世纪初的一些教育家也开始提倡人格教育，如蔡元培提出："教育是帮助受教育的人，给他能发展自己的能力，完善它们的人格。"[③]而接受中西教育"联合培养"的朱光潜，同样将人格教育摆在了"立达"教育计划的核心位置，这从"立达学园"的校名内涵及其教育目标即可看出。

---

① 中国社会科学院语言研究所词典编辑室编：《现代汉语词典》，商务印书馆1983年版，第960页。
② 西方近现代意义上的"人格"（Personality）一般指个人性、私人性或个性，与中文"人格"内涵不同。
③ 蔡元培：《蔡元培全集》第4卷，中华书局1984年版，第177页。

"立达学园"可谓融合中西传统人格教育思想的命名。"立达"一语出自《论语·雍也》:"夫仁者,己欲立而立人,己欲达而达人。"这种立己立人、达己达人的"立达"思想是孔子之"仁"的重要体现,是儒家修养道德人格、处理人际关系的重要原则,在此是希望学生既要立场坚定又要通情达理,建构仁者人格。而"学园"一词则是对"希腊学园"的移植。希腊学园是西方学术和教育的源头,朱光潜改"中学"为"学园",正表明了他对希腊学园的之"简朴克欲、自由讨论"精神的认同和追慕。于是,"立达学园"就有了朱光潜所提倡的学校应有的特别精神——"带有古时希腊学园及我国书院的风气",实质上也就是建构理想人格的自由精神。为此,"立达学园"不设校长、不立校规、教师为先、自由宽松、兴办农场,成为中国教育史上的"一所特立独行的学校"[①]。

朱光潜在其执笔的"立达学园"宣言——《旨趣》(1926)一文中,集中表达了他和"立达"同仁对人格教育的初步设想和五项目标:一是营造一种契合无间、你敬我爱的关系,实现人格感化;二是诚实是人格教育的第一要素,师生间应至诚相见;三是改造国民自私劣性,培养自我牺牲精神;四是通过劳动养成刻苦耐劳的习惯,培养意志力;五是自由研究,独立思考,养成科学头脑。[②] 可见,人格教育的总体目标在于培养心理健康、道德完善的人格健全之人,具体说来包含这三层意思:(1)"诚"是人格教育的首要内容,也是中国传统思想文化中道德人格的核心。"至诚"意味着"尽性","惟天下之至诚,为能尽其性"(《礼记·中庸》),用朱光潜的话说就是"全人","理想的教育不是摧残一部分天性而去培养另一部分天性,以致造成畸形的发展;理想的教育是让天性中所有的潜蓄力量都得尽量发挥,所有的本能都得平均调和发展,以造成一个全人,所谓'全人'除体格强壮以外,心理方面真善美的需要必都得到满足"[③];(2)人格感化是人格教育的基本途径,因

---

① 项红专:《立达学园:一所特立独行的学校》,《中小学管理》2009年第11期。
② 朱光潜:《旨趣》,《朱光潜全集》第8卷,第171—172页。
③ 朱光潜:《谈美感教育》,《朱光潜全集》第4卷,第145页。

为"教育是一种人性的接触,没有情谊做基础,无论制度如何完备,设备如何周到,决难收完美的效果"①。教育归根结底是两个主体之间的情感沟通和对话,是发自人性的一种敬与爱的体现;(3) 牺牲精神、意志力精神、科学精神是人格教育着重培养的三大精神。总之,朱光潜针对当时社会状况和教育弊病,融合中西教育思想,从内容、路径、精神等方面提出了人格教育的"尽性全人"目标,初步勾勒了一种以人格教育为中心的基础教育的理想蓝图。

需要注意的是,朱光潜不仅提出人格教育的理论主张,更坚持身体力行,以自身人格感化每个学生。同时,他又认为,要实现这种理想的人格教育,首先要有决心改良教育的少数人,继而由他们造就一批具有舍己为群精神、艰苦奋斗精神和科学精神的"领袖人物",按其所言,"与其招收数百人而毫无结果,不如教数十人或数人而个个人都能在社会上有所建白"②。后来,在批评战后只顾数量不顾质量的"有名无实的高等教育"时,他同样认为,"有一个就是一个,与其费力量去培养一千个不中用的人,不如集中力量去培养十个二十个真正中用的人。"③他将这种集中力量培养领袖人物的主张命名为"精兵主义"。

之所以主张"培养领袖人物",朱光潜曾逻辑清晰地作了三点解释:"一,中国要想廓清旧习积弊,恢复元气,能在世界上立得脚注,必定要组织好政府。好政府必建设在民主主义之上,所以要好人民才能实现。要想好人民,惟有从教育入手。二,要想教育改革,决不能依靠自身尚待改良的征服,必待教育界已觉悟而又抱有极大改造决心者。三,教育界之觉悟而又抱有极大改造决心者本占少数,而少数人能力本有限。……我们少数人的热心毅力决可以造成若干领袖人才。这若干领袖人才到社会去决可以做一番

---

① 朱光潜:《论大学授课方式的机械化》,《朱光潜全集》第8卷,第471页。
② 朱光潜:《私人创校计划》,《朱光潜全集》第8卷,第114页。
③ 朱光潜:《教育的质与量——战后高等教育问题之一》,《朱光潜全集》第9卷,第191页。

事业。"①不难看出,朱光潜怀着某种"英雄崇拜"的情结。在他看来,英雄崇拜的优点在于它是敬贤向上的表现,"英雄常在我们心中煽燃这一点火焰,常提醒我们人性尊严的意识,将我们提高到高贵境界。崇拜英雄就是崇拜他所特有的道德价值"②,换言之,英雄是人格高标,是"学做人的好模型"。就教育而言更是如此,"教育学术也都需要有人开风气之先","我们主张维持一般人所认为过时的英雄崇拜。尤其在青年时期,意象的力量大于概念,与其向他们说仁义道德,不如指点几个有血有肉的具有仁义道德的人给他们看。教育重人格感化,必须是一个具体的人格才真正有感化力"③。可见,他把希望寄托于"领袖人物"是期待这些有具体人格的"英雄"能对青年学生进行人格感化,实现人格教育的目标。当然,他也预见到要实现人格教育的目标非常艰难,为此,他将中国传统文化的圣贤忠义崇拜与西方基督教精神相融合,提出了一种新的"英雄主义",即"借自己的努力,艰苦卓绝地奋斗到底,以求征服一切环境困难,达到我们所追求的理想,这是我们所应崇奉的英雄主义"④。这意味着,他希望立达同仁们应有圣人或耶稣那样的宗教布道精神,努力在中国培育"十几位有作为有操守的"领袖人物,不畏艰难牺牲,力求征服环境困难,引领健康风气,塑造国民人格,改造中国社会。

总之,由于当时教育救国的紧迫性和实效性,为了更好地实现"由下而上,由部分而全体,由凌乱而秩序,由人民而政府"的目标,朱光潜不得不将人格教育的根本旨趣定位于"精英教育"而非"大众教育",赋予其"以先觉觉后觉"、"以少数人转移多数人"的启蒙意味,这与他后来在《有志青年要当中小学教师》(1943)中主张的"中小学教育应该是普及的,……应该是全体国民的教育"⑤不同。不得不承认,这种人格教育的理想是神圣崇高且充满英雄豪情的,但若付诸现实的教育实践,却非易事。

---

① 朱光潜:《私人创校计划》,《朱光潜全集》第8卷,第117页。
② 朱光潜:《谈英雄崇拜》,《朱光潜全集》第4卷,第98页。
③ 朱光潜:《谈英雄崇拜》,《朱光潜全集》第4卷,第99页。
④ 朱光潜:《个人本位与社会本位的伦理观》,《朱光潜全集》第4卷,第40页。
⑤ 朱光潜:《有志青年要当中小学教师》,《朱光潜全集》第9卷,第134页。

## 五、当代意义

基础教育是高等教育的基础,也是整个教育的基础,正如朱光潜所思所想的并非只是基础教育,而是整个中国教育,也并非只是一时一地的教育,而是立德树人的人格教育。虽然这些教育主张诞生于20世纪二三十年代的特定语境中,且主要是针对基础教育有感而发,但这些思考无疑做到了批判性与建设性、前瞻性与实践性相统一。也毋庸讳言,他所揭示和批判的民国教育的种种通弊,有的已得到了缓解或解决,而有的却依然是制约当下中国教育发展的痼疾。无论如何,他对官僚化、商业化、不公平的教育体制以及平均主义的学制的批判思考,对"个别自由发展"、"人格感化"、"培养领袖人物"的理论主张,对当代中国基础教育乃至整个教育的改革与创新仍具有重要的启示意义。

其一,建立随境变通的教育制度,培养知行合一、随机应变的人。

我们未必赞成朱光潜所言的"根本脱去'制'的圈套",但必须思考如何才能使制度在具体实施过程("展转流传")中保持"真相"而不沦为空壳,必须探索各个学校如何因地制宜、特色鲜明地建设和发展。从根本上说,我们既需要"灵心妙运,随境变通"的教育家,更需要灵动自由、随境变通的教育制度,只有建立起这种制度,培养随机应变、知行合一的人才会成为可能。按朱光潜所言,"教育的要旨在使学生应付新环境,能知道怎样在世界上生活;只在脑筋里储藏许多死事实,不能推理,这种人绝不能随机应变,决不能享完善的生活"[①]。也就是说,教育的根本目的在于打破课堂生活和书本生活的界限,获得解决学习问题和实际生活问题的推理能力,能随机应变地应对新环境。

就当下教育现状来看,朱光潜所言的"畸轻畸重"的知识教育(智育)

---

① 朱光潜:《道尔顿制下的英文教学法》,《朱光潜全集》第8卷,第75—76页。

仍占主导,德育、美育、群育、体育则相对忽视,学习生活与实际生活之间的关联被严重割裂,结果造成了学生知识的碎片化、人格的片面化、行动的侏儒化,难以享受"完善的生活"。从这个意义上说,教育部门应当给予不同学校适宜的制度权限,而学校应给予不同学生适当的学制安排,教师也应因材施教地启发兴趣、指点门径,使教育最终指向受教育者的现实生活,实现知识由"教育制度→学校→教师→学生"的生活化转换。只有当学生达到了"知行合一",才能说实现了成功的教育,塑造了完全人格的真才。

其二,建构师生间的"艺术关系",以"均衡发展"取代"平均发展"。

在朱光潜看来,师生之间应该是一种"艺术关系"而不是商业关系。所谓"艺术关系"是指教师应如艺术家,把学生当作自己所"创造"的艺术品,以"造人"为使命和责任;学生应懂得尊师重道,懂得心悦诚服地感恩教师对其灵魂的创造(塑造),以具有"艺术家的胸襟"为理想;如此,师生如同父子,学校如同艺术乐园,情感真挚,气氛和美,人格感化于是自然发生。基于此,我们必须以"艺术家"的标准来慎重选择中小学教师,必须努力在师生间建构一种和谐的"艺术关系",这不仅关系到每个个体的前途和命运,更关系到整个教育的成败,乃至整个民族国家的前途和命运。当然,朱光潜因为官办教育存在一些弊病而认为"教育决不能官办",又不免因噎废食、矫枉过正了。

教育公平无疑是整个社会公平的基石。近三十年来,通过普及义务教育,以及实施"奖、贷、助、补、减"等资助政策,贫困生普遍享有了受教育的权利,朱光潜所批评的由于贫富不均而造成教育不公问题已基本解决,但由于"平均发展"而导致的不公平还尚未解决。要使每个人都能获得个性自由发展,就要打破"平均发展"而代之以"均衡发展"(balanced development)。尽管朱光潜没有明确提出"均衡发展"的概念,但他提出了"五育并重、美育为基"的教育主张,希望每个学生都能在德、智、体、美、群等方面获得均衡、全面、自由的发展,真正实现"尽性全人":①这正是均衡发展的内涵、路径和目标所在。如何推进人的均衡发展和国家教育的均衡发展,是摆在我们面前亟须破解的难题。

其三,认清基础教育与高等教育的关系,以人格教育贯穿教育全过程。

我们常常孤立地看待和解决基础教育或高等教育各自存在的问题,忽视基础教育与高等教育之间内在衔接和呼应的现实,原因在于没有认识到二者之间是一荣俱荣、一损俱损的整体关系。朱光潜说,"大学教育与中小学教育是息息相关的。中小学办不好,大学收不到好学生,大学办不好,中小学请不到好教员。一糟俱糟,目前中国教育现象就是如此"②。从文化角度来看,要解决高等教育的某些问题,不妨从基础教育入手,因为基础教育是教育的根基,"教育的根基不坚实,影响到整个社会风气以至于整个文化"③;而要解决基础教育的某些问题,也不妨从大学教育入手,因为"大学的最高目的不在一时的实用,而在长久的文化大计"④,大学教育是全国文化命脉所系"⑤,只有抓住这个文化命脉,基础教育才会有文化的灌注,才会有生机,中国文化才会有希望;反之,只图一时实用的大学教育必然导致基础教育的空虚,最终导致中国文化的衰败。

时至今日,朱光潜所批评的"把教育狭义化到知识贩卖"的错误依然在基础教育和高等教育中存在,要改变这种状况,就"必须把教育的着重点由上课读书移到学习做人方面去"⑥。也就是说,与其以知识传授统摄基础教育和高等教育,不如以人格教育贯穿教育全过程,因为知识教育往往"只能产出一些以些许知识技能博衣饭碗的人,决不能培养领导社会的真才"⑦,而人格教育则教给学生做人的道理,尤其鼓励其通过知识学习、品格修养以及

---

① 黄晶晶:《朱光潜"尽性全人"教育思想简论》,《安庆师范学院学报》2014年第6期。
② 朱光潜:《论大学授课方式的机械化》,《朱光潜全集》第8卷,第471页。
③ 朱光潜:《谈价值意识》,《朱光潜全集》第4卷,第137页。
④ 朱光潜:《说校风》,《朱光潜全集》第9卷,第69页。
⑤ 朱光潜:《论大学授课方式的机械化》,《朱光潜全集》第8卷,第471页。
⑥⑦ 朱光潜:《谈处群(下)》,《朱光潜全集》第4卷,第55页。

艺术创作或欣赏来塑造自身人格,培养真善美相统一的价值观,从而领悟人生的趣味,获得心灵的享受。归根结底,人格教育不是为了满足暂时之"实用",而是为了追求全人尽性之"立人",诚如鲁迅所言:"将生存两间,角逐列国是务,其首在立人,人立而后凡事举。"[①]"立人"对于个人之生存、国家之发展事关重大。因此,以人格教育贯穿教育全过程,不仅是个人立身处世之道,更是国家文明进步之方。

其四,教育是开放多元的结构,必须正确认识精英教育与大众教育的关系。

不可否认,朱光潜所倡导的这种"重质而不重量"的精英教育或"精兵主义"理想,是特殊环境中的特殊策略,即使在当时诸多教育主张中也是颇为特殊的。无论是黄炎培的职业教育、陶行知的平民教育,还是梁漱溟的乡村教育,因主要受实用主义、杜威民主主义教育思想的影响,故主张平等的、普遍的全民教育;而受英国精英教育以及西方基督教精神浸染的朱光潜,则主张培养领袖人物的精英教育。两者之间不存在孰优孰劣,都殊途同归地以改造社会、教育救国为目标,就本质而言也都是改良主义教育。当然,在一个经济落后、战争频仍的年代,在"三座大山"的压迫之下,改良式教育只能是"戴着镣铐的舞蹈",带有"乌托邦"色彩,他们的失败也正说明了教育并非一个封闭的自为结构,如果社会整体结构得不到根本改善,改良主义的"教育救国"理念和实践也是行不通的。

反观当下,我国已逐步从精英化教育走向了大众化教育。在"精英化教育时期",少数精英占据了大量优质的社会资源,而多数大众则难以享受到高等教育,难以改变生存处境和社会地位,这是其缺陷所在。而在大众化教育时代,普及性的高等教育使国民素质大幅提高,但趋同化、模式化的培养方式也使得创新型精英难以脱颖而出,教育结构因而呈现为下大上小、缺乏"宝塔尖"的"梯形"结构。事实上,全球化的教育与文化交流、大学的不同

---

① 鲁迅:《文化偏至论》,《鲁迅全集》第1卷,人民文学出版社2005年版,第58页。

类型与定位、学科专业的细化与拓展、大众的庞大基数等,都为在大众化教育时代培养精英人物创造了条件。为此,一方面必须建构多元化的教育理念和教育实践,如实现人文与科学的精神融通、人文学科与自然学科的跨学科交叉与互动、专业知识与综合素质的共同提高等,培养高端的拔尖人才;另一方面,必须摆脱二元对立的思维定势,正确认识精英教育与大众教育互补、互助、互长的关系。精英教育旨在培养学术型、创新型人才,大众教育旨在培养职业型、应用型人才,两相互补,满足不同领域的社会需要;精英的教育要在培养大众综合素质的基础上着重培育和提高其专业知识、创新能力和创新思维,大众的教育要在精英的示范和引领下不断提高自身的综合素质,两者并行不悖,互助互长,形成良性循环,从而提升教育的整体质量和水平,培养"好人民",建设"好政府"。

(本文原载《上海师范大学学报(哲学社会科学版)》2016年第2期)

# "革命文学论争"中的鲁迅

蔡洞峰

左翼文学在五四新文学运动以后的中国文坛的兴起缘由是多方面的,而1928年发生的关于"革命文学的论争"以及创造社、太阳社同人对鲁迅的攻击,无疑是绕不过去的一个存在,它是左翼文学在中国兴起的关键原因和基点。革命文学的目标要突破"五四"新文学的表现对象和范畴,将五四新文学改造为无产阶级文学:以"普罗列塔利亚"现实主义题材取代五四个性主义解放主题。

创造社、太阳社倡导革命文学,并促进革命文学发生、发展,这与中国当时的社会政治运动发展密切相关,将其放在政治历史文化语境中来加以考察,可以窥见文学与政治之间内在的精神关联;通过考察鲁迅与创造社、太阳社同人之间论战,探寻鲁迅"向左转",并最终加盟"左联"的精神历程,我们可以发现鲁迅是从隐秘的精神层面维度,而不是从标语口号式的理论主张中来理解马克思主义和无产阶级革命的。沿着鲁迅的精神脉络来理解鲁迅的文学实践,我们可以探寻一种非本质主义和动态的方式来考察鲁迅的思想和文本,从而窥见其精神深处的本真存在。

一

20世纪中国文学的发生发展与中华民族处于现代转型与革命的历史语境有着许多现实的纠葛。其中左翼文学在这种历史发展过程中的功过得失不是本文所探讨的重心,只是想揭橥这样一个事实:中国文学的发展具有一种宿命般的历史传统,即借助政治发展之途来实现文学发展方向的变迁。这一点在当时的文学社团提倡革命文学运动的过程中体现得尤为瞩目。

1920年代初,随着时代语境的改变,文学的政治化倾向越发明显,一部分中国共产党人和革命作家要求文学摆脱五四时期小资产阶级思想的影响,为无产阶级革命服务,要求进步作家将自己的文学活动同无产阶级领导的革命斗争结合起来从事革命实践,培养工农感情,并转而引导运用马克思主义的阶级论来解释文学现象和社会问题。例如当时创造社成员成仿吾、郭沫若等先后发表文章强调文艺的社会功能,文艺要介入社会现实的斗争。

成仿吾在《艺术之社会的意义》一文中指出,艺术有"生活的向上"和"同情的呼唤"两种社会价值。① 郭沫若提出文艺的功能在于"统一人类的情感,提高人的精神,使生活美化,要挽救我们中国,艺术的运动是决不可少的事情"②。沈泽民在1924年4月的《民国日报·觉悟》上刊载了《我们需要怎样的文学》,文章倡导要建立"革命文学",《民国日报》为此开展了热烈的讨论,并出版发行"革命文学"专号。在这些作家的摇旗呐喊下,革命文学逐渐获得社会影响力,用马克思主义理论来阐释文学现象和社会现实问题成为当时的一股热潮,文学介入社会现实和参与变革社会的功能越来越强烈。

作为五四文学革命的先驱之一,鲁迅在此时期并未对此表现出太多兴趣,投入革命潮流的代价,是要放弃个人的文学立场与思想,使自己的思想激进化或党派化。刚走出《野草》、《彷徨》时期的鲁迅思考对象还是文学,主要是翻译和编辑刊物。在来广州之前,他计划与创造社联合起来,写一些文章,继续以前的社会批判工作,但现实的处境完全不像自己所料。国民党清党的血腥之举让他对现实革命充满恐惧和悲哀,令他对"革命"一词有了新的认识。那种以为真理在握的人,看来是值得怀疑的,但自身的问题还无法解决的时候,怎能变革社会和改造他人?

---

① 成仿吾:《艺术之社会的意义》,《创造周报》第41号,1924年2月24日,第3页。
② 郭沫若:《文艺之社会使命》,《民国日报副刊·觉悟·文学》第3期,1925年5月18日,第2—4页。

1929年5月22日,鲁迅在燕京大学演讲中说道:"在中国的所谓新文学,所谓革命文学,也是如此。……新的事物,都是从外面侵入的。……创造社有革命文学,时行的文学。不过附和的,创作的很有,研究的却不多,直到现在,还是给几个出题目的人们圈了起来。"①这种质疑思维使他对待现实问题时表现其思想独异的一面。即使后来鲁迅接受马克思主义,既不是对马克思主义学院理论的接受,也不是革命实践的运用,而是基于对苏联社会实践的认同而接受了马克思主义思维方式的形成和运用。

早在日本时期,鲁迅阅读了许多俄罗斯文学作品。在《域外小说集》中,就有多篇俄国作品,俄罗斯文学对鲁迅的影响是无疑的。1925年,鲁迅接触到《苏俄的文艺论战》的译作,文学与政治问题遂进入思想视野。他开始关注普列汉洛夫、卢那察尔斯基等人的文艺理论著作,思考中国能从那里学到什么?鲁迅在那个时期他所感兴趣的不是无产阶级革命问题,而是知识分子在革命中的作用以及革命后的命运,并在那些革命"同路人"的命运中寻求与中国知识阶级内在的精神关联。

鲁迅从俄罗斯的文学作品中看到了知识分子为争取自由和反抗阶级压迫时所遭受的苦难和放逐,以及知识阶级在真正的血与火的革命中的有限和无奈,他在血色模糊的微茫中,他洞见了人性的本然和精神的局限,俄罗斯作家在黑暗中拷问灵魂的悲怆之美与鲁迅反抗绝望的心灵是有着相通地方的。鲁迅是从瞿秋白的文章里了解到托洛茨基的鲁迅认为,托洛茨基所批判的革命,在中国恰是合理的存在。鲁迅的反抗精神,让他提倡那种"铁与血"的真正的革命文学。"托洛茨基那种马克思主义的信仰方式,一方面是开放性的,因为从来都将其视为一种未完成的形态,另一方面又是批判性的,因为他总是作为少数人发出声音"②。俄国经验成为鲁迅中国问题的参照。

在文艺观上,鲁迅对革命文学的理解受日本学者藏原惟人学说影响,藏

---

① 鲁迅:《鲁迅全集》第4卷,人民文学出版社2005年版,第136—137页。
② 杨姿:《后期鲁迅思想信仰建构中的托洛茨基影响》,《鲁迅研究月刊》2015年第7期,第52—65页。

原惟人对俄国文学的历史描述专注于一个要点：由于革命的政党意志介入到文学的生产过程，导致俄罗斯文学表现的领域由原先的个人与世界的关系变成了个体与集体的关系，个体的人道主义精神让位于政党的集体意志。鲁迅与"革命文学派"在文艺观论争中也涉及文学的个人性问题。蒋光慈认为革命文学应该排斥个人主义文学，"他的主人翁应该是群众，而不是个人；它的倾向应当是集体主义，而不是个人主义"。因此，李初梨认为早期创造社的文学口号是"内心的要求"、"自我的表现"，因而是小资产阶级意识，"革命文学"要求放弃强调个体意识，宣传一种"集体主义思想"。因此，在强调革命文学的集体意识时，他们攻击鲁迅的"个人主义"，认为鲁迅是小资产阶级代言人，只会表达个人主义思想。钱杏邨认为鲁迅"始终是一个个人主义者"，"他的出发点，不是集体，而是个人，他的反抗，只是为他个人的反抗"，因此他诘问鲁迅，"他的心目中，何曾有群众？"[①]

鲁迅则很早就考虑到创造"革命文学"的资格问题。在鲁迅看来，为革命起见，先要有"革命人"，革命人做出来的东西，才是"革命文学"："我以为根本问题是在作者可是一个'革命人'，倘是的，则无论写的是甚么事件，用的是甚么材料，即都是'革命文学'。从喷泉里出来的都是水，从血管里出来的都是血。"[②]鲁迅强调作家必须对自己创作的主题有着亲身体验，才有可能写出有价值的作品来。

另一方面，鲁迅不相信创造社成员会一夜之间从"为艺术而艺术"变成无产阶级作家，他不无讥讽地写道："复活的批评家成仿吾总算离开守护'艺术之宫'的职掌，要去'获得大众'，并且给革命文学家'保障最后的胜利'了。"[③]在鲁迅看来，中国那些所谓的革命者，大多不会真正深入思考问题的，他们只是将革命当作招牌。毋庸置疑，鲁迅明白这些所谓的"革命文学家"并不是真正的革命者。他认为无产阶级文学只有无产阶级自身来创

---

① 钱杏邨：《"朦胧"以后——三论鲁迅》，《"革命文学论争"资料选编》，第448页。
② 鲁迅：《鲁迅全集》第3卷，人民文学出版社2005年版，第544页。
③ 鲁迅：《鲁迅全集》第4卷，人民文学出版社2005年版，第62页。

作,因此,工农大众还未觉醒时,不可能产生真正的革命文学。因为"现在的文学家都是读书人,如果工人农民不解放,工人农民的思想,仍然是读书人的思想,必待工人农民得到真正的解放,然后才有真正的平民文学"①。

鲁迅早在日本时期就在寻找一个支撑其"立人"思想的原点,从留学时期的"进化论"到五四时期"真的人",似乎都不能建立起合法的批判立场。随着苏俄革命的胜利,使鲁迅有机会借助域外视角来解决自身存在的问题。1926年鲁迅在《写在〈坟〉后面》首次提出了"中间物"概念,这是他从进化论思想反省后得出的结果,在信奉进化论时期,鲁迅一直对将来、新生事物给予希望。对于包括自己在内的旧的遗存,鲁迅强调要让位与新的一代,自己是"背着因袭的重担,肩住黑暗的闸门",让年轻一代通向光明的未来,自己可以无怨无悔的牺牲。而"中间物"概念的提出,则肯定了旧的事物的意义,也就是让旧的遗存有了新生的可能和优势,因为可以"看得分明,易制敌于死命",事实上鲁迅肯定了旧的遗存可以转变为新的力量,包括后期做革命"同路人"观点都是鲁迅借助域外理论而解决了自身的问题。有学者认为这种思想的转变是受托洛茨基理论影响:"这种思路的变化是在鲁迅对托洛茨基关于革命过渡性质的阐释有所了解和接受之后发生的,是鲁迅在托洛茨基的启示下对自身与传统联系的准确表述。后来,随着鲁迅和革命主潮距离的日益接近,他对自己的定位从'中间物'走向了'同路人',而后者,恰恰正是托洛茨基在《文学与革命》中阐发的重要概念。"②

## 二

中国左翼文学的发生的历史注定了文学与政治革命有着深切的关联,革命文学是在"五四"新文学革命之后兴起的,因此必然受"五四"新文学

---

① 鲁迅:《鲁迅全集》第3卷,人民文学出版社2005年版,第422页。
② 杨姿:《后期鲁迅思想信仰建构中的托洛茨基影响》,《鲁迅研究月刊》2015年第7期,第52—65页。

传统的影响。创造社与太阳社发起革命文学运动要"别立新宗",就要消除"五四"新文学以及"五四"一代作家的影响,从而导致了这场著名的论战,并在中国现代文学史和政治史上有着巨大而深远的影响,其中以创造社和太阳社与鲁迅之间展开的论争最为瞩目。

鲁迅对"革命文学"的态度,是"革命文学论争"的中心问题,我们必须对双方的理论来源有所了解,才能明白这场论争的缘由。关于这场论争的缘由,一方面认为创造社太阳社成员的小资产阶级的身份导致他们不能正确理解马克思主义理论,不了解当时的社会阶级状况。另一方面则是大革命失败后文艺界普遍受当时"左倾"思想影响,导致宗派主义思想严重。但这种解释似乎没有回归到当时历史的场域进行合理分析,作为多元共生的文学史现象,从历史层面对这场论争的真实情境进行认识和深入分析,这对我们客观理解鲁迅与创造社、太阳社论争发生的根源,还原这段历史的真相是十分必要的。

创造社和太阳社成员如郭沫若、成仿吾、钱杏邨、李初梨等基本上是留日学生,它们置身于日本无产阶级文艺运动的浓郁氛围中,很容易捕捉到各类文艺信息,并及时将它们翻译过来,以指导我们本国的文学运动。就日本无产阶级文艺理论对当时中国革命文学的影响来说,最主要的就是福本主义与藏原惟人的"新写实主义"[①]。而郭沫若认为:"中国文坛大半是日本留学生建筑成的。就因为这样的缘故,中国的新文艺是深受了日本洗礼的。而日本文坛的毒害也尽量的流到中国来了。"[②]

日本的福本主义,即日共领袖福本和夫的思想,其核心思想就是"分离结合"。福本主义非常重视理论批判和思想斗争,目的是希望借此达到纯粹的无产阶级意识。在他看来:"从现在开始,联合是形成全国的一大政党成立的必然面临的问题。因此,我们必须首先'分裂'马克思主义的要素,然

---

① 王智慧:《二十世纪二十年代"革命文学"研究》,中国社会科学出版社2013年版,第57页。
② 麦克昂:《桌子的跳舞》,《创造月刊》1928年第1卷第11期。

后再结合。"①因此以马克思主义面貌出现的福本思想就很快被人所接受,并对当时正在日本留学的创造社成员产生巨大影响。创造社成员冯乃超后来在回忆中写道:"当时日本左翼文坛主张'既成作家'都一定要'转换方向',这一点,后来竟成为我回国以后批评鲁迅的张本。"②而创造社另一成员李初梨在回国后也加入论争:"中国的革命,应当而且必然的,由经济政治的斗争,扩大到意识的斗争。现实地,这种斗争已经开始了。"③因此提出要在无产阶级的阵营中积极开展理论斗争。在文艺领域,福本主义对创造社成员的影响是"将马克思主义与资产阶级民主主义、无产阶级文学与五四文学、新作家与旧作家、文学的阶级性与文学的自身性不容调和的对立起来,结果导致了对鲁迅、茅盾等作家的错误批判"④。

除福本主义以外,他们还受到了当时党内"左倾"思想对革命形势的影响,将资产阶级与小资产阶级一并作为斗争的对象。首先,他们认为小资产阶级的特性是可以倾向革命也可以倾向保守的,在革命形势转变的时候,他们有的投身革命,有的没落。郭沫若说:"小资产阶级的根性太浓重了,所以一般的文学家大多数是反革命派。"⑤而鲁迅又被他们当作小资产阶级作家的代表。因此鲁迅遭到了他们首当其冲的攻击。认为鲁迅落伍,跟不上时代,不认识革命形势的迅速发展;作品晦暗,完全没法表现革命光明的一面。他创造的"阿Q时代早已结束,他的著作内含的思想,也不足以代表十年来的中国文艺思潮!"⑥鲁迅所表现的,甚至不是"五四"的时代,而是清末的时代思想。鲁迅仅是"如天宝宫女,在追述着当年皇朝的盛事而已"⑦。将鲁迅视为"封建余孽"、"二重反革命"。而其他五四作家也被判定为"有

---

① [日]福本和夫:《方向转换要经过哪些过程》,转引[日]斋藤敏康:《福本主义对李初梨的影响》,《中国现代文学研究丛刊》1983年第3期。
② 冯乃超:《革命文学论争·鲁迅·左翼作家联盟》,《新文学史料》1986年第3期。
③ 李初梨:《请看我们中国的Don Quixote的乱舞——答鲁迅〈"醉眼"中的朦胧〉》,《文化批判》4,1928年4月15日。
④ 艾晓明著:《中国左翼文学思潮探源》,北京大学出版社2007年版,第81页。
⑤⑥⑦ 钱杏邨:《死去了的阿Q时代》,中国社会科学院文学研究所现代文学研究室编:《革命文学论争资料选编》,知识产权出版社2010年版,第183页。

产者与小生产者",要"替他们打包,打发他们去。"

鲁迅为什么"向左转"?又如何"向左转"?可以说如何理解鲁迅"向左转"的问题,也是如何理解20世纪中国左翼文化的关键。两个互为关涉的问题,需要有一个"破解"的路径。1933年,瞿秋白说道:"鲁迅……是经历了辛亥革命以前直到现在的四分之一世纪的战斗,从痛苦的经验和深刻的观察中,带着宝贵的革命传统到新的阵营里来的。"① 鲁迅对革命文学的认识是渐进式的,思想在选择中怀疑和在怀疑中选择。在这个过程中,他关注域外的思想者,特别是日本知识界和俄国"同路人"的文学作品。而对国民性的批判、传承中华文化"固有之血脉"是承接五四时期的"立人"思想。因此,在最初阶段里,鲁迅所认为的"革命"和"革命文学"是包括一切要求解放与进步的活动以及反映这些要求的文学。鲁迅在《革命时代的文学》中这样理解"革命":"其实'革命'是并不稀奇的,惟其有了它,社会才会改革,人类才会进步,能从原虫到人类,从野蛮到文明,就因为没有一刻不在革命。……所以革命是并不稀奇的,凡是至今还未灭亡的民族,还都天天在努力革命,虽然往往不过是小革命。"② 从这里可以看出,鲁迅所说的革命的概念是十分广泛的,由此,他将革命与文学关系分为三个阶段:大革命之前的文学,"大抵是对于种种社会状态,觉得不平,觉得痛苦,就叫苦,鸣不平",但这种叫苦的文学对革命没有影响,只有变为怒吼的声音后,才会有反抗,因此"革命爆发时代接近的文学每每带有愤怒之音"。到了大革命时代,文学没有了,没有声音了,因为大家忙着革命。所以大革命时代的文学是沉寂的。到了革命成功后,社会矛盾缓和了,大家有了余裕,这时候又产生了文学。这时候也有两类文学:一种歌颂革命,进步的文学家希望社会改变,对旧社会的破坏和进社会建设高兴;另一种是对旧社会唱挽歌。③

鲁迅在此强调的是文学与革命的关系,并没有提到所谓的"革命文

---

① 何凝编:《鲁迅杂感选集》,贵州教育出版社2001年版,第166页。
② 鲁迅:《鲁迅全集》第3卷,人民文学出版社2005年版,第418—419页。
③ 鲁迅:《鲁迅全集》第3卷,人民文学出版社2005年版,第419—421页。

学",因此,在这个阶段"鲁迅心目中的'革命',并不是由共产党领导和支持的无产阶级革命,恰恰相反,他心目中的'革命'主要是指由国民党所领导的北伐活动"①。而创造社成员理解的革命则是无产阶级革命,"与鲁迅理解的革命有着完全不同的看法——或者更具体一点说,他们隶属于不同的革命阵营,爆发论战是无可避免的了"②。在论战初期,论战第一篇发难的文章是冯乃超的《艺术与社会生活》,文章点名批判四位作家,即鲁迅、叶圣陶、郁达夫和张资平。这些五四时期作家在冯乃超的眼中都是"落伍的"。从这篇文章中我们知道最初的批判并没有意图特别针对鲁迅的,而是想通过批判五四时期作家来为"革命文学"开路。

冯乃超认为鲁迅"常从幽暗的酒家楼头,醉眼陶然地眺望窗外的人生",他只反映了"社会变革期中的落伍者的悲哀","无聊赖地跟她弟弟说几句人道主义的美丽的说话"③。成仿吾说鲁迅"坐在华盖之下","这种以趣味为中心的生活基调。它所暗示着的是一种在小天地中自己骗自己的自足,它所矜持的是闲暇,闲暇,第三个闲暇"④,与冯乃超一样,指责鲁迅是时代落伍者。相对说来,鲁迅当时确实比较悲观,面对国民党"清党"的"血的游戏",他无法认清当前的政治形势,他自己承认落伍了。⑤"眼前所见的依然是黑暗。"⑥论争的过程也是鲁迅自我怀疑与自我否定的过程,对革命文学的理解并最终建构批评思维,并且借助域外的视角建构自己的批评话语和价值体系,而不是为了信仰什么主义。通过阅读和翻译苏俄马克思主义文艺作品,他了解革命话语,同时也意识到突破自身思维局限的重要,即克服自身旧时代的遗存,在激烈的交锋中获得新生的可能。因此,在革命文学论争中,也有对自身审视的意味。一方面对文学有审美的期待,另一方面是

---

① 王宏志著:《鲁迅与左联》,新星出版社2006年版,第6页。
② 王宏志著:《鲁迅与左联》,第7页。
③ 中国社会科学院文学研究所现代文学研究室编:《"革命文学"论争资料选编》,第116页。
④ 中国社会科学院文学研究所现代文学研究室编:《"革命文学"论争资料选编》,第207页。
⑤ 鲁迅:《鲁迅全集》第3卷,人民文学出版社2005年版,第453—456页。
⑥ 鲁迅:《鲁迅全集》第11卷,人民文学出版社2005年版,第580页。

自我意识的拷问。借助文学与革命关系的思考,他对中国问题进行重新思考,更加深了怀疑主义色彩,而并没止于信仰。

鲁迅在文学观上始终强调文学有它自己的规律,认为"一切文艺固是宣传,而一切宣传却并非是文艺"[①]。鲁迅强调的是文艺与宣传两者之间的同质与异质的关系。文学之为文学,是由其自身的范式决定的,宣传功能不是其本质特征,只是文艺与外在社会发生联系的一种样式。也就是说,文学在一定的历史背景下,确实可以发挥宣传功能的工具作用,但它又不仅仅是工具,而是以对人的感情和精神产生作用的一种特殊方式,这就要求文学作品要给人以审美的方式将读者吸引到作品中来,否则不会有宣传的效果。鲁迅在《南腔北调集·漫与》中作了恰当的比喻:"鼓鼙之声要在前线,当进军的时候,是'作气'的,但尚且要'再而衰,三而竭',倘在并无进军的准备的处所,那就完全是'散气'的灵丹了,倒使别人的紧张的心情,由此转成弛缓。"文学艺术对人们发生作用的多数情况下是在潜移默化,润物无声下完成的。因此战斗思想的浸染只能通过美感的,而单纯的"鼓鼙之声"怎能将战斗思想深入人心,起"作气"的作用呢?要是这样,只能将文学功能和战斗意义一并散失。正是对文学功能的精确而独到的见解,促使鲁迅极其反对那种"组织生活论"、政治"工具论",在他看来,将文艺与政治等同不过是一种心造的幻影,最后不免进入唯名论窠臼。

如果说创造社等将文学作为宣传的工具使文学的艺术生命力消失殆尽,那么以阶级划分革命文学的属性会使文学无法反映生活的本质内容,成为形式主义的。鲁迅承认人的阶级性。他认为:"文学不借人,也无以表示'性',一用人,而且还在阶级社会里。"[②]但鲁迅从来不认为人可以永垂不朽的,阶级也只存在于一个时段,在阶级社会里,人性常常表现在阶级性中,他从俄国作品中"看见了被压迫者的善良的灵魂,的酸辛,的挣扎。从文学里

---

① 鲁迅:《鲁迅全集》第4卷,人民文学出版社2005年版,第134页。
② 鲁迅:《鲁迅全集》第4卷,人民文学出版社2005年版,第84页。

明白了一件大事,是世界上有两种人:压迫者和被压迫者"①。因此,他不相信永恒的人性,这就是鲁迅的思维方式。由此可以明白鲁迅对阶级社会中文学的看法,以及文学的社会功能和自身的特性,都融汇了自身的深刻理解和独特的发现,从而纠正对革命文学的教条理解和不切实际的幻想,这从后来左翼文学发展的情形来看,这种对文学的阶级性观点具有相当普适性,符合文学发展自身特质。

## 三

在革命文学实践中,创造社和太阳社那种敢于冲破五四文学传统,迎接政治革命的风雷,将文学作为社会革命的手段加以倡导,从某种意义上适应时代对文学的要求。因为对马克思主义缺乏科学的认识,并且将文学作为斗争工具介入革命太过迫切和轻率,使一些创造社成员对如何看待五四文学以及文学理论的许多重大问题时,造成明显的失误和遗憾,这样的结果使这种文学实践对新文学的现代演进过程造成了许多阻碍甚至挫折,并且影响到革命文学本身的健康发展,甚至往后的1930年代至建国后的文学,都受其影响并为此付出惨痛的代价。相比较而言,在革命文学论争中,以鲁迅、茅盾为代表的一派,在新文学的革命转向中,显得更冷静、更理性。鲁迅对革命文学理论的批评、涉及的一些重要的文艺思想都是独到深刻的,与创造社他们的观点相比无疑要缜密周到得多。这在后来革命文学自身即左翼文学发展过程中,以及今后的文学创作中,越发呈现出来。然而当我们从文学历史的场域来看这一时期的文坛现状,面对从五四的文学革命到后期的创造社和太阳社的革命文学,五四时期文坛相对沉闷的氛围由于创造社的加入和突进而注入了勃勃生机,并促进了马克思文艺理论的积极引入和不同流派之间的互动。更重要的在于,正因为创造社青年的加入,新文学的

---

① 鲁迅:《鲁迅全集》第4卷,人民文学出版社2005年版,第204页。

长河中加入了一种急切变革,求新创变的情绪而搅动了新文学文坛"一池春水"。

鲁迅在《新青年》团体解散,五四落潮之际,以及兄弟失和家庭变故等原因,1923年前后陷入了"荷戟独彷徨"的绝望之中,那种梦醒了无处可走的悲哀,绝望虚无的感受发展到极致。这一时期《野草》的诞生是其精神危机和反抗绝望情境的真实写照。但这毕竟与现实的人生与时代有隔。因此钱杏邨指责鲁迅"不是苦闷的人生,就是灰暗的命运;不是残忍的杀戮,就是社会的敌意;不是希望的死亡,就是人生的毁灭。"女师大事件后他离开北京南下厦门、广州"躲进小楼成一统",就是为了逃避社会和人生,远离文坛和庙堂,将自己变成"边缘存在"。这种生存方式,用他自己的话说是一个时代"落伍者"。

鲁迅通过论争以及"被迫"看马克思主义著作的过程中,逐渐理解了革命和"人"的观念,形成自己对革命以及革命文学独特看法,对中国革命实践有了更深的思考。当然鲁迅并不是赤膊上阵的猛士,心目中的革命与现实中的流血,并不是一回事。他不相信那些将革命挂在嘴边的人,因为无论从中国人的精神世界还是中国历史的现实情形,革命的理想往往与最终结果有时是有着巨大的反差。在他看来,革命是追求自由的产物。无产阶级一旦被强制,文化和自由都不会实现。因此,左联后期中表现的杀气腾腾的强制色彩,鲁迅贬斥其为辱骂和下流,当他看到所谓革命带有流寇行为的斩尽杀绝的时候,他认识到那些革命追随者的浅薄:"无产阶级的革命,乃是为了自己的解放和消灭阶级,并非为了杀人。"[①]

鲁迅无论接受何种新思想的时候,首先是要对个体的尊重,只有真正关注个体自由、个性解放的革命,才有益于社会和现实的人生,才是真的革命,因此革命不是抽象的理论和空泛的口号运动,鲁迅是深切地知道"精神"的改变的重要性的,正如胡风所说:"那些思想运动者只是概念地抓着了一些

---

① 鲁迅:《鲁迅全集》第4卷,人民文学出版社2005年版,第460页。

'思想',容易记住也容易丢掉,而鲁迅却把思想变成了自己的东西。思想本身的那些概念词句几乎无影无踪,表现出来的是旧势力望风奔溃的战斗方法和绝对不被旧势力软化的他的战斗气魄。"①

鲁迅为了解马克思主义思想,亲自翻译普列汉诺夫、卢那卡尔斯基的文艺理论著作,因为鲁迅在左派的论著里,感到的仅仅是概念,只是把俄国的理论机械地移植过来,并未弄清问题的实质。鲁迅认识到在中国,真正需要解决的不是那些理论口号的问题,而是人的问题,特别是国民的精神的变革。他深知自己从旧的营垒过来,自身难免有"毒气和鬼气",于是想借域外的火种,驱散身上的毒气,而他也希望中国的革命青年,摆脱古老中国那种积习,成为新人。这些马克思主义的文艺论著确实引起鲁迅的共鸣和认同,并化作了自己的精神血肉,使自己的思想和观念得到升华。正如孙郁教授认为:"鲁迅理解的文学的阶级性和大众性,是建立在对'人'的本性的思考的基础上的。他不会也不可能从党派和国家政权以及管理者的角度看待事物的。"②鲁迅从那些所谓的革命者的各种口号和主义中,看到了不变的东西,即国民劣根性的存在。即将革命理解为阿Q式的造反。

## 结　　语

鲁迅与创造社、太阳社的论争,客观上激活了左翼文学的兴起和发展壮大,使革命文艺喷发出勃勃生机。对鲁迅而言,这次论争使他走出野草时期的"第二次绝望"③,将孤独的个体与现实世界进行撞击、被激活而走向革命文化,焕发出新的活力和朝气,并最终从只相信进化论到辩证的认识进化论,认同马克思主义文艺理论,成为左翼文学革命的一面旗帜。"鲁迅与同时代的左翼作家不同的地方是,不是把自己打扮成天使,而他者皆为恶魔。

---

① 胡风:《胡风全集》第2卷,湖北人民出版社1989年版,第501页。
② 孙郁著:《鲁迅与陈独秀》,现代出版社2013年版,第170、177页。
③ 汪卫东:《鲁迅的又一个"原点"——1923年的鲁迅》,《文学评论》2005年第1期。

他是带着对自己的怀疑的态度,与那些陌生的存在进行交流,以疗救只信进化论的偏颇。"① 始终以自我怀疑精神与那些陌生的存在进行对话,以纠正自身思维的偏至。他解剖自己甚于解剖别人。在这场论争中,他与对手的接触驱走了那些绝望的遗存,走出了寂寞之境,同时,他更了解了马克思文艺的实质,并在精神上与俄罗斯文学和革命文学产生内在的契合,对自身精神的旧的遗存进行清理后,纠正了自身进化论思想的偏颇,也驱散了心中的寂寞,找到了新的人生方向,从而成为中国社会的良知。

在这场革命文学的论争中,左翼文学第一次喊出了"普罗列塔利亚文学"的口号,开始了无产阶级文学在中国发展的崭新时代,并以此为契机引导文学走上一条新路,通过与政治的联姻来实现对社会革命的参与。这是左翼文学早期左翼文人在新的时代面前对五四精神的传承与建构,是贯穿左翼文学运动发展始终的一笔精神财富。这次论争体现出文学和革命精神发展有着无限种可能性,而个人的选择也存在着无限可能。

革命文学论争的终极目标,不在文学自身而在国家和民族的未来走向。论争双方的激烈碰撞,体现了革命知识分子和鲁迅以国家和民族为己任的担当精神,这是时代的要求,也是对五四以来文学革命观念的一次全新扬弃。因此,尽管中国20世纪文学在其沧桑发展历程中被赋予太多社会使命而显得异常艰辛,但是有着千年"文以载道"传统文艺思想的中国,文学被赋予时代和社会使命,对其自身的发展而言,又何尝不是一种涅槃与新生?

(本文原载《鲁迅研究月刊》2016年第11期)

---

① 孙郁:《对话中的鲁迅》,《学术月刊》2014年第10期,第128—133页。

# "娜拉"的彷徨与女性启蒙叙事
## ——以鲁迅女性解放思想为视角

蔡洞峰

五四是"人的发现"的时代,女性解放,被置入晚清"强国保种"的民族解放运动之中,到五四时期作为"个性解放"思潮的重要组成部分而成为"新文化运动"的重要价值指标被不断提及。鲁迅、胡适作为新文化运动的代表人物,在对待女性解放问题上,有着不同的关注点。

易卜生《娜拉》在中国的流行,促使当时新文化阵营对女子传统贞操观的批判、对恋爱和结婚离婚自由问题进行了广泛的讨论,使女性解放思潮得到自晚清以来极大的推动。娜拉"出走"的文学想象,成为五四以来中国女性获得自由和个性解放的精神信仰和现实选择。

1919年3月胡适以《娜拉》改编的《终身大事》发表,作为中国现代女性"出走"叙事的滥觞者,极富象征性地体现女子个性解放话语特征,但未曾思考女性出走之后的现实困境和解决的途径。在鲁迅看来,这种以鼓励女性"出走"为标志的五四个人主义意识形态无疑误导了当时新女性,认为将这种"心造的幻影"付诸实践必将让她们备尝生的痛苦。

就在《娜拉》影响方兴未艾之际,作为回应,鲁迅于1923年年底应邀在北京女子高等师范学校的演讲,提出"娜拉走后怎样"的尖锐问题,给当时正沉浸在"出走"浪漫激情想象中的高校女生泼上一盆冷水。在演讲中,鲁迅谈到娜拉走后的结局只有两种可能:"不是堕落,就是回来。"[1]出走的娜拉有可能为钱再次卖掉自由。表达了鲁迅对女性解放的独到理解和现实的

---

① 鲁迅:《娜拉走后怎样》,《鲁迅全集》第1卷,人民文学出版社2005年版,第166页。

处境,并在其后的《伤逝》中继续演绎了女性出走之后的话题。相较于胡适专注于青年反抗"家长"专制的个性主义诉求,鲁迅关注的焦点则落在男女的性别权力不平等,以及由此而衍生的政治文化危机。由此出发,鲁迅对女性解放的思考在相关演讲和小说中突出表现为对女性性别反省、男权意识、个性主义以及启蒙困境的关注。五四新文化运动中,鲁迅"最早反省新文化共同体中的性别权力问题",对没有经济独立的出走新女性的结局只能是"从传统的父权之家(父母及宗族之家)进入新的父权之家(与丈夫或男友组成的小家)"[①]。鲁迅的视角和当时五四女性解放流行观点相比,无疑深化了五四女性解放叙事的思想主题。然而,鲁迅所强调的女性解放进程中遭遇的性别差异、自我表达以及"被描写"的困境,在五四乃至以后的较长时期并未得到有效的解决。因此从鲁迅的启蒙立场和女性解放思想维度考察女性解放的历史及现实路径,是我们反思现代中国启蒙历史与中华民族现代转型中必须认真思考的问题。

一

易卜生的《娜拉》被引入国内引起强烈的轰动,从"易卜生主义"的传播到以胡适《终生大事》为代表的"娜拉"剧的演出,使"娜拉"形象的深入人心,成为女性解放的象征,伴随着个性解放的启蒙主义在中国风生水起之时,有关女性解放、离婚自由的话题引起社会的热烈关注和讨论。

胡适1918年6月15日发表了长文《易卜生主义》刊登在《新青年》第4卷第6号。自此以现实主义揭示社会问题,提倡个性解放的"易卜生主义"成为"五四"推崇的流行观念。1919年,胡适模仿《娜拉》创作了独幕剧本《终身大事》,继而成为五四各地学生社团热演的剧目。《终身大事》是按照《娜拉》改编的,表现了新式女性为争取个性自由、婚姻自主而离家出

---

① 杨联芬著:《边缘与前沿》,新星出版社2018年版,第248页。

走的主题。虽然《终身大事》在艺术性上可谓乏善可陈,但其女性"出走"的意象,却成为新文学表现的争取个性解放和女子解放所推崇的主题,成为五四时期青年男女渴望自由、摆脱旧式家庭的浪漫想象。

　　胡适将《娜拉》进行中国化的改造,从其改编的内容可以看出两人关注的侧重点不同,在《娜拉》中男女性别矛盾被胡适置换为子女与封建家庭中家长的矛盾,"新"与"旧"的对立,契合了五四个性主义话语:"易卜生揭示了人类两性的不平等地位,胡适揭示的则是传统宗法制家庭父权对个人的压抑,以及传统文化中的愚昧和迷信与新时代新文化的冲突。"[①] 相比而言,胡适的改编契合了当时的五四个性解放和反对封建婚姻观念的特色,突出其推崇的反抗包办婚姻和摆脱家长控制的个性主义。但胡适并没有从性别维度剖析封建宗法制与父权制是女性不平等的根源,将女性解放主题转化为青年与老年、个人与(父亲)家庭的矛盾与抗争,但女性在社会上怎样才能实现与男子一样的自由和平等的关键问题被遮蔽了。胡适没有分析女子解放的物质条件和前提,从而无法在实践层面为女性提供切实可行的解决方案,借此改变女子在男权社会中的从属地位。也即是说:"胡适着眼于批判家族制度和社会习俗的个人主义话语,与其说是遮蔽了性别关系,不如说是这个视角本身无力深入探究新文化阵营两性之间的权力等级。"[②] 与胡适借助易卜生《娜拉》而推崇的女子个性主义反抗不同,鲁迅对易卜生的引进和介绍主要立足于其社会批判性。

　　青年鲁迅在日本时期通过日本的中介发现了作为"轨道破坏者"的易卜生,在《摩罗诗力说》中认为他"生于近世,愤世俗之昏迷,悲真理之匿耀,假《社会之敌》以立言"而成为"国民公敌"[③],这是从社会传统反抗者的视角理解易卜生,赞赏其对旧世界的破坏和扫除,而不是其个性解放。相比胡适所推崇的个性主义解放观,鲁迅对《娜拉》中涉及的女性解放问题并无特别关注,这与其所秉持的女性解放思想有关,比较而言,他更关心的是实

---

[①][②] 杨联芬:《个人主义与性别权力》,《中山大学学报(社会科学版)》2009年第4期。
[③] 鲁迅:《摩罗诗力说》,《鲁迅全集》第1卷,人民文学出版社2005年版,第81页。

现女性解放所必需的社会历史条件,女性解放目的是"要人类都受正当的幸福",并从人道主义角度破除阻碍女性解放的传统社会文化桎梏,批判旧社会"无主名无意识的杀人团"的节烈观,认为"女人的天性中有母性,有女儿性;无妻性。妻性是逼成的,只是母性与女儿性的混合"①,控诉男权文化是造成女性悲剧的根源,鉴于历史的悲惨教训,他强烈呼吁铲除产生女性牺牲者所赖以存在的社会历史文化根源。

作为对封建传统的批判和反抗者,鲁迅在参加《新青年》中对"节烈观"的讨论中就女性在父权制下所遭受的压迫与牺牲,以及对女性获得平等权的现实路径的探索,提出自己的观点和解决方案。在《我之节烈观》中,鲁迅从社会文化和男权意识方面对女性"节烈观"进行批判,并提出诘问:"节烈是否道德?""多妻主义的男子,有无表彰节烈的资格?"对此他给出否定的回答,认为"道德这事,必须普遍"且"自他两利,才有存在的价值",而"节烈"决不能认为道德,当作法式,而且"男子决不能将自己不守的事,向女子特别要求。若是买卖欺骗贡献的婚姻,则要求生时的贞操,尚且毫无理由。何况多妻主义的男子,来表彰女子的节烈"②,因此要求女子"节烈"的"公意""不利自他,无益社会国家,于人生将来又毫无意义的行为,现在已经失了存在的生命和价值"③。对"节烈观"的批判是鲁迅女性解放思想的一部分,同时也是鲁迅反封建思想文化实践的具体体现,其目的是"要人类都受正当的幸福"④。

五四时期,作为"听将令"而为启蒙先驱者进行呐喊助威的鲁迅,对胡适所倡导"易卜生主义"个性解放、宣扬女性自由独立的思想并没有呼应,并对五四时期流行将女性戏剧性"出走"、"独立"作为标志的个性主义反抗持深刻的怀疑态度。1920年鲁迅发表的《头发的故事》中,由于在"呐

---

① 鲁迅:《而已集·小杂感》,《鲁迅全集》第3卷,人民文学出版社2005年版,第555页。
② 鲁迅:《坟·我之节烈观》,《鲁迅全集》第1卷,人民文学出版社2005年版,第124—125页。
③ 鲁迅:《坟·我之节烈观》,《鲁迅全集》第1卷,人民文学出版社2005年版,第129—130页。
④ 鲁迅:《坟·我之节烈观》,《鲁迅全集》第1卷,人民文学出版社2005年版,第130页。

喊"时期需要"听将令"无法直说,只好借N先生的口说出自己真实的声音,并暗示对当时社会启蒙流行话语所鼓吹的"娜拉式"解放和抗争的实际效果产生深深的怀疑:"现在你们这些理想家,又在那里嚷什么女子剪发了,又要造出许多毫无所得而痛苦的人!""现在不是已经有剪掉头发的女人,因此考不进学校去,或者被学校除了名么?""改革么,武器在那里?工读么,工厂在那里?"并且不无偏激地喊道:"仍然留起,嫁给人家做媳妇去:忘却了一切还是幸福,倘使伊记着些平等自由的话,便要苦痛一生世!"并且借助阿尔志跋绥夫之口诘问:"你们将黄金时代的出现预约给这些人们的子孙了,但有什么给这些人们自己呢?"①

1923年底,鲁迅应邀来北京女子高等师范学校作演讲,以"娜拉走后怎样"为题,接着胡适《终身大事》中以女子追求自由恋爱的个性主义解放而离家出走的话题,提出了自己不同于胡适的女性解放观点。演讲开始,鲁迅就提出一个疑问,"娜拉要怎样才不走呢?"鲁迅举了易卜生的《海的女人》,主人公准备出走,其丈夫给了她选择的权利,并且要对自己的决定负责,于是她就不走了。走或者不走,自己有选择的自由,娜拉或者"便可以安住",但娜拉毕竟走了,鲁迅对娜拉的出走以后怎样进行推想:"不是堕落,就是回来"。并且对娜拉的出走表示怀疑:"她除了觉醒的心以外,还带了什么去?倘只有一条像诸君一样的紫红的绒绳的围巾,那可是无论宽到二尺或三尺,也完全是不中用。她还须更富有,提包里有准备,直白地说,就是要有钱。"②在鲁迅看来,启蒙如果只能唤起"觉醒的心"是远远不够的,因为人要生活,离不开吃饭之类的日常琐事和前提。因此要自由,必须先有维持生活的物质基础,女性获得自由的首要条件就是经济独立,他尖锐地指出:"自由固不是钱所能买到的,但能够为钱而卖掉。"③真正的女性解放是多方面的,并不是取得经济权就能解决的,只不过"无非被人所牵的事可

---

① 鲁迅:《头发的故事》,《鲁迅全集》第1卷,人民文学出版社2005年版,第487—488页。
② 鲁迅:《娜拉走后怎样》,《鲁迅全集》第1卷,人民文学出版社2005年版,第167页。
③ 鲁迅:《娜拉走后怎样》,《鲁迅全集》第1卷,人民文学出版社2005年版,第168页。

以减少，而自己能牵的傀儡可以增多罢了"①。而当时的社会政治条件也没有为女性出走创造任何条件和帮助，如果"倘有一百个娜拉出走，便连同情也减少，有一千个一万个出走，就得到厌恶了，断不如自己握着经济权之可靠"②，既然目下所见经济权的获得对女性解放至关重要，想解放必须要掌握经济权，而经济权的获得，则需通过斗争改变中国社会的经济政治基础，使社会解放与个体解放统一起来，改变一切不合理的奴役制度，这样才能实现女性的根本解放。如何改变现状，作为启蒙者应当思考和给出合理的方案。为了防止为了钱不将自由卖掉，目下最要紧的是："经济权就见得最要紧了。第一，在家应该先获得男女平均的分配；第二，在社会应该获得男女相等的势力。"③但在男权意识占统治地位的当时，男女权力根本不平等，要想获得平等必须改变当时的社会现状。鲁迅意识到改造中国的极端困难："造物的皮鞭没有到中国的脊梁上时，中国便永远是这一样的中国，决不肯自己改变一支毫毛。"④由此他揭开了"五四"启蒙话语所构造的以出走为标志的女性解放幻象，并对五四启蒙论者有着某种告诫：如果娜拉很特别，自己甘愿出去做牺牲，那是一回事，但作为启蒙者，"我们无权去诱劝人做牺牲"⑤。

作为深刻了解中国社会清醒的现实主义者和理性主义者，鲁迅劝导青年不要做将来的梦，以免"为了这希望，要使人练敏了感觉来更深切地感到自己的苦痛，叫起灵魂来目睹他自己的腐烂的尸骸"⑥。青年的生命宝贵，传统的"铁屋子"万难摧毁，不必要为了某种虚妄的希望而作无谓的牺牲。在鲁迅看来，那些所谓的启蒙家鼓动青年去做将来的梦或为此行动而牺牲，只能以生命的代价为群众奉献一场戏："群众，——尤其是中国的，——永远是戏剧的看客。牺牲上场，如果显得慷慨，他们就看到了悲壮剧；如果显得

---

① 鲁迅：《娜拉走后怎样》，《鲁迅全集》第1卷，人民文学出版社2005年版，第170页。
② 鲁迅：《娜拉走后怎样》，《鲁迅全集》第1卷，人民文学出版社2005年版，第169页。
③ 鲁迅：《娜拉走后怎样》，《鲁迅全集》第1卷，人民文学出版社2005年版，第168页。
④ 鲁迅：《头发的故事》，《鲁迅全集》第1卷，人民文学出版社2005年版，第488页。
⑤ 鲁迅：《娜拉走后怎样》，《鲁迅全集》第1卷，人民文学出版社2005年版，第170页。
⑥ 鲁迅：《娜拉走后怎样》，《鲁迅全集》第1卷，人民文学出版社2005年版，第167页。

觳觫，他们就看了滑稽剧。"①正是对"五四"时期启蒙有效性的怀疑以及对国民性的绝望，鲁迅提倡"深沉的韧性的战斗"，借此改变女性的现实处境，实现女性解放。如果现实的社会文化政治环境无法改变的情形下，女性为获得个性解放而贸然反抗的话，那么女性悲剧命运就难以摆脱，《伤逝》的出现，为鲁迅这一观点作了最好的诠释。

## 二

《伤逝》写于1925年，在这篇生前未发表的作品中，鲁迅自己回答了两年前提出的"娜拉走后怎样"的话题。中井政喜认为在这篇文章中鲁迅"要通过《伤逝》表现自己对1925年前后在中国旧社会的青年知识分子中得到强大支持的'恋爱自由''婚姻自主'的思想，尤其是从中国旧社会现实中脱离出来、独立独行的近代恋爱观（从'恋爱自由'到无条件的'离婚自由'）的思想进行思考的结果"②。在这里他谈到五四时期鲁迅对五四恋爱观的思考，但总体看来，《伤逝》所表现的还是揭示女性个性主义解放在现实的社会历史环境中所遭遇的困境，延续的还是在中国当时的社会文化背景下中国的"娜拉"走后怎样的思考，演讲后并未在社会引起多少回应，可见当时情境下鲁迅相关女性解放的思想并没有多少人可以理解，并未引起足够重视。

如果将《伤逝》看作启蒙叙事，可以看出文本制造了一个女性解放叙事的结构困境。女性解放客体失语、启蒙主体失语（涓生事后的忏悔）、启蒙实践的缺失（对子君的抛弃）。并且这种叙事是延续对《终身大事》之类以"出走"为结束的女性解放叙事基础上——当女主人公与男友结合而离家出走后，女性解放的叙事并没有完成和结束，但叙事的目的，往往止于出走的瞬间。象征性的反抗胜利往往遮蔽了现实的危机和女性解放的深层

---

① 鲁迅：《娜拉走后怎样》，《鲁迅全集》第1卷，人民文学出版社2005年版，第170页。
② [日]中井政喜著，卢茂君、郑民钦译：《鲁迅探索》，知识产权出版社2017年版，第234页。

困境。

《伤逝》是以"出走之后"为故事的起点,将"走后怎样"作为叙事展开的时空背景,从启蒙叙事的角度来看,鲁迅关注的是"革命后的第二天"问题。五四时期以"出走"为胜利标志的女性解放之梦被《伤逝》的叙事时空所击碎。

五四新文化运动对启蒙的乐观预期源自普遍的进化论逻辑,导致其启蒙话语的基本预设模式为女性一反抗(出走,离开封建旧家庭),就能获得解放(建立新家庭),只要接受新思想,追求自由、个性解放的价值准则,成为独立的个体,就可以摆脱传统的束缚,实现女性解放,并且以未来之梦蛊惑青年进行现实的反抗,这种启蒙观表现在文学上即"将'新''旧'文化对应于'进步'与'落后',使当时文学个性主义表达,缺乏自省,流于肤浅"①。但是,鲁迅的女性启蒙观难以认可这种简单的乐观,而是切实意识到"铁屋子"的万难破毁,害怕弄醒青年,使他们"受无可挽救的临终的苦楚"②和梦醒了无路可走的悲哀。在这个层面上,启蒙显示出它吊诡的一面和自身难以克服的困境。而这,恰恰是被那些五四时期流行的启蒙话语刻意回避和遮蔽了。

《伤逝》中,鲁迅以男主人公涓生"个性主义"的叙述视角,通过忏悔的笔触向世人展示女主人公子君从旧的父权家庭出走为标志的个人主义反抗行动成功,却进入了新的夫权之家,在世俗生活中,五四女性追求个性解放的理想实践如何破灭的过程。这也是其对两年前娜拉走后怎样这一问题作出的鲁迅式回答。在涓生长歌当哭的激情叙述中,子君从出走、同居到被抛弃的全过程得到完整地再现。鲁迅通过男主人公涓生独特的叙事视角,将五四新女性为追求自由恋爱与父权家庭反抗决裂,勇敢出走,将"出走以后"的结局淋漓尽致地呈现出来,让人们"睁了眼看"。

作为五四新女性的子君,在涓生的启蒙演说和鼓动下,将易卜生《娜

---

① 杨联芬著:《边缘与前沿》,第137页。
② 鲁迅:《呐喊·自序》,《鲁迅全集》第1卷,人民文学出版社2005年版,第441页。

拉》中出走的戏剧浪漫表演化作反抗父权的实践行动,以"我是我自己的,他们谁也没有干涉我的权利!"①的个性解放宣言,决绝地离开父亲、叔父,反叛家庭,跟涓生自由恋爱并过起同居的生活,而子君的精神世界和生命的全部价值意义便永远定格在"出走"的精彩人生瞬间。组成新的家庭后,子君整天操劳于琐碎的家务事中,在空闲之余就是不断回味与涓生恋爱的一幕幕往事,并流连和眷恋于此。但涓生不过三星期,便清醒地读遍了她的身体,她的灵魂之后,就对爱情感到乏味,越来越不满于子君的"浅薄"和"落后"。后来涓生由于遭受失业打击,在"忍受着这生活压迫的苦痛"之后,子君似乎成为多余人,当生活的窘迫使油鸡被吃掉,阿随被丢掉以后,没有经济权的子君不可能在家庭中享有平等的夫妻关系,被抛弃的命运必然会尾随而至。《伤逝》再现了"出走"之后的新女性所遭遇的现实,借此呼应了《娜拉走后怎样》的追问,击碎了五四新女性关于"出走"的浪漫想象。

鲁迅安排涓生独语式的叙述,完全将作为女性的子君至于客体位置,无论对于涓生、抑或读者,子君都处于一种失语的"他者"而存在,将她抛掷在词语之间空虚的场所。"在歧视女性的社会里,男性是普遍的,女性是局部的;男性是此者,女性是他者。"②她既无法进入涓生的内心世界,读者也不能感受子君内心真实的念头。这种叙述视角,客观上将子君置于一种被叙述的再现地位,"再现行为是一种权力操弄,能够言语并再现世界的人拥有权力,并成为主体,而那些不能言语、也不能说明自己的人,则只能被表达,成为权力的对象——他者"③。从涓生的叙述中我们得知:他们浪漫爱情的开始,是一起谈家庭专制,谈打破旧习惯,谈男女平等,谈伊孛生,谈泰戈尔,谈雪莱。受域外浪漫派作家的激励,子君排除外界的阻碍,依然离开旧式家庭,决定与涓生同居。然而随着时间的推移,爱情逐渐变得乏味,加上涓生的失业,生活的困难终于使他们走散,最后,子君回到曾经的家,孤寂而死。

---

① 鲁迅:《伤逝》,《鲁迅全集》第2卷,人民文学出版社2005年版,第115页。
② 周宪、童强主编:《现代与传统之间》,北京大学出版社2010年版,第148页。
③ 罗钢、刘象愚主编:《文化研究读本》,中国社会科学出版社2000年版,第21页。

在这场恋爱中，涓生是开始对爱情乏味，对终日沉溺于家庭琐事的子君产生不满乃至厌弃的主动者。但在其独白叙述中，二人精神境界的差异成为他对爱情乏味的合理借口，爱情不能更新的责任却在子君："管了家务便连谈天的工夫也没有，何况读书和散步……对于她的日夜的操心，使我也不能不同操心……我不吃，倒也罢了；却万不可这样地操劳……现在忍受着这生活压迫的苦痛，大半倒是为她……但子君的识见却似乎只是浅薄起来，竟至于连这一点也想不到了。"①并且又将自己叙述成被子君嫌弃的受害者："于是吃我残饭的便只有油鸡们。这是我积久才看出来的，但同时也如赫胥黎的论定'人类在宇宙间的位置'一般，自觉了我在这里的位置：不过是叭儿狗和油鸡之间。"②这种明知自己是家中主人，却故意将自己叙述为在家中受虐的对象，鲁迅将涓生缺乏自我反省的五四个人主义形象生动展示出来，同时也反思五四现代主义爱情观：打着追求自由的爱情观说到底是性别化的，对不同的性别意味着不同的感受，涓生自责为自己是一个"卑怯者"，由于社会的压力和生活的拮据而产生的懦弱，与其说在谎言生活下感到无能为力，不如说是叙述者植根于自身的自我中心主义。

在这场自由恋爱中，启蒙者为逃避无聊和乏味而鼓励女性出走和反抗，同样，当现实的生存压力袭来时，他同样以一套启蒙的话语抛弃爱情，让自己从爱情中逃离。刘禾认为："倘若某种叙事试图从一个分裂式自我的涣乱体验中分辨出意义，那么自相矛盾便是这种叙事的症结所在"，事实上"叙事者从他虚设的有关真实与爱的讨论中所得出的合乎逻辑的结论"，以此"来代替现代主体的深重危机，而且通过压抑受这一危机影响的人与人关系的黑暗现实，从而似乎重新开创了现代性的志业"③。

涓生抛弃子君的真实动机，则是以自我为中心的一套自救方案，即"新

---

① 鲁迅：《伤逝》，《鲁迅全集》第2卷，人民文学出版社2005年版，第118—119页。
② 鲁迅：《伤逝》，《鲁迅全集》第2卷，人民文学出版社2005年版，第122页。
③ 刘禾著，宋伟杰等译：《跨语际实践：文学，民族文化与被译介的现代性（中国，1900—1937）》，生活·读书·新知三联书店2008年版，第233—237页。

的希望就只在我们的分离","新的生活的再造,为的是免得一同灭亡"①。为了自私的目的,对无助的子君进行评判,按照对自己有利的方式操弄着一套"五四"式的启蒙话语来自欺欺人:

> ……况且你已经可以无须顾虑,勇往直前了。你要我老实说;是的,人是不该虚伪的。我老实说罢:因为,因为我已经不爱你了!但这于你倒好得多,因为你更可以毫无挂念地做事……。②

在现实的生存压力面前,暴露出叙事者的卑怯。当初,子君所有的勇气与决绝离开家庭与涓生结合,完全是为了自由的爱情。与心爱的人结合,这是五四新文化运动中宣扬的婚姻自由,女性解放的终极目标,也是中国"娜拉"们"出走"的全部意义及其抗争的终点:为了自由爱情,意味着放弃和背叛在父亲家庭中的一切和进入传统社会的全部资格。

五四新女性之所以以生的代价去获得"解放",其全部的信念和勇气来自坚信找到自己心爱的男性,获得自由恋爱的权利,就会获得未来的"黄金世界",找到永恒的幸福和爱的归宿。这种信念来自"五四"时期对女性启蒙的引导,即以《终身大事》中的"解放"观念作为范本,但是,五四启蒙者没有从性别角度对女性解放与自由进行判别和厘清,结果导致"女性自由,被个性自由囫囵代表了;性别之间的权力关系,被新与旧的文化问题遮蔽了"③。因此,"五四"式的出走能否成为女性解放的路径,避免婚姻悲剧,摆脱父权控制,在五四时期并没有得到切实的反思。

《伤逝》通过涓生独白,从时间角度完整再现了从自由恋爱到抛弃子君的全部历程,由此将五四时期所谓追求自由幸福婚姻的真相及现实的残酷和冷漠展示给那些沉迷于"出走"的方式来追求幸福婚姻的五四新

---

① 鲁迅:《伤逝》,《鲁迅全集》第2卷,人民文学出版社2005年版,第126页。
② 鲁迅:《伤逝》,《鲁迅全集》第2卷,人民文学出版社2005年版,第126—127页。
③ 杨联芬著:《边缘与前沿》,第133页。

女性。当这些青年女性从涓生的话语独白中知晓了自由婚姻之后生活的现实、男女婚姻中的权力差异，无钱的悲哀，《伤逝》对女性读者的暗示和警醒效果可谓斐然。当子君鼓足勇气背叛父权而选择与涓生的自由恋爱离家出走，不就是被启蒙者涓生们"谈家庭专制，谈打破旧习惯，谈男女平等，谈伊孛生，谈泰戈尔，谈雪莱"而被唤醒，那些女孩何尝不像子君那样"微笑点头，两眼里弥漫着稚气的好奇的光泽"崇拜导师，进而与传统决裂，不畏世俗的眼光追求自由恋爱和组建新的家庭，发出"我是我自己的，他们谁也没有干涉我的权利"的自由宣言。鲁迅让作为当事人启蒙导师和恋人的涓生自曝其丑式的叙述，揭开自由恋爱的"真实的谎言"，更能惊醒那些仍做着娜拉式出走的浪漫迷梦的青年女子，使她们不再沉迷于"好的故事"。

　　基于对五四个人主义和现代爱情观的反思，即五四时期女性启蒙话语和个性解放的反思，以个性解放为旨归的女性解放聚焦于女性自由恋爱和反抗父权社会的启蒙策略，鲁迅在《伤逝》中表达出自己的困惑和怀疑，揭露出女性解放及女性启蒙自身所暗含的危机。在鲁迅看来，如果女性在一个男性主导的男权社会里没有自我谋生的手段，那么，当"娜拉"们离开自己舒适的家去寻找自由和获得解放，那么其命运必然是悲剧的结局。并且鲁迅的困惑不仅如此，他对现代爱情观反思同时也包含了对封建父权制进行了批判。但具有反讽意味的是，在以五四自由恋爱的名义下，男主人公运用五四启蒙话语再次复制了他们极力反抗的父权制度。正是涓生本人通过向子君灌输西方的价值观，通过西方的文学作品为子君"启蒙"，唤醒她的主体意识；通过模仿从电影中学来的西方求爱方式，让子君义无反顾地投入到自由恋爱的憧憬之中。涓生在文本中两次提到伊孛生，按照自己的启蒙意愿，运用性别权力鼓励子君投入到女性解放和自由恋爱中，与自己同居。如果涓生当初确实忠实于这些启蒙话语，与子君一样沉迷于启蒙的志业。那么一年后涓生通过同样的话语说服子君离开他时，涓生的话语则显得虚伪和说谎：

> 我和他闲谈，故意地引起我们的往事，提到文艺，于是涉及外国的文人，文人的作品：《诺拉》，《海的女人》。称扬诺拉的果决……。也还是去年在会馆的破屋里讲过的那些话，但现在已经变成空虚，从我的嘴传入自己的耳中，时时疑心有一个隐形的坏孩子，在背后恶意地刻毒地学舌。①

以域外的启蒙资源来实践自由恋爱和女性解放，在男权社会中幻灭，启蒙资源很容易被征用为维护性别权力的工具。因此鲁迅在《伤逝》中揭示出启蒙主义的女性解放话语本身所暗含的内在矛盾以及启蒙价值取向本身的危机。

在五四女性解放的启蒙叙事中，如果女性的解放需要依靠男性作为启蒙者，那么无论男性对启蒙事业以及解放信念多么忠诚，也避免不了在以性别为区分的启蒙与被启蒙的二元结构中会产生新的权力关系，即以男权为主导的夫权社会。在《伤逝》中，子君的"出走"完全是涓生对她的"启蒙"造成的，追求自由恋爱的意识，背弃父权家庭的思想都是涓生灌输的，当他向子君谈五四时期经常被征用的启蒙话语时，"她总是微笑点头，两眼里弥漫着稚气的好奇的光泽"②。当涓生向她求爱时："仅知道她已经允许我了。但也还仿佛记得她脸色变成清白，后来又渐渐转作绯红。"③从一开始，子君主动去涓生的会馆听他的教导，在这场交往与恋爱中始终处于追随者地位，并且用自身的行动表达了对涓生启蒙权力的认可。并且这种权力在新的家庭中就表现出男人对女人的性别权力优越性，涓生可以对子君的行为表示不满和挑剔，给看一点怒色，但子君只能"装作勉强的笑容"或者"觉得凄苦和无聊，至于不大愿意开口"。

这种男权意识在小说的叙事中表现得特别明显，我们在文本中始终只

---

① 鲁迅：《伤逝》，《鲁迅全集》第2卷，人民文学出版社2005年版，第126页。
② 鲁迅：《伤逝》，《鲁迅全集》第2卷，人民文学出版社2005年版，第114页。
③ 鲁迅：《伤逝》，《鲁迅全集》第2卷，人民文学出版社2005年版，第116页。

能看到涓生的独白,作为被启蒙者子君始终处于失语状态,鲁迅对叙事者通过回忆的方式再现涓生的伤与子君的逝,作为女性解放的主体,始终没有获得为自己发声和辩护的话语权,构成对女性解放的强烈冷嘲和反讽。

## 三

《伤逝》中,以悲痛欲绝的语言来表达对逝者子君的"忏悔",营造了感伤的氛围,但正如刘禾所说,这种"贯穿整个文本的相互抵牾的陈述以及精心构思的意象,指出了'叙事的自我'与'体验的自我'之间重要的关联……这两种自我都试图从自知之明中逃脱出来,而忏悔式写作正是另一种逃避的企图"[1],并且以笼中鸟的意象将追求自由作为离开子君的借口:

> 局里的生活,原如鸟贩子手里的禽鸟一般,仅有一点小米维系残生,决不会肥胖;日子一久,只落得麻痹了翅子,即使放出笼外,早已不能奋飞。现在总算脱出这牢笼了,我从此要在新的开阔的天空中翱翔,趁我还未忘却了我的翅子的扇动。[2]

而且,将鸟与笼作为男女恋人关系的隐喻,使启蒙者的涓生凭借掌握启蒙话语权力轻松地抛弃子君:

> 待到孤身枯坐,回忆从前,这才觉得大半年来,只为了爱,——盲目的爱,——而将别的人生的要义全盘疏忽了。第一,便是生活。人必生活着,爱才有所附丽。世界上并非没有为了奋斗者而开的活路;我也还

---

[1] 刘禾著,宋伟杰等译:《跨语际实践:文学,民族文化与被译介的现代性(中国,1900—1937)》,第233页。
[2] 鲁迅:《伤逝》,《鲁迅全集》第2卷,人民文学出版社2005年版,第121页。

未忘却翅子的扇动,虽然比先前已经颓唐得多……①

将恋人关系比喻为鸟笼关系,赋予自己以鸟的形象,子君成为鸟获得自由的障碍,成为鸟笼角色。这种类比消解了恋人之间的关系,将其转化为鸟与笼的关系,这样,叙述者以"自由"之名的启蒙话语让子君离开。

同样这种"五四"女性解放启蒙话语的抽象和缥缈的特征使自身卷入启蒙实践的新女性难以获得真正的自由和幸福,甚至失去个体的独立性,成为男权的依附性存在。在《伤逝》中,鲁迅展示的启蒙者涓生的形象无疑只是一个语言上的巨人。他对子君口若悬河地大谈西方思想和文学这些启蒙资源,在求爱中运用西方电影中学来的动作,具有很强的表演性,但对子君一样的女性来说,这些都是致命的诱惑。涓生的成功来自于启蒙观念自身的力量,但是这种观念本身的象征性和终极性特征足以赋予启蒙主体和对象一种能指的狂欢。当子君宣布"我是我自己的"时,涓生随即将具体的子君抽象为"中国女性",子君的坚强显示出将来"辉煌的曙色"。罗小茗认为,子君的宣言无形中将涓生推到了从"言语革命"到"行动"的位置。"然而,就涓生的实际情况言,似乎并不容许有所行动……他在现实生活中的无力与怯懦,需要种种启蒙的成就感来掩饰,而维持这些成就感、得以继续启蒙的力量,则来自于'大无畏的子君'。"②在启蒙想象中,"大无畏的子君"替代了现实中的子君,在这种心造的幻影下,世俗的日常生活被遮蔽了。但涓生"渐渐清醒地读遍了她的身体,她的灵魂,不过三星期"③的时候,启蒙的神圣感和子君的美好形象都渐次消失,取而代之的是日常生活的琐碎与经济的拮据。而这些恰恰是幸福生活赖以存在的基础和具体的内容。

启蒙者涓生似乎逃避现实,固执守成启蒙者的身份,将自己过去的生活描绘成仿佛是一片平静的港湾,子君的闯入使平静美好生活打破,由此变得

---

① 鲁迅:《伤逝》,《鲁迅全集》第2卷,人民文学出版社2005年版,第124页。
② 罗小茗:《涓生的思路——〈伤逝〉重读》,《中国现代文学研究丛刊》2002年第3期。
③ 鲁迅:《伤逝》,《鲁迅全集》第2卷,人民文学出版社2005年版,第117页。

庸俗和无聊,越是现实的困苦和世俗,越是想抽身而出,向着开辟"新的生路"、再造"新的生活"这些未来空洞苍白的期许。与这种对未来相对的,是多次出现了路的意象,体现对未来希望的渴望,而新的路的再造的目的是"免得一同灭亡"。这对子君而言,新的路就是死胡同,但男性涓生可以借此逃脱现实。作为"希望"的路或许来自鲁迅《故乡》的遥远呐喊,却是此时涓生逃避责任的希望之途。启蒙在这个层面上显示出某种吊诡性:启蒙和解放的意义在于对现实生活的改造,创造美好的新生活,摆脱奴役和获得自由,使人们能"幸福的度日,合理的做人"。然而启蒙的最终结果却是放逐了现实生活本身,让觉醒的女性活在虚妄中。在启蒙遭遇现实的危机时,启蒙者可以借助其话语权力抽身而出,而女性却在启蒙过程中成为牺牲品。正如杨联芬认为,涓生的叙述凸显了五四时代的真实图景,"在那个以'个人'对抗家族专制和文化传统的时代,以个人自由为前提的价值选择,在新文化话语中,具有无可质疑的理论合法性"①。而女性的独立和主体价值在遇到现实的危机时就会被无情地抛弃,追求新的生路是以女性的牺牲作为代价:"我觉得新的希望就只在我们的分离;她应该决然舍去,——我也突然想到她的死,然而立刻自责,忏悔了。"然而并没能够发挥作用,子君最终还是"负着虚空的重担,在威严和冷眼中走着所谓人生的路",而女性承受的一切都是因为爱,子君不懂得,"向着这求生的道路,是必须携手同行,或奋身孤往的了,倘使只知道捂着一个人的衣角,那便是虽战士也难于战斗,只得一同灭亡"②。这些语言所显示的男性启蒙话语的优越性和权威性,以及男女之间的精神差异,为涓生对子君的抛弃作了非常"五四"式的辩护。反观子君,因为接受启蒙,在争取个人幸福和自由恋爱意识上被唤醒了,但她尚未觉醒到爱必须有所附丽,女性必须争取经济独立,去社会上奋斗自己养活自己,而不是靠男人养活自己,走出传统女性生活的窠臼。否则,就永远摆脱不了受男权摆布的命运。

---

① 杨联芬著:《边缘与前沿》,第139页。
② 鲁迅:《伤逝》,《鲁迅全集》第2卷,人民文学出版社2005年版,第126页。

涓生由于社会的压力而产生的懦弱，在生活遇到困境时，就不愿与爱人共担风雨，而将其抛弃，导致女性悲惨地死去。在性别权力的笼罩下，个人的自由同自由恋爱一样都是性别化的存在，对不同的人意味着不同的结果。想当初，子君模仿"娜拉"式的出走，完全是在爱的名义下作出的决绝的行动，在她看来，爱就是全部的生命意义所在。而对于涓生来说，爱情只是他自我中心世界的一部分，相对于他那种借助启蒙的话语营造空洞的希望之盾来逃避现实生活来说，爱情是抵御无聊与乏味的手段。而一旦生活变得艰难，他又想从爱情中抽身逃离，甚至希望"她的死"。涓生所谓的"新的生路"对子君这样的女性来说只是一条"在严威和冷眼中"走向"连墓碑也没有的坟墓"的不归之路。即使在启蒙者自己眼中这条路也会变得怀疑和虚妄，当这条个人的路在叙事者眼里幻化成一条灰白的长蛇时，这一凶险的意象使路变得"不那么可靠了"①。对涓生而言，子君的死而导致的悔恨和悲哀将永远伴随着新的生路。

在五四新文化运动中，鲁迅加入《新青年》团体，为五四启蒙和女性解放进行呐喊，但是在《呐喊》和《彷徨》中，他在小说中所表现的困惑和启蒙者的自我质疑，恰恰是这种以文化启蒙为策略的无效和乏力，随着《新青年》团体的解散与"五四"新文化运动的落潮，这种以话语形式为载体的"启蒙叙事"最终导致它对现实的无力而自我瓦解，五四式的以"自由恋爱"为特征的女性解放并没有为女子争得真正的自由和平等。《伤逝》中涓生借助抽象的"爱"和"自由"作为对女性启蒙的工具进行文化动员，并赋予其绝对性的价值。但涓生只能沉陷在对美好爱情的浪漫想象中，并没有能力变革社会，无法创造出适合女性解放的现实政治经济文化环境，进而实现他们启蒙愿景。

不同于其他五四时期爱情与婚姻题材小说，"《伤逝》则把重心放在新式青年的精神剖析乃至爱情的哲学思考上，超乎爱情之上的还有个性主义

---

① 刘禾著，宋伟杰等译：《跨语际实践：文学，民族文化与被译介的现代性（中国，1900—1937）》，第235页。

与人道主义关系的思考"①。从这个思路出发,《伤逝》所呈现的女性解放困境值得我们反思的是,作为五四启蒙运动在中国现代转型过程中屡屡失效的问题。从鲁迅的视角来看,这种启蒙困境在于,处于现代转型的中国,主要是从思想革命的角度来建构现代民族国家,在此过程中以西方的思想、文化、主义等外来资源作为疗救的药方。在这个过程中,一个中国所特有的现象产生了,即国中"伪士"乘势而起,出于私利的考虑:"每一新制度,新学术,新名词,传入中国,便如落在黑色染缸,立刻乌黑一团,化为济私助焰之具。"②这种思想文化启蒙使一部分人借西方权力话语,自树权威,以启蒙之名制造了新的奴役与不平等。

反观五四时期作为启蒙重要组成部分的女性解放,启蒙者鼓吹的娜拉式出走,盲目的自由恋爱,在当时的社会政治环境下,这对于女性个体来说,几乎就是一条不归之路。女性在自由意识觉醒的情况下如何争得自由,并非仅靠思想启蒙和经济权就能解决的。

《伤逝》同样也显示了作为启蒙主体的知识分子自身面临的困境。这种思想启蒙的乏力在于"沉溺于文化动员,把所有问题都归结到思想和文化上,而忽视实际的、整体性社会改造,这正是涓生那样的知识分子们共同的特点"③。《彷徨》时期的鲁迅明显意识到启蒙自身存在的问题。一方面,鲁迅深感到启蒙在中国的艰难,早年的"铁屋子"意象使他在"沉默"与"开口"之间作艰难的选择,从《娜拉走后怎样》中对女性出走以后的追问和反思,以及《伤逝》中女性恋爱到死亡的书写,都是其对启蒙自身有效性的怀疑与困惑,感受到启蒙的乏力与书写的无助。正如在给许广平的信中所说:"我又无拳无勇,真没有法,在手头的只有笔墨,能写这封信一类的不得要领的东西而已。……其结果,终于不外乎用空论来发牢骚,印一通书籍

---

① 张中良:《〈彷徨〉:灵府剖析》,《东岳论丛》2016年第12期。
② 鲁迅:《花边文学·偶感》,《鲁迅全集》第5卷,人民文学出版社2005年版,第506页。
③ 张春田:《从娜拉出走到中国改造——兼及鲁迅与"启蒙"话语之关系》,《文艺理论与批评》2008年第2期。

杂志","我看一切理想家,不是怀念'过去',就是希望'将来',而对于'现在'这一个题目,都缴了白卷,因为谁也开不出药方"①。另一方面,鲁迅对于在中国五四启蒙运动中直接贩运西方思想存有疑虑。早在1907年鲁迅将那些在"扰攘之世"提出"言非同西方之理弗道,事非同西方之术弗行"的人称为"轻才小慧"之徒,称其声音为"恶声"。表面上鲁迅质疑西方的民主自由,实际上他质疑的是将西方民主自由拿来为自己的私利服务及带给国人的伪自由。更重要的是,如果启蒙仅仅是概念的演绎,民众真实的诉求被架空,不能立足于中国实际,那启蒙的结果只是小说的繁荣和话语的游戏,并不能改良现实的人生和社会。正如鲁迅精神传人胡风所言:"在落后的东方,特别是这落后的中国,启蒙的思想斗争总是在一种'赶路'的过程上面,刚刚负起先锋的任务,同时也就引出了进一步的新的道路",但有些人,因为思想或能力跟不上中国"赶路"的节奏,只能充当西方思想的搬运工,从思想到思想演绎,离开自己生活的大地和自身的实感,只是"坐着概念的飞机去抢夺思想锦标的头奖"②。也就是说,以西方思想作为解决中国现代启蒙斗争的方法,渐渐地就脱离脚下的现实道路,无法解决中国的实际问题。鲁迅的娜拉"不是堕落,就是回来"预言,在中国历次的妇女解放中不断得到证实与兑现,就可以发现鲁迅对五四启蒙运动本身的问题和危机是有着深刻的洞察和忧虑的。这,又促使后来者不断对五四新文化运动进行纠偏和超越,由此呈现出历史的多面性和复杂性。

## 结　语

"五四新女性是从神话中产生出来的一代,也是没有神话庇护的一代。"③五四启蒙运动使一代女性精神觉醒,但个人主义话语使她们无法完整

---

① 鲁迅:《两地书》,《鲁迅全集》第11卷,人民文学出版社2005年版,第32、20页。
② 胡风:《如果现在他还活着》,《胡风全集》第2卷,湖北人民出版社1999年版,第669页。
③ 戴锦华:《浮出历史地表》,转引自杨联芬著:《边缘与前沿》,第259页。

地表达自己,或者处于"被描写"状态。五四以来的"女性解放"实践,一方面展示了女性觉醒以后摆脱封建传统的努力,另一方面却又陷入性别权力圈套,因为除了那些以出走为象征的反抗之外,她们几乎找不到任何其他获得自由的路径而陷入无地彷徨的窘境。于是在新文化运动的裹挟中,女性解放所诉求的自由恋爱、启蒙、解放等只能作为话语而生长,却始终不能让女性获得真正的独立与解放,并以与男性平等的身份参与新的社会政治历史的建构。这不仅是"娜拉出走"的困境,也是近代以来中国社会进行现代转型和现代性改造实践的困境。

鲁迅关于启蒙及女性解放的叙事关注的焦点是"革命后的第二天"问题,在当下中国正处于现代转型的关键时刻,新的主体和意识形态建构让如何实现"以自由立国/人"的现代承诺成为亟待解决的问题。鲁迅的启蒙思想、新文化内部性别等级观念及其背后的世界视野和现代性立场,可以成为改变当下社会解决男女不平等的深层次问题能够借鉴的思想资源,从而让女性解放社会实践过程中不断出现不平等的历史循环得到终结。

(本文原载《东岳论丛》2018年第7期)

# 后　记

　　本论文集收录的是安庆师范大学人文学院中国现当代文学学科教师近年来的部分研究成果17篇，其中"文学现象研究"编7篇，"作家作品研究"编10篇，并按照作者姓氏笔画排列。根据"高峰培育学科建设丛书"论文遴选标准，我们学科这两年新引进的几位青年博士的论文没有收录。但是作为一个学科团队，我们一个都不能少，这是首先需要特别说明的。

　　中国现当代文学学科是一支有着优良教学传统和深厚学术积淀的团队。自1977年安庆师范学院中文系成立开始本科招生以来，中国现当代文学专业就是其中的核心专业之一。四十余年来，本学科逐渐成长为一支富有实力、不断进取的教学科研团队。2000年学科被评为学校重点学科，2005年"中国现当代文学"课程获批省级精品课程，2006学科成为学校首批二级学科硕士学位授予点，2020年中国现当代文学教学团队获批安徽省省级教学团队。目前，本学科共有教师11人，其中教授2人、副教授6人、讲师3人；拥有博士学位7人、省学术和技术带头人后备人选1人、省高校拔尖人才1人。近年来，主持国家社科基金项目3项，省（部）级项目十余项。另外在人文学院专业建设、人才培养、社会服务、对外交流等方面，本学科均发挥了积极的作用。

　　经过多年发展，本学科逐渐形成了大致四个研究方向：中国现当代文学史研究、中国现当代文学作家作品研究、中国现代文学批评研究与现当代安徽文学研究，尤其在鲁迅研究、皖籍现当代作家作品研究这两方面形成一定的研究优势，这在本论文集中均有所体现。今后我们将以此次论文集出版为契机,进一步凝练学科方向,优化教师队伍结构,在菱湖之滨弘文传道,努力将本学科打造成省内有影响、国内有名气的高水平的学科团队。

编　者
2023 年 8 月

**图书在版编目(CIP)数据**

菱湖撷英:中国现当代文学卷/陈宗俊,冯慧敏编.—上海:复旦大学出版社,2023.11
(敬敷求是集:安庆师范大学人文学院高峰培育学科建设丛书/汪孔丰,金松林主编;3)
ISBN 978-7-309-17064-1

Ⅰ.①菱… Ⅱ.①陈…②冯… Ⅲ.①中国文学-现代文学-文学研究-文集②中国文学-当代文学-文学研究-文集 Ⅳ.①I206.6-53

中国国家版本馆 CIP 数据核字(2023)第 215469 号